民事紛争処理

〔民事手続法論集第3巻〕

谷口　安平著

信山社

はしがき

信山社から私の著作集を出版して下さるという話が数年も前に持ち上がったとき、正直言って戸惑いを覚えた。どれもこれも締め切りに追われて取り敢えず書いたというものがほとんどで、いまさら改めて人目に曝すには躊躇を覚えるものばかりである。それに、大分年月が経ているものもあるから、何らかの手を入れてからでないととてもというのが実感であった。しかし、信山社から編集を依頼された山本克己教授は、「そんなことをしていては永久に本は出ません。昔のものに手を入れる代わりに著作集を内容的に完結したものとするために、二、三のテーマについて新しい論文を書いて下さい。」と言われ、身近多忙を極めていたことでもあり、それもそうだと納得して昔のままで印刷してもらうこととした。約束した「新しいもの」も書けないままに時は過ぎ、京都大学を定年退職してから既に二年が経ってしまった。そこで、「新しいもの」を加えないでも一応完結する第三巻をまず出すことになった。そのための「はしがき」を求められたので、若干の感想と言い訳を述べて責めをふさぐこととしたい。

本書には和解や仲裁を中心に一部を除くと比較的若い頃に書いたものが収められている。巻頭の和解判決の論文は処女作というべきもので、当時婚約者であった妻に原稿の清書をしてもらったり、その後留学したカリフォルニア大学でLL. M.論文の土台としても利用したので思い出深い。その後の和解の比較法研究を通じて、和解に既判力を認めるという当時の通説（兼子説）に対する疑問は確信に変わった。当時はドイツ法だけが知られていたが、他の諸国でも同じような議論をしていることが判ったのは、当然のことかも知れないが、新鮮な驚きであり、民事訴訟の比較研究の意義を悟ったような気がしたことであった。その意味では、その後の私の研究の原点と言えるであろう。大先輩の石川明教授の著作について書評で偉そうなことを書いたのは、今から思えば冷や汗もので、遅まき乍ら若気の至りとしてご容赦をお願いしたい。しかし、そこで考えた民事訴訟の法社会学ともいうべき関心は、その後益々強くなって今日に至っている。

仲裁についての関心は昭和五四(一九七九)年に菊井維大先生の主導で始められた仲裁研究会に入れて頂いてからのものである。私の先生であった中田淳一先生が若い頃に仲裁研究を志され、晩年にその再開を期しておられたが定年を待たずに他界された。仲裁研究はその遺志を継ぐことでもあろうと感じて参加したが、最近は益々この方面に深入りしつつある。そんな訳で、本書に収められた仲裁関係の論文は今からみると中途半端なものが多い。自分自身でも仲裁をある程度体験したうえで、はっきりした考えを打ち出せているのは、少数意見に関する論文だけである。仲裁、とくに国際商事仲裁については最近も書く機会が多いので、いずれこれらをまとめたいと考えている。

著作集が企画されてから既に五年以上経過しているのではないかと思う。その間、編集や校正に貴重な時間を割いて下さった山本克己教授、根気よく努力して下さっている信山社の渡辺左近氏に心から感謝したい。このような著作集が出されることだけでも光栄なことであるが、それが実際に同学の諸氏の研究の便に資することがあるならば、まさに嬉しいの一語に尽きると言うほかはない。

二〇〇〇年三月

谷口安平

目　次〔第三巻　民事紛争処理〕

目　次

第二部　仲　裁

目次

第一部 和解

一　アメリカにおける和解判決（Consent Judgment）の効力

はしがき

法廷で最後まで争うよりは、多くの場合適当に妥協して早く争いを止めた方が得策であることは洋の東西を問わず普遍的な真理であるらしい。英米においてもその例外でないことは「痩せた和解は肥えた訴訟にまさる」、「悪しき和解も善き判決にまさる」、「和解せよ訴訟は高価だから」[(1)]などの俗諺によっても示されているところである。異なった法制が、訴訟中に起こった当事者の和解に対しどのような態度で臨んでいるかはわが国の現状[(2)]を考えるとき興味ある問題であろう。本章では、裁判上の和解に関する比較法的研究の一環として、英米において、訴訟上の和解の一つの形態であるところの consent judgment の効力がどのように考えられているか、換言すれば、通常の判決に比していかなる点にその効力についての特徴が認められているかを特にアメリカの制度について述べようと思う[(3)]。

（1）　A lean compromise is better than a fat lawsuit. An ill agreement is better than a good judgment. Agree, for the law is costly. 高柳＝末延『英米法辞典』（昭二七）より。

（2）　訴訟上の和解の性質につき、私法行為説、訴訟行為説、併存説、競合説などがあり、その効力についても、既判力を認める説、認めない説が対立していることは周知のとおりである。

（3）　イギリスの制度について資料が殆ど得られなかったためであるが、概ねアメリカと同様であろうと推測する。

I　Consent Judgment の意義

周知のように、英米における民事訴訟は原則的には争点決定のための訴答手続（pleading）と事実審理のための公判手続（trial）の段階を経て終局判決（final judgment）に至る。しかし英米の民事訴訟はこの半世紀余りの間に著しい発達を遂げ、今日では旧来の伝統的形式的な訴答手続を、より実質的に簡素化し、プリトライアル協議の手続、指図令状の制度などの採用によってより実質的な争点決定がなされるようにし、大いに訴訟の促進に役立てているといわれる(1)。

和解は、これらの手続のいかなる段階においても可能であろう。なかんずく米国における民事訴訟はその殆どが自動車事故による損害賠償請求事件であるといわれ(2)、その性質上和解に親しみやすいうえに、前述のプリトライアルの手続は和解を促進するうえに大いなるものがあるといわれる(3)。公判手続が始まるまでに和解ができなかったとしても公判手続が進むにつれて原告被告の有利不利の見込みにより常に和解の可能性があり、判決の提供（offer of judg ment）(4)や裁判所への供託（payment into court）(5)などの制度も和解の誘因としての機能を果たす。

アメリカ法にはわが国におけるような裁判上の和解の制度はない(6)。訴訟の繋属中（pending）に当事者（parties）が自主的に紛争を解決し（compromise）、訴訟を止めること（settlement）を欲するならば、原告（plaintiff）が訴訟（action, suit）(7)を取り下げること（withdrawal）により、dismissal, nonsuit, disconti nuance(8)（いずれも取下げ又は却下の意である）が記録に記載され訴訟は終了することとなる。伝統的には、原告は自分の起こした訴訟を取り下げる広範囲な自由を有し、コモンロー手続では陪審の評決（verdict）の前、エクィティ手続では判決（decree）の宣言前(9)ならばいつでも取り下げることができ、かつ同じ原因に基づいて同じ被告に対し再訴することを妨げられなかった。[10] しかしこの原告の自由は、被告保護の立場から徐々に制限されるに至り、アメリカにおける最も進歩的な民事訴訟法典である連邦地方裁判所民事訴訟規則四一条によると、原告は、被告による答弁書(answer)の送達、又は略式判決（summary judgment）の申立て（motion）があるまでは取下書（notice of dismissal）を提出することにより、それ以後でも当事者の署名ある取下合意書面（stipulation of dismissal）を提出することにより、いつでも訴えを取り下げる(dismiss)ことができる。これらはその書面にその旨を明示しない限り再訴を妨げない(これを without prejudice であるという)。原告が右の基準時以後に取り下げるには裁判所の命令（order）によらねばならない。[11] 一方この米国の制度に影響を与えたといわれる英国の制度によれば原告は被告の答弁書（statement of defence）の受領以前ならばいつでも訴えを取り下げる（discontinue）ことができ、それ以後は、裁判所の許可(leave)を要する。[12] この規則は一八七五年以来原則的に維持され今日に至っている。このような新しい制度の下では再訴を妨げない取下げは非常に制限されているけれども、なお米国の州では旧来のとおり大きな自由を原告に認めているものもあり、その程度には種々の段階がある。[13]

従って和解の結果として原告がかような without prejudice の取下げをした場合には、それは現在の訴訟を解決するのみで、被告は同じ原因による訴えを再び起こされる危険にさらされているわけである。勿論もし同じ原因により訴えが起こされればその取下げを招来したところの和解の内容（例えば債権の放棄 release）をもって抗弁(plead)することは可能である。[14] しかし被告としてはせっかくの和解にもっと強い力を持たせたいし、[15] 和解の内容がもとの請求額の一部での示談である場合にはその限度での原告勝訴の判決をしてもらうことが、より望ましいことであろう。[16] また和解の内容を他人に知られたくない場合に名目的に原告又は被告の勝訴として判決してほしい場合もあろう。また和解により詳細な条項を定めたのでこれを判決の形で明確にすることを欲する場合もあろう。このような場合に当事者の希望により、その合意に基づいて行われる判決が consent judg ment[17]（和解判決、合意判決）と呼ばれるものである。[18] 従ってこの場合、いわゆる和解（compromise and settlement）は当事者によるお互いの権利放棄の契約[19]と、判決をなすべき旨の裁判所に対する要請の二要素を含むと考えられる。[20]

consent judgment には三つの基本的な型がある。

㈠　合意による訴え却下の判決（judgment of dismi ssal）[21]がなされる場合。

㈡　合意された一定金額について原告勝訴の判決がなされる場合。

㈢　当事者が合意によりとりきめた条項に従って判決がなされる場合。一定金額の支払判決でも条件をつけ、将来にまで継続する損害賠償を含ましめたり、特定履行の約束をしたりすることができる。[22]

㈠の型に属する合意による却下判決の中には、当事者がその間の争いを実質的に解決した場合と、そうでなく実質上の紛争はそのままで、ただ現在の訴訟のみを止めることをお互いに合意しただけの場合がある。後者の場合は真の意味ではここにいう consent judgment（和解判決）とはいえないであろう。[23]当事者が consent judgment を望むならば、裁判所は当事者の合意に従って判決をしなければならない。これをしない場合は判決の登録(entry)を職務執行令状（mandamus）手続によって強制することさえできる。[24]裁判所は本案について審理することも、その和解の内容について詮索することも必要でないのみならず当事者の合意を変更（modify）したり補充（supplement）したりすることはできない。ただ当事者が契約をなす能力を有していない場合、[25]公の利益が問題となる場合、[26]さらに和解が有効であるために裁判所の認可（judicial approval）が必要な場合[27]などではその限りで和解の実質に入って調査することができるに止まる。その結果和解を不当と認めたり、当事者の一方が実はその和解に同意していないことが判った場合には勿論判決の登録を拒絶できる。[28]また、その判決をなすことがその裁判所の物的管轄(subject matter jurisdiction)を踰越する場合なども同様である。また、当事者のなす和解の内容もプリーディングの内容に関係なく自由であり、従って判決の内容もたとえプリーディングによって形成された争点以外の事項にわたっても差し支えない。[29]判決には当事者の合意によるものである旨を示すべきであるが、後にそれが合意によるものであるか否か問題になった場合には訴訟記録以外の証拠（extrinsic evidence）によってそれを証明

することも可能であるから必ずしも不可欠ではない。(30)

このようにして consent judgment はその本質につき、当事者の合意（agreement）を判決の形式に移し変えたものにすぎないとか、(31) 裁判所の認可によって記録に登録された（entered）当事者の契約であるとかいわれ、(32) 厳密な意味では司法的判決（judicial sentence）でなくその本質は契約であるとの考え方が一般的である。(33)

一方 consent judgment も判決の一種として通常の判決と同じ性質をも具有することが認められているから、同じ問題についての当事者間での後の争いに関して一定の場合に拘束力を及ぼすこと、(34) 取消しに際して陪審裁判を回避できること、(35) 執行が容易であること、(36) 時効期間が長いこと、また一方が無能力者である場合には裁判所の認可があることにより相手方は十分の保護を受けることができるなど、consent judgment をしてもらうことは、それ以外の方法（単なる取下げ）に比べ当事者に多くの利益を与える。このような特質からこれは最も強力な合意の形態（agreement in toughest form available）であるともいわれている。(37)

裁判所は現実の争いのみを裁判すべきであり、すでに争いのないところに判決だけを与えることはできないとも考えられよう。しかしこのような強力な効力を持つ consent judgment の制度が存在することは当事者をして和解に赴かせる有力な誘因となり、その結果からいっても、当事者の意思に関係なく強制的に押しつけられる通常の判決よりも、当事者にとって実質的に好ましいものである場合が多く、また内容的にも単なる訴訟技術の巧拙や偶然によって勝敗が決せられるのを避け、いわば全部とるか全部失うかの結果に至る訴訟というものの不合理な結末を避けることができる点で望ましい制度と考えられている。(38) 従って当事者が和解契約に判決の性質を持たせるために consent judgment をしてもらうことを裁判所は当事者の権利と考えているようであり、一般に当然のこととして行われているといわれる。(39)

このような consent judgment が英米の裁判実務上どの程度頻繁に行われているかについては全く知る由もないけれども、この問題を扱った著者が最近も散見されるところから見ると、(40) わが国における訴訟上の和解のように案外実際上重要な地位を占めているとも推測されるのである。[41]

（1）　川上泉「アメリカ民事訴訟における pre-trial conference について」岩松記念論集（昭三一）三三九頁、古関敏正「英米民事訴訟における公判準備手続」同三一一頁、服部高顕「米国におけるプリトライアルおよび開示の制度」（昭三三年在外研究報告第三号）、Millar R. W., Civil Procedure of the Trial Court in Historical Perspective (1952) p. 171.

（2）　田辺公二「米国民事訴訟の経済的背景」（昭三二年在外研究報告二号）一頁以下。

（3）　プリトライアルと和解の関係については、服部・前掲注（1）一九八頁以下に詳細かつ興味ある記述がある。

（4）　被告が一定の条件で敗訴判決を受けることを提案し(offer)、原告がこれを容れずに訴えに固執し、提案されたものより不利な判決しか得られなかった時は、その提案の時以後の訴訟費用を負担しなければならない、とする制度。たとえば、後掲注(11)連邦規則六八条は trial の始まる一〇日以前までに提供をなすべしとする。

（5）　被告が請求されているうちの一定額を認めて裁判所へ支払うこと。

（6）　田辺・前掲注(2)五八頁。一三世紀の英法においては和解が訴答記録 (plea rolls) に記載され、これにより訴訟は終了した。これはしばしば不履行の場合に執行官(sheriff)が債務を取り立て得る旨の合意を含んだという。Plucknett T. A., Concise History of the Common Law 4th ed. (1948) p.390.

（7）　action は元来コモンロー上の訴え、suit はエクィティ上の訴えの意であり、lawsuit は民事訴訟一般を指す。

（8）　もとは、dismissal はエクィティ裁判所で、nonsuit, discontinuance はコモンロー裁判所で用いられたが、コモンロー手続、エクィティ手続の融合の行われた近代の民事訴訟では特に区別なく用いられるようになった。しかし dismissal はアメリカで、discontinuance はイギリスで好んで用いられている。Millar, Civil Procedure, 前掲注（1）p.254 n. 1.

（9）　けだし陪審裁判はコモンロー手続に限られたからである。

（10）　もっとも、コモンロー手続で、原告自身が公判廷で請求を放棄する旨を述べた場合は、その訴訟が終結するのみならず再訴を妨げる効果のある *retraxit* なる手続もあった。Field & Kaplan, Materials for Basic Course in Civil

Procedure (1953) p.943.

(11) Rules of Civil Procedure for the United States District Court, Rule 41 (以下では Federal Rule 又は連邦規則と呼ぶ) U.S.C.A.28.

(12) Odgers W.B., Odgers' Principles of Pleading and Practice 14th ed. (1952) p.217〜8. (但し英法)

(13) これら英米における制度の発展については、Millar, Civil Procedure, 前掲注(1) p.253〜に詳しい。

(14) Field & Kaplan, Materials, 前掲注(10)p.943. Note, The Consent Judgment as an Instrument of Compromise and Settlement. 72 Harvard Law Review (No.7, 1959) p.1314.

(15) 連邦手続のもとでは合意による取下書面に with prejudice である旨を明示することにより再訴は妨げられる。前掲注(11)参照。

(16) Fied & Kaplan, Materials, 前掲注(10)p.944.

(17) judgment by consent とも呼ばれる。エクィティ上の判決である decree をも含めて用いるのが通常である。注(6)で述べた中世の手続はこの前身であるといわれる。

(18) offer of judgment, 前掲注(4)を原告が受け入れること (acceptance) によってなされる判決も consent judgment の一種である。49. Corpus Juris Secundum, Judgment § 179, p.317.

(19) この契約は約因 (consideration) の要件を満足している。即ち申込みは「自分は相手の請求 (claim) 又は抗弁 (defence) を認めるのではないが、もし相手がそれを放棄するならば、何かをなすか、又は約束しよう」との内容を含む。Anson W.R., Anson's Law of Contract 20th ed. (1952) p.95.

(20) Odgers, Principles, 前掲注(12)p.286. 被告の放棄すべき権利は訴訟費用に対するものであり、時には自己の名誉 (reputation) を守ることでもありうるとする。

(21) dismissal にはわが国でいう却下の場合と棄却の場合 (dismissal on the merits) がある。連邦規則では合意による取下げの場合には判決はなされない。前掲注(11) Kelleher *v*. Lozzi 80 A. 2d 196 (1951).

(22) たとえばDora *v*. Lesinski 88 N.W. 2d 592 (1958) (条件付き)、Shell Petroleum Corp. *v*. Hess 126 P.2d 534

(1942)（将来一〇年間の分を含ませた）、Wagner *v*. Warnash 295 S.W. 2d 890 (1956)（通行地役権 roadway easement に関する争いで、被告はこれを認め、原告は垣を作ることを約束し、その旨の consent judgment がなされた）。

(23) このように合意の内容が明らかでないときは consent judgment の効力についても問題を生じる。後述二八頁。

(24) State *ex*. *rel*. Carmichael *v*. Jones 41 S. 2d 280 (1949). consent judgment の登録は司法的な行為でなく行政的 (ministerial) な行為であるから mandamus が可能であるとした。

(25) Missouri Pac. RY. Co. *v*. Lasca 99 P.616 (1909)（未成年）。イギリスにおいても、未成年者 (infant)、心神喪失者 (lunatic) が関与する場合には特に裁判所の認可を要する。Odgers, Principles, 前掲注(12) p.287.

(26) United States *v*. R.C.A 46 F. Supp. 654 (1942)（独禁法事件）.

(27) たとえば連邦規則二三条c項の場合（団体訴訟 class action における和解と取下げ）。

(28) *in re*. Director of Insurance 3 N.W. 2d 922 (1942), Williamson *v*. Williamson 31 S.E 367 (1944) (consent judgment の登録前に合意が撤回された事案).

(29) Eddington's Adm'x *v*. Eddington 175 S.W. 2d 12 (1943). 後述六四頁。なお時国康夫「英米法における訴答 (Pleading) の研究」（司法研究報告八輯五号）（昭三〇）一五頁参照。

(30) Bergman *v*. Rhodes 165 N.E. 598, (1929). 65 A.L.R. 344.

(31) West Va. Oil & Gas Co. *v*. Geo. E. Breece Lumber Co. 104 F. Supp. 5 (1952).

(32) Keen *v*. Parker 8 S.E. 2d 209.

(33) McArthur *v*. Thompson 299 N.W. 519, (1941) 139 A.L.R. 413.

(34) この効力については三六頁以下で詳説する。

(35) James F., Consent Judgment as Collateral Estoppel, 108 University of Pennsylvania Law Review (No.2,1959) p.173, 190. 7 Moore J. WM., Moore's Federal Practice 2nd ed. (1955) ¶60. 28 [3] p.329～30.

(36) Estes *v*. Estes 14 S.E. 2d 681 (1941). consent judgment も通常の判決と同じように執行されうるとした。

(37) Note, Consent Judgment as Instrument, 前掲注(14)p.1314.
(38) 裁判所は consent judgment をなす一般的権限を有する。30_A American Jurisprudence, Judgment §144. Pope *v.* United States 323 U.S. 1 (1944) によればこれは司法権の行使であり、裁判所の司法的機能に属するという。
(39) 1 Black H.C., A Treatise on the Law of Judgment (1891) § 15, p.21. Note, Consent Judgment as Instrument, 前掲注(14)p.1315.
(40) James, Consent Judgment as Collateral Estoppel, 前掲注(35)。Note, Consent Judgment as Instrument, 前掲注(14)など。本稿はこれらに負うところが多い。
(41) 1 Black, Judgment, 前掲注(39)§15 p.21 は実務ではよく知られているといい、Public Serv. Elec. & Gas Co. *v.* Waldroup 119 A. 2d 172 (1955) の判示によれば consent judgment は毎日のように行われているという。三四頁後掲注(21)。

二 Consent Judgment の効力

ではこのような consent judgment は通常の判決に比して、その効力に関しどのような特徴を持つであろうか。一般に判決の効力として挙げられるものは数多いが、最も基本的なものは、ある判決が後の訴訟に及ぼす影響力、即ち広い意味で既判力といわれるものと、ある判決がなされた場合にそれがどの程度最終的なものか、即ちどの範囲で取消し、変更が可能か、又はどんな場合に無効であるか、といった意味での効力の二種があるように思われる。前者はいわゆる実質的確定力といわれるものであり、後者は、形式的確定力、および羈束力といわれているものを含む効力である。

英米の判決のこれらの効力を論じるに当たっては、「判決の確定」の概念がさほど明確でないことに注意しなければならない。即ち我々の法制においては上訴期間の満了によって判決は原則として絶対的な存立を確保され、以後通常の方法によっては争い得ないものとなり、かつそうなって初めて既判力を生じるに至る。即ち形式的確定力と実質的確定力は同時に発生する。ところが英米法においてはこの不可争性の発生――確定――に対応する明確な概念は存しない。もっとも、ごく一般的な救済方法に訴えうる期間が過ぎたことによって判決が終局性(finality)を得たといわれることもあるけれども、わが国におけるような意味ではなく、なお広い範囲で救済方法が認められているのである。(1)

さらに特徴的なのは後訴に対する拘束力も判決の言渡しとともに直ちに生じると考えられる点である。(2) 上訴期間は勿論定められておりその他の判決を取り消すための手続も多くは一定の時間的制限に服する。しかしこれらの期間が経過することは判決が後訴に対して拘束力を持つための要件ではない。上訴その他の判決取消しのための手続が開始されたことによって、判決のこの効力が奪われるのは特に制定法でその旨が定められている場合に限るのである。(3) 従ってある判決の拘束力に従って判決がなされたに拘らずその後にその前の判決が救済されることが起こりうるわけであり、その場合には後の判決もまた取り消されるに至るのである。(4)

そこで以下ではこれらの二つの関係で、即ち後訴に対する拘束力および取消し変更の可能性に関して consent judgment がどのような特別な取扱いをうけているかをみようとする。

（1）　後述三五頁以下、判決からの救済参照。
（2）　Millar R. W., The Premise of the Judgment as Res Judicata in Continental and Anglo-American Law. 39 Michigan Law Review (No. 1, 1940) p. 1, 7.
（3）　American Law Institute, Restatement of the Law of Judgment (1942) §41 comm. d. コモンローでは上訴の係属 (pending writ of error) は判決の効力に影響を与えなかったが、エクィティでは、判決の効力が奪われた。
（4）　Restatement of Judgment, 前掲注（3）§ 44.

一　後訴に対する拘束力

民事判決の本質的な効力が同じ問題に関する当事者間での争いのむし返しを封ずることにあることは英米法にも妥当する原則である。しかしその効力が客観的主観的にどんな範囲について生じるか、さらにその効力の法的構成などについては我々の法系におけるとは大きな相違を見ることができるのである。またこの効力がいわば特殊な判決であるところの consent judgment にどの程度妥当するかという問題についても興味深い議論が行われている。そこでまず一般に通常の判決のこの種の効力について述べ、後に、これが consent judgment の特殊性によってどのように影響されているかをみることにしたい。

(1) **英米法における既判力論** (doctrine of *Res Judi cata*)[1]

(イ) *Res Judicata* の二面　判決の後訴に対する拘束力——これは広い意味で *Res Judicata* といわれる——は二つの面に現われる。一つは請求 (claim) 又は訴訟原因 (cause of action) に関してであり、他は前訴で争われ、判決によってその存否を決定された諸問題 (issues, matters, question) に関してである。

前判決は、同じ請求 (claim, demand) 又は同じ訴訟原因 (cause of action)——これの意義については後述——に基づく後の訴えに対して bar (障碍事由) として働く[2]。即ち原告勝訴の判決により請求は原則として判決に混同[3]され (merged)、訴訟原因は消滅する (extingui shed)。被告勝訴の本案終局判決 (final judgment on the me rits)[4] によりやはり訴訟原因は消滅する。その結果もとの原告は前訴で勝訴した場合も敗訴した場合も原則としてもとと同じ訴訟原因に基づいて訴えを維持することができない。もしかかる訴えを提起しても被告は前判決を抗弁として提出することにより原告は敗訴を免れない[5]。

そこでこの効果を目して判決が後訴に対する bar となったというのである。もっとも一般には原告敗訴の判決のこの効力のみをbarと呼び、原告勝訴の判決のこの効力をmerger（混同）と呼ぶのが通常である。従ってこのbarおよびmergerなる効力は請求又は訴訟原因の同一性によってその範囲を画されることになるわけで、その基準如何が当然ながら大いに議論のあるところである（後述(ロ)）。

他方争われた諸問題についての効力とは、前の訴訟において争点（issue）として争われ裁判所（又は陪審）によって決定された事項が、後に同じ当事者間における異なる請求又は訴訟原因に基づく訴訟において再び問題となるときに前の決定（determination）が拘束力を持つというものであり、collateral estoppel[6]と名づけられる効力である。たとえば社債の所持人が支払期の到来した利息の支払いを訴求し、発行会社は詐欺によるその社債の無効を抗弁しその結果、被告勝訴の本案判決があるとその社債が無効であることが確定され、当事者双方とも後にその社債の有効を前提として他の訴えを起こしても敗訴を免れないこととなる[7]。

このように英米における前判決（former adjudication）の拘束力（binding effect）は、訴権消耗（consumption）の観念――merger，barとして――と禁反言の観念――collateral estoppelとして――の二面から成り立っている。英米法における既判力論の難解性は主として、もともとゲルマン法に由来する記録禁反言（estoppel by record）の原則と、ローマ法に由来する *Res Judicata* の原則とが、イギリス法発達の初期において一つの目的のもとに統合され、以来その両者の関係がよく理解されることなく、それに名称の用い方の混乱も加わって特異な発展を遂げたことに基づくとさえいわれている[8]。

右のところから明らかなように、英米の判決の後訴に対する効力のうちで最も特徴的なのはいうまでもなくcollateral estoppelの効力である。これにより判決は、その結論が導かれるための前提として必要な事実認定――多くの場合はいわゆる法律的事実（過失、弁済、免除など）に関するものである――さらに時には一定の要件のもとに法律問題についての判断までをもその当事者間において最終的（conclusive）ならしめることになる[9]。merger又はbar――これを狭義における *Res Judicata* ということもある――は原告の訴訟原因の消滅による効果として考えられていることから単に原告が後に同じ訴えを起こすことを妨げる意味で一方的な消極的効果を持つのみで、同じ問題のむし返しを当事者相互間で妨げるとの積極的な内容を持つものではない。[10] これに反し collateral estoppel の効果は相互的であり、もとの訴訟の原、被告のいずれが後の訴訟を起こしたかを問わない。従って我々が既判力の効果であると考える多くの場合に、英米では同じ結果が collateral estoppel によってもたらされていること、[11] および右に述べたようにいわば判決理由中の判断に既判力を認めたと同じ結果を得ていることに注意すべきである。

訴訟原因が前後異なっている場合にもこのような内容的な拘束力が認められることから、訴訟原因の前後同一を論ずることは、わが国において訴訟物の同一性を論ずるに比して、結果としてはよほどその重要性を減殺されることになるとは思われるけれども、原告が前の訴訟においてなし得たに拘らずなさなかったことが、どの程度後の訴訟でできるか、即ち前訴訟において考慮に上らなかった事項がどの程度その訴訟における判決によって merger され又は bar されてしまうかの問題として頗る重要性を失わない。

(ロ) cause of action の同一性、訴訟原因とは何かについての今日までの議論は「手続法の分野における哲学的発展の可能性の最も立派な例」であり、もはや何もつけ加えることが残っていないほどだといわれる。[12] これに関する諸説の両極端をなす二つの考え方は McCaskill の伝統的な定義と Clark の新しい考え方である。即ち、前者によれば訴訟原因とは「原告側の一つの権利と、国がそれに対し救済を与えるようなその権利に対する一つの侵害を示すところの主要事実（operative fact）の一団（a g roup）」であり、[13] 後者によれば少なくとも「一つ以上の訴権を生じさせるところの主要事実の聚合（aggregate of the operative facts）」であり、かつ「その範囲（extent of the cause）は専ら裁判所により決定さるべき」であり、その決定に当たっては「審理の便宜（trial convenience）の考慮が支配的な要素である」とする。[14] いずれにせよそれは事実の集まりであるけれども、前説が唯一の権利を生じさせるものとするに反し、後説は複数の権利を生じさせる場合でもよいことを認める点でまず異なる。重要なのは後説がさらにその範囲の決定について事実の集まりからどんな権利が結果するかに関係なく、素人（non professional witness, lay onlooker）ならば単一の出来事又は事件（occurrence or affair）と見るであろうような事実の集合を一つの cause of action と考えることである。[15] かつそれが専ら裁判所の裁量によって定められるとすることである。前の訴訟において当事者が問題としなかった事項が一個の訴訟原因に含まれると判断される場合には、その者は一つの訴訟原因を分割して（splitting a cause of ac tion）[16] 訴求したことになり、前訴で勝訴又は敗訴した原告は、前に主張しなかった部分に関して再び訴求することを妨げられる。従って前説のように法律的判断を経たうえで、一個の権利を生じさせるような事実の集まりを一つの単位とする場合に比し、後説のように素人的非法律的判断で事実をまとめて一つの単位とすることは、頗る広い範囲で前判決の merger, bar としての拘束力を認めることになるわけである。

さて、このように訴訟原因が事実の集まりであるとしても、どのような場合に訴訟原因が前後同一であると認めるべきかの問題および仮に前後同一であるとしてもなお後訴を許すべき場合（splitting of cause of action が許される場合）があるとすればいかなる場合であるかの問題がある。勿論訴訟原因の範囲を「一つの権利」によって画する前説のような古い説によるときは、比較的前後同一についても判定が容易であるけれどもコモンローの手続とエクィティの手続とが融合し訴訟方式が棄てられ、プリーディングに関する厳格な規則が放棄され、一つの手続ですべての問題が扱われるような手続上の態勢が整うにつれて訴訟原因の同一性を広い範囲にわたって認める傾向に進んだことは事実である。[17] しかし同時にその判定にも多くの問題を生じさせることになった。同一性の判別の基準としては判例によりいろいろな試み[18]がなされたけれども、未だ普遍的なものは発見されていない。むしろ学説の大勢は、この問題を、原告がどの程度被告に対する請求を一個の訴訟で主張することを強制されるべきかとの政策的問題（question of public policy）であって、単に画一的な理論によって結論を出すのは不適当であるのみならず不可能であり、前判決に拘束力を認めることの趣旨目的に従い、場合に応じて事を決すべきであると主張する方向に赴き[19]、或いは立法論的に、必要的請求併合(compulsory joinder of claims)を規定することによって再訴を妨げる範囲を明確にすべきであるとするものもある。[20] Restatement of Judgment は証拠関係を基準として訴訟原因の同一性を認めることとし、さらに訴訟原因の分割（splitting of cause of action）の許される場合を列挙している。[21]

(ハ)　collateral estoppel に関しても問題が多い。この効力は merger, bar が claim 自体のむし返しを封じるに対し、ある争点に関してのみ後の訴訟で再び争うことを妨げるものである。コモンロー上の estoppel by record から発達した原則であるが *Res Judicata* の一面をなすものとして結局は merger, bar の原則と同じ制度的目的に奉仕するものと考えられて来た。しかし merger, bar がいわば同じ訴訟のくり返しの場合のみに働くのに反し、collateral estoppel は前後全く目的、内容を異にする訴訟においてその本領を発揮するゆえに、もしこれを広く認めるときには非常に不合理な結果を招くことが多い。[22] 従ってこの効力の働く場面を制限する努力が古くからなされたのである。

アメリカにおけるこの問題についてのリーディングケースといわれているのは Cromwel *v.* County of Sac[23] である。この事件において、「実際に争われ、実際に裁判所により判断された事項のみが後訴に対して拘束的である」との collateral estoppel 適用のための基本原則が確立された。[24] この問題はその後の判例により種々に発展を見た[25]が今日何がこの効力を有するかに関し次のような原則が確立しているように思われる。即ち、

①　「実際に争われた」事項であること。当事者がプリーディングでなした相手方の主張に対する自白は訴訟原因の異なる後の訴訟では拘束的でない。[26] 被告が応訴しない場合は訴状（complaint）の記載によって原告勝訴の判決がなされる。しかしこの欠席判決（judgment by default）には collateral estoppel の効力は与えられない。被告が欠席するのは必ずしも実際には原告の主張を全部認めるからではなく、請求金額が少ないとか、裁判地が遠いとかで却って費用がかさむなどといった理由によることもあり、原告主張の事実もその欠席判決がなされる

限りにおいては認めるけれども、その同じ主張事実も他の事件で主張される場合には本腰を入れて争うことがありうるからである。[27]

②　「実際に判断、決定（determine）された」事項であること。争われた点が複数ある場合に問題がある。その全部について判断することが判決を理由づけるために必要である場合にはその各々の事項は collateral estoppel の効力を持つ。二つのうちどちらの理由によっても判決が理由づけられうる場合に、その双方について一方当事者に不利に判断された場合にはその双方とも拘束力を持つ。たとえば、自動車の衝突による損害賠償請求事件で、被告の過失と、原告の助成過失（contributory negligence）が争われ、裁判所により、被告の無過失と原告の過失の二つが認められた場合である。原告敗訴を理由づけるためにはいずれかが不必要なわけであるがどちらによって結論が導かれたともいえないからであるという。これに反して被告の過失と原告の過失がともに認定され、従って被告勝訴に終わった場合には被告の過失の点は拘束力を持たない。被告の過失の有無に拘らず原告の過失が認められる以上は原告の請求は理由がなくなるわけで被告の過失の認定は全く不必要であるからである。[28]従って被告は後にその同じ事故で自分の方が蒙った損害を原告に請求する時にこれによって妨げられることはない。この点にも関するがさらに、

③　前判決にとって重要な事項であること。即ち拘束力を生ずべき認定は主要事実（ultimate facts）に関するものでなければならない。即ち単に間接事実（evidentiary facts）に関するものは拘束力を持たない。この点は collateral estoppel についての古典的判例である The Duchess of Kingston's Case を嚆矢とするといわれる。[29]今日 ultimate facts と evidentiary facts の区別については The Evergreens *v.* Nunan においてなされたものが支配的である。これによると ultimate fact とは「数個の事実の競合（combined occurrence）に対して法が問題となっている権利又は義務を生じさせる場合に、その各々の事実」であり、evidentiary fact とは「その事実から ultimate fact の存在が合理的に推定され得るような事実」である。[30]

Restatement of Judgment は「判決にとって必須的（essential）」な事実問題についての判断が後訴でも拘束的であるとする（§68(1)）。

最後に、法律問題（question of law, legal issue）の判断についての拘束力は、前述した事実問題についての要件を充たすほか、前後の訴訟の訴訟原因が同じ基礎関係から生じ、かつそうすることが正義に反しない場合にのみ認められる[31]。

collateral estoppel の理論のかような複雑性は英米民事訴訟における事実認定の仕方や判決の形式とも無関係ではないであろう。即ち伝統的には事実認定は陪審の仕事であり、その結論は原則として原、被告のいずれが勝つかを決定する一般評決[32]（general verdict）で示され、また判決もそれに基づいて結論を示すだけでわが国のような理由を示さないからその基礎としてどのような事実が認定されたかを知り得ず[33]、ここにこれを決するためにプリーディングによっていかなる争点が形成されたかが重要な資料とならざるを得なかったわけである。近来個々の問題についての認定を答申する特別評決（special verdict）が多く行われるようになり、また非陪審事件においても特別評決に対応する特別認定（special finding）を判決前に示すことが行われるようになって[34]、どのような事実が認定されたかを明確に知りうるような前提が確立するとともに前述のような原則を立てることが可能となったと思われる。いずれにせよ collateral estoppel はその制度自体に内在する危険性の故に制限を加えられて来、今なお変貌と成長を遂げつつあるといわれる[35]。一方ではドイツ法の中間判決のような制度が、当事者が求めた点のみに拘束力を認める点でより合理的であることをはっきりと認めるものもあり[36]、また同じような立場に立って、歴史的にこの制度の母体であるプリーディングの制度が大いに変貌した今日考え直されねばならない制度であるとし、今や一般的となった宣言的判決（declaratory judgment）をここにとり入れ、当事者が求めた点について宣言的判決をすることにより問題を根本的に解決することの提案さえあるのである[37]。

（1）　これに関するわが国における研究は殆どなく、花岡敏夫「えすとつぺるノ法理ヨリ観タル判決ノ既判力」（大正初め頃）を見るのみである。アメリカにおいてもFreeman A.C., A Treatise on the Law of Judgment 5th ed.（1925）以来包括的な研究がなく、そのことがAmerican Law InstituteをしてRestatement of Judgmentを編纂せしめるに至ったという。Note, Development in the Law, Res Judicata, 65 Harvard Law Review (No.5, 1952) p.818, 821. Freemanの右の著書が入手できなかったため残念ながら参照することができなかった。

（2）　但し判決に基づく新しいcause of actionが発生して、とって代わる。American Law Institute, Restatement of the Law of Judgment (1942) § 45, § 47. 従って以後は必要とあれば判決に基づいて訴えを起こしうる。かかる訴えは通常必要でないが、他の州にある被告の財産に対して執行する場合、時効にかかった場合などに必要である。この訴訟においては裁判所は本案を審理することを許されず（他の州の判決に対しfull faith and creditを与えねばならないから——合衆国憲法四条）、被告はもとの裁判所の管轄権欠缺（lack of jurisdiction）をもって対抗しうるのみである。Karlen. D., Primer of Procedure (1950) p. 107. 判決後に生じた事由、たとえば支払い、免除、などを抗弁として主張することは可能である。Restatement of Judgment §47 comm. e.

（3）　原告勝訴の判決はすべて本案判決であるが、被告勝訴の終局判決には、訴訟手続的な理由（たとえば訴状の瑕疵、無管轄）で訴えを却下する（dismiss）判決など本案に関しないものがある。

（4）　原告勝訴の判決が金銭の給付以外のものであるときはcause of actionはmergerにより消滅しない。Restatement of Judgment, 前掲注(2)§ 46 comm. a, § 47 comm. a, § 47 comm. n. 宣言的判決（declaratory judgment）にはmerger, barの効力はないが、宣言せられた事項が*Res Judicata*となり当事者がこれらの事項を再び争うことを妨げる。Restatement of Judgment § 77 comm.b. 周知のように、英米における伝統的な救済は金銭賠償であり、契約通りの履行を求める特定履行（specific performance）はエクイティの法理により例外的に認められてきたにすぎない。これは今日なお多くの制限に服するから（Restatement of Contracts (1932) § 358以下参照）、勝訴判決がmergerの効力を持てば、後に判決に基づく訴え（前掲注(2)）が起こされたときに、これらの制限を適用して救済を拒絶することができなくなるからであろう。（たとえば事情変更により契約を強行することが被告に対し不当に酷な場合Restatement of Contracts § 367 (b)）宣言的判決の*Res Judicata*につきNote, Development in the Law, Declaratory

Judgment, 62 Harvard Law Review (No. 5, 1949) p.787, 840参照。宣言的判決はわが国の確認判決に当たるものであるが事実の確認なども許される。

(5) もっとも、英米法においては *Res Judicata* も弁論主義に服し、当事者により主張されなければ斟酌されることはない。Millar R.W., The Premise of the Judgment as Res Judicata in Continental and Anglo-American Law, 39 Michigan Law Review (No.1, 1940) 1, 7〜8. 2 Black M.A., A Treatise on the Law of Judgment (1891) § 783 p.942. Von Moschzisker R., Res Judicata, 38 Yale Law Journal (No.3, 1929) 299, 317. は反対。Clark C.E., Handbook of the Law of Code Pleading 2nd ed. (1947) p.479 は cause of action の分割 (splitting) に対する異議は被告によって放棄されうるとする。

(6) Restatement of Judgment, 前掲注(2)§68. 判決のこの効力は以前は estoppel by verdict 又は、estoppel by judgment. と呼ばれた。collateral estoppel なる名称は Restatement of Judgment の編纂に当たり American Law Institute によって初めて採用されたものである。Note, Development, Res Judicata, 前掲注(1)p.840. これは本来の意味における estoppel ではないので collateral preclusion と名づけることも考慮されたが結局従来の呼称に従ったという。Scott A.W., Collateral Estoppel by Judgment. 56 Harv. L.R. (No.1, 1942) 1, 3. なお注(8)参照。

(7) Note, Collateral Estoppel, 52 Columbia Law Review (No.5, 1952) 647, 648. 有効無効は事実問題と考えられている。

(8) 今日 collateral estoppel と呼ばれる判決の効力は estoppel by record (記録禁反言) と称されたコモンローの原則に由来する。ローマ法が導入される前は、判決とは関係なく、判決手続において当事者のなした主張 (allegation) や自白 (admission) に反した行動を許さないとするゲルマン法の原則が行われており、これは estoppel by deed (証書禁反言) や estoppel *in pais* (行為による禁反言) と同じ性質の、いわば真の意味の estoppel であった。やがてローマ法が受け入れられると、ローマ法の原則は専ら同じ請求に基づく再訴を妨げる機能を与えられ、一方従来のゲルマン法の原則は異なる請求に基づく後訴に対してもある種の拘束力を与えるために estoppel by record なる法理として発展した。即ち pleading による主張、およびその自白により争点(issue)が決定され、それに関して陪審の判断(verdict)

があることにより、当事者はその点について後に反対の主張をすることができず、その争点形成の過程でなされた自白についても同様であった。争点は当事者の行為たる主張自白の産物であり、いかなる点が陪審によって判断され、当事者によって自白されたかは判決そのものよりむしろ記録――pleading――によってのみ知りえたから、この効果は estoppel by record と呼ばれたのである。判決自体は estoppel の源泉でないが、これを認証し効力あらしめるために必要であると考えられた。この間の事情は一八〇三年の判例（Outram *v.* Morewood）における「estoppel を生じさせるのは当事者によって主張された事項である」との判示によっても物語られている。Millar, Premise of Judgment, 前掲注(5)39 Mich. L.R.（No.2, 1940）238～9. Note, Development, Res Judicata, 前掲注(1)820～1.

(9) Restatement of Judgment、前掲注(2)§68（事実問題），§70（法律問題）.

(10) Barber Paving Co. *v.* Field 97 S.W. 179（1906）は、cause of action の同一を認めるに当たっては前訴での原告が後訴で被告となっていることは関係がないとしたが、事案は Restatement of Judgment の法則によれば collateral estoppel の働く場合であり cause of action は関係がないと思われる。これなども *Res Judicata* 理論の混乱の一つの例かも知れない。いったいに merger の効力はよく認められていたが、bar と collateral estoppel の区別は、はっきりしていなかったようであり訴訟原因同一の場合にも、「前訴で主張しうべきであった事項が estoppel によって妨げられる」との表現がよく用いられている。花岡「にすとっぺるノ法理」、前掲注(1)一〇六頁も同様である。しかし *Res Judicata facit jus inter partes* という意味での積極的効力はすでにローマ法上存したのであるから、これが果たして英法に受け入れられなかったのか、又は受け入れられても estoppel by record と混然となって発達し、最近になって、merger, bar と collateral estoppel に明確に分離することによりその理論的整理がなされたのか明白でない、これらの点については将来の研究にまつほかない。

(11) 前判決によって確定せられた権利関係が後訴における先決関係に当たる場合はすべてそうであろう。即ち訴訟原因が異なるから merger, bar には触れず、前判決の基礎として判断された事項――これはその場合には後訴のためにも必要な事項である――について拘束力、即ち collateral estoppel が生じているからである。

(12) Cleary E.W., Res Judicata Reexamined, 57 Yale Law Journal（No.3, 1948）339, 340.

(13) McCaskill O.L., Actions and Cause of Actions, 34 Yale Law Journal (No.6, 1925) 614, 638.

(14) Clark, Code Pleading, 前掲注(5)p.127, 137.

(15) Clark, Code Pleading, 前掲注(5)p.130, 137. 田中和夫「アメリカにおける単一訴訟方式」(中村還暦論集七五頁)(昭三〇)は、これは訴訟原因をRosenbergなどのいう事実関係ないしわが国の請求の基礎と同様に解するものということができると評する(八八頁)。

(16) splittingの種類につきCleary, Res Judicata, 前掲注(12)は次のものを挙げる。(1)理由づけに関するもの(splitting as to the theory of recovery)。たとえば傷害に対する損害賠償請求で前後異なる内容の過失を主張する場合(Restatement of Judgment, 前掲注(2)§63) (2)算術的なもの(arithmetical splitting)。たとえば一つの不法行為により破損された数個の物につき別々に賠償を求めたり、一つの過失による人的、物的の損害を別々に請求した場合。(後者については判例が分かれるが多数は一つのcause of actionに含まれるとする。Scott, Collateral Estoppel, 前掲注(6)p. 23~4. Restatement of Judgment, 前掲注(2)§62 comm. e.) (3)救済方法に関するもの(splitting of relief)。たとえば占有回復の判決を得たが、執行官が取り除くことのできない障碍物を除去することを被告に要求する判決を得ておかなかった場合、金銭賠償の請求について判決があった後に特定履行の請求をした場合。(Restatement of Judgment, 前掲注(2)§64, §65. なお §64 comm. f.は択一的(alternative)な場合と重畳的(cumulative)な場合を分けて論ずる)

(17) Clark, Code Pleading, 前掲注(5)p.473~4. Blume W.W., The Scope of a Civil Action, 42 Michigan Law Review (No. 2, 1943) p.257によると、コモンローにおいては民事訴訟の範囲は次の五つの原則により画されていた。(1)原告の請求と訴訟開始令状(original writ)の一致。(2)訴訟開始令状は一つのみ許される。(3) trial前に唯一の事実上又は法律上の争点に整理されねばならない。(4)二組以上の当事者があることは許されない。(5)判決は複数の原告、被告がある場合でも一律にどちらかの勝敗を決するのみ。

(18) Note, Development, Res Judicata, 前掲注(1)p.824~5. によれば次のような基準が示されたという。(1)同じ実体法、手続法の法則が適用される場合。(2)同じ権利が同じ不法行為によって侵害されたと主張される場合。(3)第二の訴えが認められれば第一の判決によって確立された権利が害される場合。(4)同じ証拠が両訴に必要な場合。(5)主要事実が同一の場合。

(19) Scott, Collateral Estoppel, 前掲注(6)p.26. Von Moshzisker, Res Judicata, 前掲注(5)p.313. Cleary, Res Judicata, 前掲注(12)p.349. Clark, Code Pleading, 前掲注(5)p.472～はこの制度の目的は被告の応訴の煩をさけ、紛争を一挙に解決することによる裁判所の時間経済にあるとし、p.480～に契約上の請求、不法行為上の請求に分かって論じている。

(20) Blume, Scope of Civil Action, 前掲注(17)p.283は同じ取引（transaction）又は出来事（occurrence）から生ずるすべての請求（claims）、或いは共通の事実上、法律上の問題を含むすべての請求の併合を強制するようにcodesを改正すべきであり、連邦規則一三条の必要的反訴の規定はその第一歩であるとする。

(21) §61は本案終局判決があると「原告は第二の訴えを支持するのに必要な証拠が第一の訴えをも支持したであろう場合には、同じ取引（transaction）に基づく第二の訴えを維持し得ない」と規定し、§62は、(a)手続的制限による場合、(b)詐欺（fraud）、不実表示（misrepresentation）による場合、(c)被告の同意ある場合に、訴訟原因のsplittingを許す。

(22) たとえば医者が治療費を患者に請求して勝訴した場合に、これによって治療が適法なものであり報酬に価するものであることが確定されたとするならば、その当時予想もされなかった患者の医者に対する不当治療（malpractice）による請求が不可能になってしまうであろうし、妻からの別居手当（separate maintenance）の請求訴訟で、夫の虐待（cruelty）の問題が決定されたら、これはよほど後に夫によって起こされた離婚訴訟に対してさえ、致命的な影響を与えることになるであろう。Note, Collateral Estoppel, 前掲注(7)p.650. 当事者はこれを恐れて、細かい問題まで念入りに争うことになり訴訟が複雑なものになってしまう。

(23) 94 U.S. 351 (1876). なおイギリスにおける一八世紀以来の発展についてはMillar, Premise of Judgment, 前掲注(5)p.239～.

(24) 勿論、collateral estoppelなる語が用いられたわけではない。この事件における判示は次のようにいう。「当事者は同じだが、異なる請求に基づく後訴において、前判決は争点事項（matters in issue）又は当事者により争われた点（points controverted）で、それについて判断する認定（finding）又は陪審の評決（verdict）が行われたものについてのみ estoppel として働く。故に一つの訴訟原因に関して行われた判決の estoppel を他の訴訟原因に基づく訴訟において生じた問題に適用しようとする場合には常に、前の訴訟で争われ判断され得たようなものでなく、実際に争われ、かつ判断された（actually litigated and determined）点、又は問題について調べなければならない。かかる事項に関してのみ判決は他の訴訟において拘束的（conclusive）である」

(25)　アメリカにおける判例の推移については Millar, Premise of Judgment, 前掲注(5)p.253～ 参照。

(26)　Restatement of Judgment, 前掲注(2)§68 comm. g. Note, Collateral Estoppel, 前掲注(7)p.655. estoppel by record においてはこれが重要な効果であった。前掲注(8)。

(27)　Restatement of Judgment, 前掲注(2)§68 comm. d,f. Note, Development, Res Judicata, 前掲注(1)p. 840～1. 但し反対の判例も多い。Note, Collateral Estoppel, 前掲注(7)p. 655.

(28)　Restatement of Judgment, 前掲注(2)§68 comm. m, n, o. Note, Development, Res Judicata, 前掲注(1) p. 845～6.

(29)　20 How(ell's) St(ate) Tr(ials) 355 (1775). ここで「副次的に（collaterally）に問題となった事項、付随的に（incidentally）に審理せらるべき問題、判決から推論される事項」は拘束的でないとされた。

(30)　141 F. 2d 927 (1944). Restatement of Judgment は ultimate fact という言葉を用いず、代わりに fact in issue を evidentiary fact に対立させる（§68 comm.p.）。しかし、fact in issue の定義として The Evergreens *v*. Nunan における ultimate fact のそれを採用した。Restatement of the Law. 1948 Supp. 336～37 (1949). Field & Kaplan, Materials on Civil Procedure (1953) p.952.

(31)　Restatement of Judgment, 前掲注(2)§70. 法律問題についての拘束力は元来 *stare decisis* の舞台である。しかし当事者が同一である場合には、*stare decisis* の原則が働かない場合でも紛争のむし返しを封ずるために法律点についても拘束力を認めた方が妥当である場合があることによる。たとえばある特許の使用許可に基づいてある年次に支払われた使用料（royality）について許可者（licensor）に対して課税可能でないとの判断は、後の年次に支払われた使用料についての訴訟（cause of action が異なることは異論をみない）において拘束的である。Commisioner *v.* Sunnen 333 U.S. 591 (1948).

(32) Karlen, Primer, 前掲注(2)p. 102.

(33) いずれの理由によっても結論が正当づけられうる場合に一般評決によって判決がなされれば、どちらが認められたのか判らないから、そのいずれの点も collateral estoppel の効力を持たない。しかし後の訴訟で再びこの二つが同時に問題となる場合には拘束的である。たとえば、人的損害の賠償請求事件で被告の過失と原告の助成過失とが争点となり一般評決で被告勝訴となったならば、後に被告が自己の側の損害の賠償を請求した際に、原告の過失を争えないとするのは酷であるけれども、原告が再び財産的損害を訴求した場合（cause of action が異なるとの見解に従えば、前掲注(16)）、原告は前判決によって敗訴を免れない。なぜなら、この場合も被告の過失か、原告の助成過失のどちらかがあれば原告は勝訴できないが、そのどちらかが存することが前判決によって確定していることは明らかであるからである。Note, Development, Res Judicata, 前掲注(1)p.846はこのあいまいさを避けるために特別評決又は特別認定を求めておくべきであるとする。なお Note, Collateral Estoppel, 前掲注(7)p.658.

(34) Millar R. W., Civil Procedure of the Trial Court in Hislorical Perspective (1952) p. 318.（特別評決）p. 346（特別認定）.

(35) Note, Collateral Estoppel, 前掲注(7)p.663.

(36) Note, Development, Res Judicata, 前掲注(1)p.821.

(37) Millar, Premise of Judgment, 前掲注(5)p.262.

(2) Consent Judgment の後訴に対する拘束力

では、このような判決の効力を consent judgment の特性はどのように変えるであろうか。一般的にいえば、consent judgment も通常の判決と同じ程度でいわゆる *Res Judicata* の効力——特に merger, bar ——を持つのが原則である。もっともこれを否定する判例もあるわけでその理由として、当事者の合意による判決の宣言は裁判所の司法的機能というより単なる行政的行為である点[1]、又は争いとなっている問題がその判決によって司法的に解決されたものでない点[2]、或いは性質上契約である点を挙げる[3]。しかしこれら少数の議論は本来 *Res Judicata* が問題とならない事件で示されたものが多く全体として重要性を持たないと考えられている[4]。

しかし個々の点については多くの特殊性が認められており、これを *Res Judicata* の内容をなす二面――merger, bar および collateral estoppel――について見ることにする。

(イ)　merger, bar の効力　原告勝訴の金銭判決がなされると以後その原告は、もはや同じ訴訟原因に基づいて被告に対し訴えをなし得ないとの merger の原則は合意（agreement, consent）に基づいてなされる consent judgment にも同じように妥当する。原告は以後その consent judgment に基づく訴えをなしうるのみである[5]。従って請求金額の一部で和解したためにその額で原告勝訴の consent judgment がなされた場合には後に残額を請求することが妨げられる[6]。もっとも当事者の明示の意思に反してもこの規則の適用があるか否かに関しては判例が分かれている。しかしなされた consent judgment が和解の内容の一部のみに関するものである場合にはその残余の部分に基づいて訴えを起こすことが可能である[7]。

次に本案判決で敗訴した原告は再び同じ訴訟原因に基づいて請求しえないとの原則――bar――も通常の判決と同じく原則として consent judgment に妥当することに異論は持たれていない。しかしこれが本案判決にのみ与えられる効力であることから問題となった consent judgment が本案に関するもの（on the merits）であるかどうかがこの効力が与えられるか否かの基準となる。on the merits であるか否かは結局は、判決又はその基礎となった合意において原告が自己の訴訟原因を放棄する意思を表明しているか否かにかかっている。

もし判決上にその旨が明言されている場合（"upon the merits", "with prejudice" などの表示がある場合[8]）には問題なくこの効力が認められるがこのような明示はなくても、その内容や、他の資料[9]によってその判決が、当事者間の争いを根本的に調整解決するような合意に基づいてなされていることが分かる場合には、同じ訴訟原因に基づく後訴を妨げることは一致して認められている。[10] このような結果は一般的にいって当事者の意思に合するであろう。当事者が紛争を実質的に解決して訴訟を止めようと欲する場合には、その紛争のよって来るところのすべての関係について以後争わないことをも暗黙にせよ合意するのが通常であり、又それが当事者の意思であることは多くの場合合理的に推測できるところである。[11] しかし合意による判決であることは確かでも、果たして最終的に本案を解決する合意によるものか、或いは単にその訴訟を止めることの合意のみによるものか明白でない場合には、その効力について判例は分かれている。一方では合意によることのみで本案を解決したものと推定し、同じ訴訟原因に基づく後訴は妨げられるべきであるとするに対し、[12] 他方は合意によって原告敗訴の判決がなされたという事実は、何ら原告が請求を放棄したことを積極的に示すものではないとして、再訴を妨げる効力はないとする。[13] 当事者の意思が全く不明である場合に、いずれに決すべきかの問題はどちらを原則と考えるかによって結果が異なるであろう。しかし明示又は他の資料によって、当事者の意思が紛争の実質的解決を求めるものでなかったことが積極的に明白となった場合にはやはり否定さるべきであるとされている。[14] 要するに merger, bar の根拠を当事者の意思に求めると同時にその範囲をも通常の判決の場合のように cause of action の範囲によって一律に決めず、当事者の意思の合理的な解釈によって決するというのが大勢である。その点で一般的には consent judgment は、通常の判決に比してその効力が制限されているといえるであろう。しかし他方、consent judgment は前にも述べたようにプリーディングに関係なく、いかなる内容をも包含させることが可能であるから、もともとその訴訟では問題となっていない cause of action ——たとえば和解によって被告の債権をも放棄しこれを consent judgment の内容の一つとする場合——についても merger, bar の効力が生じうることになる。[15] この意味ではその範囲が広げられることになろう。

(ロ) collateral estoppel の効力　　consent judgment にこの効力が認められるか否かについては判例上大い

に争いのあるところである。一方の判例は consent judgment も陪審の一般評決（general verdict）による判決と同様に、争点の決定を含むものと解しこの効力を認めるに対し、[16] 他の判例は consent judgment においてはいかなる争点も裁判所によって決定されていないとして、これを否定する。[17] これを肯定する判例で有名なものは、Biggio *v.* M agee である。[18] この事件では、自動車事故による賠償請求訴訟で原告勝訴の形でなされた consent judgment は、被告の過失と、原告の無過失の認定（finding）を含むものであるとされた。前述したところ（一七頁）によっても推測できるように、学説は原則的には否定説の方に傾いている。[19] 否定説の根拠は次のような点にある。即ち最も普通の場合には和解の基礎となる合意においても、それに基づく判決においても、その訴訟で争点となり又は将来何らかの形で問題となるかも知れぬような事項について明白に解決を与えていることはなく、単に結果のみを述べるに過ぎないし、それに至る経過についても裁判所は全く関与していない。もっとも例外的には裁判所が内容につき立ち入ることがある。[20] この限度では裁判所の司法的判断が内容に立ち入ることになるけれども、これとても訴訟での個々の争点をいかに決するかに関係するものでない。たしかに欠席判決と比べれば、consent judgment においては当事者の協議が加わることにより、より内容的な解決が行われることが多いであろう。しかし欠席判決の場合と同じように、当事者は事件の実質に関係のない事情によって和解に応じることもあり、又その和解の表面的な結果に他の原因が潜んでいることもある。[21] 仮に和解において、訴訟での争点となった事実の存否が決められている場合であっても、将来これが他の訴訟で問題となることを見越してのことかどうか疑わしい場合も多い。これらの点で merger, bar の原則が consent judgment にも原則として同じように適用されることとは大いに趣を異にするといわなければならない。これに反して、Biggio *v.* Magee を始めとする consent judgment にも collateral estoppel の適用を認めた判例においては、何ら理由が示されていないか、又はこれらの consent judgment の特殊性を無視し、merger, bar の原則の適用あることから直ちに collateral estoppel の効力もあると結論されていたり、或いは和解合意は必ず一定の譲歩を含んでいるからそれに基づく判決にも争いとなった点についてどちらかの当事者のために有利な決定がなされているはずであるとの理由に基づくなどすべて事の実質を無視した形式論の域（doctorinal level）を出ていないと評される。[23] もし collateral estoppel の効力を認め、結果を根拠づけるべき先決問題にまで拘束力を認めることになれば、当事者は和解することを止め、すべての事件を最後まであらゆる点について徹底的に争うことになるであろう。merger, bar の場合は将来争うことを妨げられる範囲が――つまり cause of action の範囲が――、予め比較的明確であるのに比して collateral estoppel によって拘束される点は将来どんな関係で問題となるかの予測可能性が非常に少ないからである。[24] 今日大多数の事件が、trial 前に解決し、trial になってからでも和解によって終了する数も相当に上ることを考えれば、それは結局事件の数を増すばかりか、それを込み入ったものとし、ひいては紛争の解決を遅らせ、訴訟経済に反し、挙句は当事者に予想外のところで前判決の効力を押しつけて迷惑を与えるという不合理な結果を招く。前判決に拘束力を与えることの制度的目的[25]も、主として merger, bar によって十分達せられるのであって、右のような不合理な結果を招いてまで不必要な拘束力を認めることは却ってその目的としないところである。

もし訴訟中における当事者の和解を推奨すべきものとするならば、そして consent judgment という制度があることにより、これが当事者への和解に対する一つの有力な誘因となっているのであれば、[26] 予見していない後の訴訟で不利となることを慮り、和解の機会がそれだけ減ずるということは致命的である。結局一般的に collateral estoppel を認めることは当事者の利益にも、社会的利益にも反する結果を招く。

このような点から consent judgment に collateral estoppel の効力を認める場合は、merger, bar を認める場合に比して極端に制限さるべきであり、ある点につき拘束されることを認める積極的意図が明白に認められる場合でなければならず、単に他の事情から推定されるに止まったり、和解合意においてある事実の存否について述べるところがあるというだけでは不十分であるとする。[27] しかし、そこまで極端に進まず、予測可能性の範囲で、collateral estoppel 適用の範囲を画し、当然予測されるような場合にこれを認めない理由はなく、たとえば、特許侵害の紛争を和解によって終結させる consent judgment においては当事者は、同じ特許の将来の侵害紛争においてはその特許の有効性の決定に拘束されることを認めたと見てよいであろうとする意見もある。(28)

このように consent judgment の後訴での拘束力―― *Res Judicata* ――の範囲を論ずるに当たっては当事者の意思解釈が支配的な役割を果たしている。merger, bar の効力は当事者がはっきりとこれを排斥する旨の意思を有していた場合に妨げられ、collateral estoppel は反対に、明白にこの拘束力を受けることを意図した場合にのみ認められるとする点で対照的であるけれども、これは、この二つの制度の特殊性、特に collateral estoppel の範囲を制限しようとする一般的傾向と合致するものであり、重要なのは当事者の意思が支配的な影響力を持つことを認める点であろう。collateral estoppel を consent judgment に認める立場からでも、ある点について後まで拘束される趣旨でない旨が合意に明示されておれば、勿論その合意に拘束力が認められる。(29) いずれにせよその点で、consent judgment の私人の行為――契約――としての性質がはっきりと認められているといえるであろう。

(1) Freasman *v*. Smith 39 N.E. 2d 367 (1942) など。
(2) Chemical Bank & T. Co. *v*. Early 67 F. Supp. 530 (1946) など。
(3) Brasher *v*. First Nat. Bank 168 S. 42 (1936) など。
(4) 2 A.L.R. 514. Annotation, Consent Judgment as Res Judicata p.538.
(5) 前掲二〇頁注(2)参照。
(6) 2 A.L.R. 561.
(7) たとえば Louisville N.A. & C.R. Co. *v*. Terrell 39 N.E.295 (1895) では、使用者に対する損害賠償請求事件で和解が行われ、一定額で consent judgment をすることとし、その侵害行為から生ずる被告の一切の責任を免除するとともに原告は被告を将来にわたって一定条件で雇傭することが定められた。その一定額について行われた consent judgment が雇傭の点について何も触れていない場合に、原告は雇傭に関する部分の不履行による賠償を訴求できる。即ちこの部分は判決に merge しないと判示された。

（8） Melady-Briggs Cattle Corp. *v*. Drovers State Bank 6 N.W. 2d 454 (1942) (upon the merits), Pulley *v*. Chicago R.I. & P.R. Co. 251 P.1100 (1927) (with prejudice).

（9） いわゆる extrinsic evidence が許される。Turner *v*. Fleming 130 P.551 (1913) 2 A.L.R. 566.

（10） Nashville C. & St. L. Ry. *v*. United States 261 (1885). United States *v*. Parker 120 U.S. 89 (1887) などがリーディングケースである。前者は、当事者はお互いに一八七一年一月一日現在有するすべての権利を放棄する旨の和解がなされ、それに従って行われた consent decree も詳細な条項を有していた事案、後者は判決上に「訴訟物 (subject matter) が当事者により調整され解決されたのでこの訴訟はそれにより却下さるべきものとする」と記載されていた事案。

（11） James F., Consent Judgment as Collateral Estoppel, 108 University of Pennsylvania Law Review (No. 2, 1959) 173, n. 3, 183.

（12） 代表的なのは Doarn *v*. Bush 198 S.W. 261 (1917)である。当事者が訴えの却下に同意し、かかる同意が判決として記録されたら cause of action の最終的解決として取り扱われるべきである。これは通常の取下げや却下が with-out prejudice であることを定める制定法とも抵触するものではないと判示した。

（13） たとえば Burke *v*. W.R. Chamberlin & Co. 125 P. 2d 120 (1942)では、本案に関する解決であることが当事者により理解されていた場合にのみ bar の効力があるとされた。

（14） Shell Petroleum Corp. *v*. Hess 126 P.2d 534 (1942), Reeves *v*. Philadelphia Gas Works Co. 164 A. 132(1933)など。前者は、一〇年先までの賠償請求権について和解する旨が明示されていた事案。後者では、「原告は、前訴での和解の範囲及びそれが現在の訴訟を bar しないように明確に制限せられていたことを証明することができる」と判示された。

（15） Nashville C. & St. L. Ry. *v*. United States, 前掲注(10)はかかる事案である。前後の訴えで原、被告が逆になっているけれども bar の効力があるとされた。

（16） International Bldg. Co. *v*. United States 199 F. 2d 12 (1952) reversed, 後掲注(17)、Kelleher *v*. Lozzi 80 A.

2d 196 (1951) は自動車衝突による損害の請求事件で一定額で示談ができ原告はこれを受け取って残債務を免除した。訴えは合意によって取り下げられた（New Jersey の事件であるが Federal Rules を取り入れており、その四一条(a)項(1)(:ii) の合意書面による取下げである）。後に被告が自己の側の損害を請求したに対し、和解は前の訴えが理由あることを前提としてなされたのであり、被告は自分のみが悪かったことを自ら認めたのであるとして、これを斥けた。Darme Estates *v*. Omnichrome 294 N. Y. S. 861 (1937) では多数意見が、consent judgment も通常の判決と同じく、争われ得た争点をも含めて後の訴訟で拘束力があるとしたが、少数意見は Cromwell *v*. County of Sac（前掲二四頁注(23)(24)）を引用して、collateral estoppel を生じるのは実際に争われ、判断された事項に限るところ、consent judgment は必ずしもその基礎たる争点を明確に解決したものとはいえないとして反対した。

(17)　United States *v*. International Bldg. Co. 345 U.S. 502 (1953) は和解が本案と関係のない事情によってなされる場合のあることを認め、merger, bar の効力はともかく、内容的な解決がなされていないことが明らかな場合には collateral estoppel の適用を否定すべきであるとした(International Bldg. Co. *v*. U.S., 前掲注(16)の上告事件)。Trapp *v*. United States 177 F. 2d 1 (1949) はある所得が納税者と、その妻の共同所得 (community income) であるとの点は *Res Judicata* ではないとされた。これら租税事件では collateral estoppel を否定する判例が相次いでいるという。Comment, 52 Michigan Law Review (No. 2, 1953) p.303. Daniel *v*. Adorno 107 A. 2d 700 (1954) では、自動車衝突による賠償請求事件で被告の保険会社が約款の定めにより consent judgment の方法で和解したが、これは被告が後に自己の損害を原告に請求するに当たって障碍とならないとされた。

　Hellstron *v*. McCollum 58 N. E. 2d 295 (1944) は自動車衝突による賠償請求の前訴で和解が行われ、原告は一定額をうけて全債務を免除し、裁判所は合意による却下の判決をした。後に被告が原告に自己の損害を請求したのに対しもとの原告は前訴の却下判決は estoppel of record であると抗弁した。裁判所は「前判決は当事者間の争点の裁判ではないから原告の訴えを妨げるいかなる estoppel も存しない」と判示した。

(18)　172 N. E. 336 (1930) Magee は自動車衝突による損害を Biggio に訴求したが和解が行われ、Magee は一定額での勝訴の consent judgment を得た。後に Biggio は同じ事故による自己の損害を訴求したのに対し Magee は前の

consent judgment を抗弁として提出した。判示は、「原告勝訴の判決は Magee に対する損害の近因(proximate cause)として Biggio の側の過失と、この損害への助成的要因（contributory factor）としての Magee の過失からの解放を意味するはずである、もし前判決が陪審の評決か、裁判官の認定によって行われていたならば、それが Res Judicata の理論により現在の訴えに対し bar となることは疑いない。この理は consent によって行われた判決にも適用されうる。けだし一旦解決した紛争は終局的たるべきことは公の利益である」とした。この判決の重要性はマサチューセッツ州の立法者をして「当事者の合意によりなされる判決は……（一定の場合には）……その合意が被告個人により署名されたのでなければ後に被告によって起こされた訴えに対して bar として作用しない」との立法をなさしめるに至った。Field & Kaplan, Materials on Civil Procedure (1953) p.943 n. James, Consent Judgment, 前掲注(11)p.174 n. 5.

(19)　これを明言するのは James., Consent Judgment, 前掲注(11)p. 173〜. Note, Collateral Estoppel by Judgment, 52 Columbia Law Review (No.5, 1952) 647, 657. Note, Consent Judgment as an Instrument of Compromise and Settlement, 72 Harvard Law Review (No.7, 1959) 1314, 1320. Note, Development in the Law, Res Judicata, 65 Harv. L.R. (No.5, 1952) 818, 840 n. 163. なお American Law Institute, Restatement of the Law of Judgment (1942) §68. Scott A.W., Collateral Estoppel by Judgment, 56 Harv. L.R. (No. 1, 1942) 1, 5〜7 も勿論この趣旨であろう。

(20)　無能力者が関与したり、公の利益が関係する場合、六頁参照。

(21)　Note, Consent Judgment as Instrument, 前掲注(19)p. 1320. なお六頁参照。

(22)　たとえば Public Service Electric and Gas Co. *v.* Waldroup 119 A. 2d 172 (1955)は、judgment by consent は実は契約であるが通常の判決と同様（collateral）estoppel の効力を持つとして merger が問題となる事案である Davis *v.* Leach 121 F. Supp. 58 (1954) を引用している。判示は続けて、consent judgment は裁判所では毎日のように行われており、もしこれが拘束力を持たないのならば紛争を終結させる便利な方法がなくなってしまうであろうと述べ、当事者は希望する争点について特別認定をしてもらうことにより保護されうるのであるから、一般的にその訴訟を終了させる判決は合意によるものも通常の判決と同じ効用を持つべきであるとする。

(23)　James, Consent Judgment, 前掲注(11)p.181. Note, Collateral Estoppel, 前掲注(19)657も同旨。

(24)　この点は通常の判決の collateral estoppel の効力を制限するためにも妥当する論拠である。予見可能性 (foreseeability) を collateral estoppel 制限の一つの基準として提唱したのは有名な Evergreens *v.* Nunan (前掲二五頁注(30)) であった。この事件での ultimate fact の定義は Restatement of Judgment にも採用されたが foreseeability の点は一般原則としては採用されなかった。Note, Consent Judgment as Instrument, 前掲注(19)p.1320, n. 44.

(25)　*Interest reipublicae ut sit finis litium. Memo debet bis vexari, si constet curiae quod sit pro una et eadem causa.* この両法諺の意味はお互いに重なる部分もあるが前者が公の利益を重視するに対し、後者は当事者の利益に重きを置いている点で異なる。

(26)　六頁～九頁参照。

(27)　James, Consent Judgment, 前掲注(11)p.193. O'Cedar *v.* F.W. Woolworth Co. 66 F.2d 363 (1933) は商標侵害の訴訟での consent decree が後訴で、商標の有効性、ある行為の不正なること、等の点について拘束的であるとされた事案である。これらの点について consent decree 上に明確な表示があった。

(28)　Note, Consent Judgment as Instrument, 前掲注(19) p.1321. 個々の点について拘束される旨の明白な表示がない場合に collateral estoppel を認めた判例の多くは、後訴が前訴と同じ transaction 又は occurrence から生じた請求についての訴訟であるという。Clark のように広い cause of action を認めるならば、少なくとも原告が同一である場合には merger, bar により解決しうる問題であろう。一五～一六頁参照。

(29)　Field & Kaplan, Materials, 前掲注(18) p.944. 合意に "for neither party, no furthur action to be brought for this cause" と明記すれば、その訴訟を終了させうるとともに原告が同じ訴えを起こすことは不可能になるが、collateral estoppel の効力は妨げることができる。Gendron *v.* Hovey 156 A. 583 (1903).

二　Consent Judgment からの救済――Consent Judgment の無効、取消、変更

consent judgment に何らかの瑕疵がある場合に、どの程度、およびいかなる方法で当事者はその拘束から免れることができるかの問題、および consent judgment の形式的確定力、羈束力の問題である。まず一般的に通常の判決についてこの効力をみ、次に consent judgment がこの面でどのような特殊性を持っているかをみる。

(1)　英米法における判決からの救済

前に述べたように英米においてはいわゆる形式的確定力と実質的確定力の同時性はなく、判決は言渡しとともに *Res Judicata* の効力を持つけれども、それによって判決が争いえなくなったことを意味しない。判決に不服な当事者には各種の救済方法が与えられている。そのうちには上級裁判所に対して救済を求める手続――上訴――が含まれるのは勿論であるが、英米法において上級審の権限が伝統的にせまいものであることから、いきおい原裁判所に対して救済を求める手続が非常に重要性を帯びる。

救済の認められる瑕疵ある判決は大別して二種に分かれる。一つは裁判所の管轄権 (jurisdiction) や、適正な法の手続 (due process of law) の点で欠陥があるもの、他はその他の事実上、法律上の瑕疵あるものである。前者、即ち管轄権のない裁判所のした判決や手続法の重大な基本原則に違反してなされた判決は無効 (void) であり[(1)]、これに対し後者は単に取り消しうる (voidable) に止まり、取り消されない限りは有効 (valid) に存立する。

このような瑕疵ある判決に対して与えられる救済方法は、なされた判決に対する攻撃という意味で attack と総称され、その攻撃の仕方に従って direct attack と collateral attack に二大別される。direct attack は専らその判決に対する攻撃（取消変更）を唯一の目的とする手続で、その判決のなされた手続の実質上連続としてなされる攻撃方法であるに対し、collateral attack は他の目的を持つ手続（たとえば当事者間での別訴、執行手続）で前判

決の拘束力が問題となる場合にこの効力を争うやり方である。direct attack は前述の無効な判決、および取り消しうる判決の双方に対して可能であるに反し、collateral attack は専ら無効の判決に対してのみ許されるという違いがある。

(a)　direct attack には更に三種あり、上級裁判所に対して求めるもの（上訴）、原裁判所に対する申立てによるもの、独立の訴えの方法によるものがある。英米における上訴審は多くの特徴を持ち興味あるところであるが本稿では一応関係が薄いのでこれには立ち入らず後二者について述べる。

(イ)　原裁判所に対するもの　　元来英米手続法では、判決を言い渡してしまえば裁判所も自分のした判決を勝手に変更できないという意味の判決の羈束力といわれる拘束力は認められていない。しかし出来るだけ早く判決に終局性（finality）を与えて、紛争に決定的解決を与えることの利益と、他方、できるだけ正しい裁判をもたらそうとする考慮とのかねあいの問題として裁判所はいつまで自己のした判決を変更する権限を持つか、又その権限を一応失い判決が終局性を持っても、どの程度で例外が認められるかの問題が論じられており、歴史的にも興味ある変遷を経ているのである。

コモンローの手続では判決をした裁判所はその判決のなされた開廷期間（te rm）[2] の内は自己のした判決に実質的な変更を加える無制限の権限を当然有するものとせられ、term の満了後は判決は一応その裁判所によっては変更され得ないものとなった（但し通常上訴は許された）[3] けれども、これに対し、*coram nobis*, *coram vobis*, *audia querela* などの令状（後述）による特別の例外的救済方法が認められた。[4] 一方、エクィティの手続では term に関係なく、判決（decree）は正式に登録（enroll）されることにより裁判所の手を離れるものとされた。これに対する例外的救済は bill of review による独立の手続であった。[5]

アメリカにおいては当初より、term の満了をもって右のような意味での終局性（finality）の基準時とするコモンローに由来する制度を、原則としてコモンロー、エクィティの区別なく一般に採用したのである。従ってその

term 中は判決はいわば浮動状態にあり、裁判所は、当事者の申立てにより（たとえば新公判申立て petition for new trial）、職権により審理を再開し、又はせずして判決を変更する権限を有した。[6] しかしこのようなやり方の不合理は term の最初の日になされた判決と、その最終日になされた判決との不平等を考えれば瞭然である。そこで多くの州の制定法は term に関係なく、判決の日（多くは登録の日）から一定期間を定めその間は判決裁判所の支配に服するものとした。[7] また相変わらず term の満了をもって基準時とすることを維持する州においても、これを厳格に守るところはなく、いろいろなやり方で例外的な変更を認めている。[8] 単なる誤記 (clerical mistake) の類については、宣言された判決と、登録された判決との一致を図るために、制定法により広範に訂正が認められているのが常である。[9]

一方一九世紀以来、伝統的なコモンロー、エクィティ上の救済に代わるより合理的な判決からの救済方法が制定法 (statute) によって定められるに至り、これらの制定法は当事者に救済が認められるために必要な理由を列挙し——たとえば錯誤 (mistake)、手落ち (inadvertence)、不意打ち (surprise)、詐欺 (fraud) など——また救済の許される期間をいろいろに定めるのが普通である。[10] しかしこれら制定法上の救済が認められても、裁判所は term 又はこれに代わる一定期間内は、従来有したコモンロー上の判決変更の権限を失うものではなく、これら制定法に掲げられていない理由、やり方によっても、これらの期間内はいつでも判決を変更できると一般に考えられている。[11] また州によっては、制定法上、判決からの救済のための規定が頗る包括的に定められているために、コモンロー上の権限も、その救済が許される期間内は、term に関係なく認められていると解せられるところもある。[12]

(ロ)　独立の訴えによるもの[13]　エクィティ裁判所 (Court of Chancery) は、たとえば判決 (decree) が詐術によって得られた場合には害された当事者の申立てによってその判決を取り消す権限を有していた。この権限はやがてコモンロー裁判所の判決に対しても、勝訴者の執行手続に対する差止命令 (injunction) の方法で行使されるようになり、コモンロー裁判所で敗訴した者もエクィティ裁判所へ訴え出て、その判決から免れることが出来た。[14] そしてこの救済はその判決を強行することが良心に反するような事情がある場合、即ち判決が詐欺、不意打ち等によって得られた場合やコモンロー裁判所が考慮することのできぬエクィティ上の防禦方法が存する場合などに認められた。このような救済方法はアメリカにおいても「判決の執行禁止のエクィティ上の訴え」(independent action in equity to enjoin enforcement of judgment) と称され、エクィティ裁判所の権限を持つ裁判所において、制定法によるものを含めて通常の手続では救済され得ない場合に例外的な救済の機能を果たす制度として発展し、その理由となしうるところも広範にわたっている。[15] 州によってはさらに進んで独立に訴えを起こす必要なく抗弁としてこれを主張することにより、[16] 又は制定法の規定がなくても原裁判所への申立てによって独立の訴えに代えるとしたところもあり、これらはエクィティとコモンローの両手続の統合の結果として当然の発展方向であると考えられるのである。[17] 今日多くの制定法はもともとこの訴えの理由としかなりえなかった事由(典型的には fraud)を制定法上の簡易な救済を与えるための理由に採用している。しかしこの手続は専らエクィティの精神に従って、[18] 他の救済方法がないか又はあってもそれが使用できない事情(期間経過などにより)[19] がある場合に当事者に与えられる最後の救済方法という意味において今日も重要である。

アメリカでは各州が各々異なった制度を採用し、そのうえ種々の伝統的な制度に名称は同一でもいろいろと異なった意味や機能が与えられているために統一的な理解が頗る困難である。そこでアメリカにおいて長く旧式な訴訟手続を採用し、また最近は最も進歩的な制定法を採用して指導的な役割を果たしている連邦地方裁判所における手続について、これらの点に関する変遷を見ることにする。

連邦裁判所においては一九三八年に Federal Rule が施行される以前はコモンローとエクィティは異なる手続に従うなど旧来のやり方が行われていたが、判決からの救済の面でもやはり伝統的な手続を維持していたのである。

即ちコモンロー事件、エクィティ事件を通じ、原則はあくまで、その term を過ぎれば裁判所は自己の判決の変更権限を失うということであり、ただ、救済を求める手続が term 中に始められたか、又は裁判所が term 中に一定期間を定め、救済手続がその延長された期間内に始められた場合にのみ term 後の変更権限を有したにすぎなかった。[20] これに対する例外的な救済は *coram nobis*（*coram vovis*）, *audita querela*, bill of review, bill in the nature of a bill of review によるものと、執行を禁止するためのエクィティ上の独立の訴えであり、時には「自己の判決に対する裁判所の固有の権限（inherent power）の理論なるものによって救済が与えられることもあった。[21]

coram nobis（*coram vovis*）*audita querela* という手続は同名の令状によるコモンロー上の救済に起原を持つ。これらはいずれもその令状によってもとの判決裁判所において始められる判決取消しのための独立の訴えであり、通常の訴訟のやり方（従って通常は陪審審理）によって審理され、裁判された。*coram nobis* の理由となり得たのは、判決の有効性や手続の合法性に関する訴訟記録に現われていない事実上の瑕疵である。[23] たとえば未婚婦人（*feme sole*）として訴えた原告が実は既婚婦人（*feme covert*）であったとか（妻の無能力）、当事者の未成年、心神喪失、死亡などの事実で訴訟で問題とならなかった事実である。裁判所はこれを認めれば前判決を recall し、被告勝訴の場合は前判決を affirm する判決をした。[24] *audita querela* の理由となりえたものは、判決が執行されてはならぬものであることを示すような事項、即ち、判決以後に起こった弁済、免除、前判決の取消し等[25]の事実である。概ね請求異議の訴えのようなものであったと思われる。

bill of review, bill in nature of bill of review およびエクィティ上の独立の訴えはいずれもエクィティ裁判所によって認められてきたものである。bill of review による救済はエクィティ上の判決（decree）に対し(1)判決自体から明らかな法律上の瑕疵（これはアメリカにおいては全記録上から明らかな瑕疵まで含まれる）、(2)新証拠の発見、(3)判決が登録されてしまってから起こった新事実を理由として許された。アメリカにおいてはエクィティ裁判所もコモンロー裁判所と同様に term 中は判決に対して変更権限を有したから（前述三七頁）bill of review は専らtermが満了してからのみ用いられ得た。[26] bill in the nature of bill of reviewは詐欺、事故（accident）、錯誤等の事由がbill of reviewの理由となるに至って、特にこれを表現するために用いられた。[27]

これらの訴えによる救済はその後の発展により簡単に原裁判所への申立ての方式によって行われうることとなり、[28] またより合理的な仕方で制定法に取り入れられることとなった。連邦裁判所においても、これらは一般に申立ての方法で行われていた。[29]

エクイティ上の独立の訴えについてはその理由となるべき詐欺や錯誤のタイプについての論争が注意される。即ち、相手方の偽計、策略など詐欺的行為によって敗訴当事者が十分な主張、立証をすることを妨げられた場合と、詐欺的な資料――たとえば偽造の証書や偽証――によって判決が行われた場合とを分け、前者をextrinsic fraud、後者をintrinsic fraudと名づける。[30] 即ち前者は詐欺的行為が前訴訟において問題とならず、むしろ問題となるはずのなかった場合であるのに対し、後者はその詐欺的な行為を争い得た点に区別がある。extrinsic fraudのみがエクイティ上の訴えによる救済の理由となるとするリーディングケースはUnited States *v.* Throckmorton (1878)[31] である。これに対する疑問が一三年後のMarshall *v.* Holms (1891)[32] によって示され、その後の判例はいずれかに従い、そのいずれもが破棄されていない状態であったという。[33]

さておよそこのような状態のところへ連邦規則は施行せられたのである。

Federal Rulesはまずコモンロー、エクイティの訴訟方式を廃止して単一化し、[34] termそのものは廃止しなかったが、その六条(c)項において「termの終了（expiration）は、係属する事件について、何らかの行為、手続をなすべき裁判所の権限に対し全く影響を与えるものでない」と規定し、各種の救済方法を定めるに当たってそれぞれについて、一定期間を定めた。即ち五一条(b)項は評決指図（directed verdict）に従う判決の申立てにつき一〇日間、五二条(b)項は、事実認定修正（amendment）、追加事実認定（additional finding）およびそれに従う判決の修正につき一〇日、五九条は新公判の申立てにつき原則として一〇日を定め、最後に六〇条(b)項において、「申立てにより裁判所は……不利益をうけた当事者の錯誤（mistake）、手落ち（inadvertence）、不意打ち（をうけたこと）(surprise)、許さるべき不注意（excusable neglect）による不利益な判決……から当事者……を救済することができる。この申立ては判決……から六カ月以内の適当な時期になされねばならない。本項に基づく申立ては判決の終局判決たることに影響を与えず又その効力を停止しない。但し本条は(1)判決より当事者を救済する訴えを受理する裁判所の権限を制限せず、また(2)現実に被告自身に通知せられなかった判決を一年以内に取り消す裁判所の権限を制限しない」と規定した。

しかし六〇条(b)項によって判決からの救済の問題はますます複雑性を加えた。新しく提起された主要な問題は、同項但書が「判決より当事者を救済する〝訴え〟を制限しない」とする点にあった。即ち、当時既に旧来の例外的救済方法（*coram nobis*, *audita querela*, bill of review など）は訴えでなく motion の形で提起され得たから、rule が明らかに訴え（action）といったのは、エクィティ上の独立の訴え以外の従来の救済方法を廃止したのかということである。しかしその後の判例は一致して、この action の中には従来の *coram nobis*, *audita querela*, bill of review などによる救済手続が含まれるものと解した。[35] これは rule が救済理由として少数のものしか挙げなかったために、従来これら特別手続によって認められた救済が断たれることが酷であることに由来する（たとえば rule では詐欺が含まれていない）。その結果 rule に挙げられたものと重複しない限りでは従来の救済が依然許されたのみならず、それは六カ月の制限に服することなく、laches の理論によってのみ制限をうけるに止まると解された。[36] 又エクィティ上の独立の訴えは rule により明らかに保存されたわけであったけれども従来の fraud のタイプの二分——intrinsic, extrinsic——についての問題は依然解決せられなかった。しかしかかる区別は本質的なものではなく、要するに程度問題にすぎないとして、批判が高まってきた。[37] 次に、rule が救済理由として「不利益を受ける当事者」の錯誤、手落ちなどを挙げる点が問題であった。即ち裁判所の側にこれらの事由がある場合には変更が許されないのかの点である。しかし裁判所は裁判所の固有の権限（inherent power）の理論を援用して裁判所の過誤を理由とする取消しを認めた。[38] さらにこれに関連して六条(c)項が term の終了には無関係である旨規定したことから term 中は従来の通り裁判所ではコモンロー上の変更権限を有するか否かの問題があった。即ち rule が定めるどの事由にも当たらない場合の判決変更の可能性の問題であるがこれについても判例は肯定し、裁判所は term 中は従来通り無制限の変更権限を持つと解した。[39]

以上のような次第で、結局結果は rules の採用前後で一向に変わっていない有様であった。[40] そこで一九四六年 Federal Rules の改正に当たりこれらの点は全面的に改められ明確にされた。次にその新しい現行六〇条(b)項の全文を示す（《　》内は新しく加えられた点、〔　〕は削除された点を示す）。

「申立てにより裁判所は正当なる条件の下に(1)〔不利益を受けた当事者の〕錯誤、手落ち、不意打ち、許さるべき不注意《(2)五九条(b)項により新公判を申し立てる制限期間内に相当の注意をもってしても発見せられなかったであろう新証拠、(3)詐欺――intrinsic, extrinsic を問わない――相手方の不実表示（misrepresentation）などの不実な行為（misconduct）、(4)判決の無効（void）、(5)判決が弁済され（satisfied）、免除され（released）、免責を得(discharged)、又はその判決が依存するところの前判決が破棄され、取り消されたこと、又は判決が将来にわたって妥当することが正義に反すること(no longer equitable)、(6)その判決の効力からの救済を与えるに足る他の相当な事由》を理由として当事者又はその法定代理人を《終局》[41] 判決、命令、手続から救済することができる。この申立ては適当な時期になされねばならない。《右(1)(2)(3)の理由による場合は》判決、命令、手続が登録され又はなされてから《一年》〔六カ月〕をこえてはならない。この(b)項による申立ては判決の終局性（finality）に影響なく、その効力（operation）を停止（suspend）しない。

この rule は(1)判決、命令、手続から当事者を救済するための《独立の》訴えを受理する裁判所の権限、(2)現実に被告自身に通知せられなかった判決を一年以内に取り消す裁判所の権限、《(3)裁判所に対する詐欺による判決を取り消す裁判所の権限》をそれぞれ制限するものでない。[42]

《writs of coram nobis, *coram vobis*, *audita querela*, bills of review, bill in the nature of bill of review を廃止し、判決からの救済手続は、必ずここに定められた申立て、又は独立の訴えによらなければならない》」

さらに term 中に裁判所が従前通りコモンロー上の判決変更の権限を有するか否かの問題につき、改正された六条(c)項は「何らかの行為をするため、又は何らかの手続を進めるための期間の定めは、裁判所の開廷期間(term)の《存続(continued existence)又は》終了(expiration)によって影響され又は制限されるものでない。《term の存続、終了は、係属する訴訟において何らかの行為をなし、又は手続を進める裁判所の権限に全く影響を与えない》」と改正され、裁判所の term 中の権限は明らかに否定されるに至った。[43]

この六〇条(b)項の改正によって旧来の救済手続の全部が収容されてしまったばかりでなく、判決の変更はいかなる場合もそこに定められたもののみが許されることが六条(c)項の改正によって明解にされたわけである。[44] しかし事由の(4)(5)(6)について「適当な期間内」なる制限に服せしめるのみで一年間という制限をつけなかったことは(4)（無効）(5)（判決後の事情）については事の性質上当然としても(6)の一般的包括条項については(1)(2)(3)に定められた場合との関係で問題が提起された。即ち素直に読めば(6)が「他の理由」といっていることから一年以降でも許されるのは(1)(2)(3)などにあてはまらない場合に限られるはずである。判例もその旨を一応は明らかにしたので[45]あるけれども、実質的には(1)(2)(3)の理由で一年を経過したものにも(6)によって救済を与えている状態であるという。[46]

しかしいずれにせよこのような包括的な連邦規則六〇条(b)項の規定の仕方は――少しの変更はあるが――そのまま諸州の制定法にも採用されるに至っている。[47]

(b)　collateral attack とは無効(void)の判決を、本来はその攻撃自体を目的としない後の手続において付随的に(collaterally)攻撃してその効力から免れることをいう。[48] たとえばある判決に基づいて起こされた訴えに対し被[49]

告が、その判決の無効（invalidity）を抗弁として提出し、もとの cause of action に基づく訴えにおいて被告が merger 又は bar を主張して前判決を提出したに対し、原告が前判決の有効性を争い、或いはまた、敗訴者が、自己の財産が判決の執行によって第三者に売却された後に、その第三取得者に対し、判決の無効を主張して買得財産又はその代価の返還を求める訴訟を起こすなどの場合である。[50] このような制度は英米法に独特である。即ち一般の大陸法では判決たる以上は取り消されるまでは拘束力を有すると考えられるに対し、英米法では無効の判決は法律的に全く効果を生じないもの（a legal nullity）であり、いかなる目的のためにも効力がなく無視されてよいものと考えられていることに基づく。[51]

判決を無効にするのは正当に構成された裁判所によってなされていないこと、裁判所が人的、物的に管轄権（jurisdiction）を有しないか、又はその当該の判決を行う権限を持たぬこと、判決手続が適正な法の手続（due process of law）の原則に反することなど、重大な瑕疵に限られる。[52] これらを包括して管轄権に関する瑕疵（jurisdictional error, defect）と総称することもある。即ち、適正な法の手続の要請に違反すること——典型的なのは被告に防禦の機会を与えなかったこと——によって裁判所は管轄権を自ら放棄したか、又は失ったと考えられるからである。[53] のみならず collateral attack が許されるためにはさらに制限がある。即ち裁判所は自己の管轄権の有無を判断する権限を持つから前判決がなされる際に管轄の問題が争点となり、管轄権ありと決定されたうえで判決がなされたのならば、その判断は *Res Judicata* の効力を持ち、もはや後にこの判決を collateral attack で攻撃することはできない。[54] ある判例はこれを更に進めて、対物管轄権は判決がなされたこと自体によって、暗黙に肯定されたことになり、従って判決は有効（valid）であるとするまでに至った。[55] これに加えて前判決が同じ州での判決である場合には collateral attack は原則として管轄権に関する瑕疵が記録に現れている場合に限られる。即ち記録以外の証拠——いわゆる extrinsic evidence——による証明が許されないのである。[56] このような制限は direct attack には存しないから一般に判決は collateral attack に対しては厚く保護されているといえるであろう。

このような direct attack と collateral attack の取扱いの差に対しては反対も唱えられている。即ち何らか他の目的を達する手段として前判決を攻撃する場合には直ちに collateral として、上述の制限に服せしめられるから、当事者はまず別に direct attack を試みなければならないこととなりあらゆる意味で訴訟経済に反するという。(57) この一つの解決策としてある事件では反訴 (cross complaint) としてエクィティ上の独立の訴えを起こせば、extrinsic evidence の提出を許しうるとした。(58) collateral attack に付せられたかかる制限の目的は終局判決の効力をできるだけ確定的なものにすることにあるが、同じ目的が direct attack で達せられるなら却って手続を錯綜させるだけである。従って direct, collateral の区別を廃止し申立て又は独立の訴えによる direct attack の許されるような場合には一定の条件のもとに、ひろく extrinsic evidence の提出を認むべきであるとの提案も行われている。(59)

（1） American Law Institute, Restatement of the Law of Judgment (1942) § 4 comm. a.
（2） term は正しくは term of court という。古くは一年に四つの開延期があった。
（3） term 後でも上訴 (writ of error) は許されたが理由は法律問題に限られる。Restatement of Judgment, 前掲注（1）§ 112 comm. a.
（4） term の間は判決は "*in fieri*", "in the breast of the court" とかいわれる。これに反し誤記 (clerical mistake) の類の形式的誤りはいつでも訂正できた。Millar R. W., Civil Procedure of the Trial Court in Historical Perspective (1952) 385, 390, 393.
（5） 従って登録前ならば、petition for rehearing, bill in the nature of bill of review などにより判決を変更することが可能であった。なお誤記はいつでも訂正できた。Millar, Civil Procedure, 前掲注（4）386, 396.
（6） Restatement of Judgment, 前掲注（1）comm. a. new trial などにつき、小室直人「変更判決の研究」民商法雑誌二六巻二、三、四、六号（昭二五）参照。
（7） Alabama, Illinois, New Mexico, Texasの諸州では三〇日（但しTexasでは判決言渡し、又は新公判 (new

trial)申立て却下の時から起算する)。Kentuckyでは六〇日(但しtermを持たない巡回裁判所につき)、Millar, Civil Procedure, 前掲注(4)387〜8.

(8) Comment. Temporal Aspect of the Finality of Judgments: The Significance of Federal Rule 60(b), 17 University of Chicago Law Review 664 (No.4, 1950) 667 n. 18.

(9) これを徹底した典型的な例はFederal Rule 60 (a)である。即ち「判決、命令、その他の記録中の誤記や手落ち(oversight or omission)に基づく瑕疵(errors)はいつでも職権により、又は当事者の申立てによって、裁判所により訂正されうる……」

(10) たとえば一八九四年のNew York Codeは、裁判所は裁量により一年以内ならば自己のmistake, inadvertence, surprise, excusable neglectにより不利な判決を受けた当事者を救済することができる旨規定し(§173)これは多くの州のcodeに取り入れられ、又Federal Ruleも当初はこの方式を採用した。一八五三年のOhioのcodeは九つの場合を列挙しterm満了後、裁判所が判決を取り消し(set aside)、変更(modify)できる権限を与える。ここに列挙された場合には新証拠発見によるnew trialの許可、書記のmistake, neglect, omissionや、判決を得るに関してのirregularity、勝訴者の詐欺等があり、各々について区々に期間が定められ(最長三年)、その方法もnew trialの申立て、単なる申立て、独立の訴えに準ずる申立てによる方法などそれぞれにつき定められている。このような包括的な規定の仕方も多くの州で受け継がれた。Millar, Civil Procedure, 前掲注(4)401〜403.

(11) もっともtermに代えて一定期間を定めることをせず、判決は登録されると直ちにfinalityを獲得し、後は特に法が定める特別の方法によってのみ争いうると考えられている州もあり、これらの州では、裁判所はコモンロー上の判決に対する支配を完全に失ったことになる。たとえばMassachusetts, Washington, California. Millar, Civil Procedure, 前掲注(4)p.388.

(12) たとえばWisconsinでは、判決は登録の通知から六〇日以内で、かつtermの満了から六〇日以内ならばいつでも裁判所により再審理(review)され得るとのみ定められ、Minnesotaでは、裁判所は一年以内ならばいつでも適当な理由を示して(for good cause shown)判決を変更し(modify)取り消す(set aside)裁量権限を有すると規定される。Millar, Civil Procedure, 前掲注(4)p.403.

(13) これを collateral attack と定義する説もある。1 Black H.C., A Treatise on the Law of Judgment (1891) § 253, p.308.

(14) このエクィティ裁判所の権限に関して、コモンロー側のコウク卿 (Sir Edward Coke) とエクィティ側のエルズミア大法官 (Lord Ellesmere) の間に行われた論争は有名である。これは結局ジェィムズ一世の勅令 (1616) により、エクィティ裁判所のこの権限が認められるに及んで解決した。1 Black, Judgment, 前掲注(13)§356, p.437. 高柳賢三「英米法の基礎」英米法講義Ⅳ (昭二九) 二一〇頁以下参照。

(15) Restatement of Judgment, 前掲注(1)§112 comm. b.g. 与えられる救済の種類につき §113(a)〜(e)参照。

(16) Restatement of Judgment, 前掲注(1)§112 comm. e.

(17) Millar, Civil Procedure, 前掲注(4)p.400.

(18) 高柳「英米法の基礎」、前掲注(14)、一七三頁以下。このエクィティ上の救済について一六二六年のある判例は「コモンローの訴訟で判決があれば、大法官もそれを変更したり、それに干渉したりすることはできない。しかしある者が良心に反して法律上の優位を得た場合には腐敗した良心 (corrupt conscience) の故をもってその者を訴えることができる」と判示している。7 Moore J. WM., Moore's Federal Practice 2nd ed. (1955) ¶60.36, p.601.

(19) 1 Black, Judgment, 前掲注(13)§361, p.444. エクィティ上の救済が許される基準につき、Restatement of Judgment, 前掲注(1)§127〜130.

(20) この顕著な例は United States *v.* Mayer 235. U.S. 55 (1914) である。この事件では陪審員の偏向 (bias) の事実を発見してすぐこれを理由に新公判の申立て (motion for a new trial) をしたがその時は既に term が満了しており、裁判所の権限が留保せられてもいなかった。そこで裁判所は「term 中にそのための手続が始められたのでなければ、その term 後に終局判決を取り消し、変更することはできない」と判示してこれを斥けた。

(21) Moore J. WM. & Rogers E.B.A., Federal Relief from Civil Judgment, 55 Yale Law Journal (No. 4, 1946) 623, 627. 7 Moore, Federal Practice, 前掲注(18)¶60.09, p.7.

(22)　この令状はもとは通常の writ of error から派生したコモンロー上のものであり、正式には writ of error *coram nobis* であるが、writ　of　error が上級裁判所で法律問題についての審査を求めるためのものである点で異なる。*coram nobis*, *coram uobis* はこの令状が King's Bench 裁判所に向けられたか Common Pleas 裁判所に向けられたかによる名称のみの相違である。Comment, Temporal Aspect of Finality, 前掲注(8)665 n.3,4. Moore & Rogers, Federal Relief, 前掲注(21)669. アメリカでは通常 *coram nobis* の名称が用いられた。Millar, Civil Procedure, 前掲注(4)p. 390.

(23)　*coram nobis* は before us の意であり、判決を宣言した裁判所の前にある記録に瑕疵がある旨を主張する技術的文言に由来する。1 Black, Judgment, 前掲注(13)§300, p.377.

(24)　Millar,　Civil Procedure,　前掲注(4)p.390～1.1　Black, Judgment,　前掲注(13)§300,　p.378.　Moore　& Rogers, Federal Relief, 前掲注(12)p.669.

(25)　前掲一二頁注(4)参照。Moore & Rogers, Federal Relief, 前掲注(21)p. 659～. 1 Black, Judgment, 前掲注(13)§299, p.376.

(26)　term 中は petition for rehearing をなすべきであった。Moore & Rogers, Federal Relief, 前掲注(21)p.677.

(27)　もともとは bill in the nature of bill of review は privity（当事者と同じように当然判決の効力を受ける関係）の関係にない第三者で判決の効力を受ける者が起こす場合、および言渡し後登録前に起こされる救済方法であった。Moore & Rogers, Federal Relief, 前掲注(21)p.675. Millar, Civil Procedure, 前掲注(4)p.396, 398.

(28)　*audita querela* は Blackstone の時代にはすでに申立て (motion) にとって代わられており、*coram nobis* はアメリカで採用されるに当たり判決取消しの申立ての形をとることになった。Millar,　Civil　Procedure,　前掲注(21) p.391, 394.

(29)　Moore & Rogers, Federal Relief, 前掲注(21) *audita querela* につき p.661～, *coram nobis* につき p.67～, bill of review につき p.657.

(30)　Moore, Federal Practice, 前掲注(18) ¶ 60. 37〔1〕p.607～. Restatement of Judgment, 前掲注(1)§118

comm. b, p.572.

(31)　98 U.S. 61. 判示はその理由として「後に偽証や、偽造が主張される場合に、すべて審理し直すことの害（mischief）は、一般的に考えれば、個々の場合に正義を実現するということによっては償われ得ないくらい大きい」という。

(32)　141 U.S. 589.

(33)　Note, 21 Columbia Law Review (No.3, 1921) 268. 今日に至るまで Federal Court は一般に Throckmorton 事件の fraud の二分法を少なくとも言葉のうえでは採用するという。7 Moore, Federal Practice, 前掲注(21) ¶ 60. 37〔1〕, p.616.

(34)　Rule 2 は「civil action として知られる一つの訴訟方式が存する」と定めた。なおこの 1938 年の Federal Rules については田中和夫「米国連邦新民事訴訟法」法政研究一〇巻一号（昭一四）一〇七頁以下にその抄訳がある。

(35)　Moore & Rogers, Federal Relief, 前掲注(21) p.686, *coram nobis* につき p.634, *audita querela* につき p.637, bill of review につき p.639.

(36)　laches とは権利の行使を怠ることであり、相当期間自己の権利を行使しなかった権利者に対し、保護を拒絶するエクイティ上の制度である。コモンロー上の statute of limitation と同じ機能を果たす。

(37)　Moore & Rogers, Federal Relief, 前掲注(21) p.659. 7 Moore, Federal Practice, 前掲注(18) ¶ 60. 37〔1〕p.614.

(38)　Bucy *v*. Nevada Construction Co. 125 F.2d 213.

(39)　Hill *v*. Haves 320 U.S. 520 (1944), Boaz *v*. Mutual Life Ins. Co. of N.Y. 146 F.2d 321 (1944), 7 Moore, Federal Practice, 前掲注(18) ¶ 60. 16〔2〕p.76. なお三七頁参照。Millar, Civil Procedure, 前掲注(4) p.388. n. 24.

(40)　Note, Federal Rule 60 (b). Relief from Civil Judgment, 61 Yale Law Journal (No.1, 1952) 76, 78.

(41)　救済の認められる判決は終局判決（final judgment）に限るのか、中間判決（interlocutory judgment）も含まれるかについて疑問があったからである。Moore & Rogers, Federal Relief, 前掲注(21)p.686.

(42) fraud の extrinsic, intrinsic の区別が廃止され、裁判所に対する fraud が設けられたために(3)の fraud とこの fraud の区別が extrinsic, intrinsic に代わって重要問題となった。

(43) 改正諮問委員会（Advisory Committee）の注釈によると、改正の目的は「term の存続が rules に定められていない理由によって判決の終局性に影響を与えるための根拠とならないようにすること」にあるという。U.S.C.A. 28, Federal Rules of Civil Procedure, Rules 1 to 16 (1950) p.235.

(44) Comment, Temporal Aspect of Finality, 前掲注(8)670. はこの意味では判決は絶対に final とならないわけで劇的な変化であるという。

(45) Klapprott *v.* United States 335 U.S. 60 (1949) は(1)〜(5)までに含まれぬ残りのものを意味し、もし(1)(2)(3)の理由によっても認められるなら一年の制限は無意味であるという（Klapprott は四年後に判決の取消しを申し立てた。少数意見はその理由を excusable neglect にすぎないとしたが多数意見はそれ以上の〝何物か〟(something more) が主張されていると認め(6)にいう other reason によって申立てを容れた事案）。Moore, Federal Practice, 前掲注(18) ¶ 60. 27〔1〕p.295.

(46) Note, Federal Rule 60 (b), 前掲注(40)p.83〜4. Klapprott 事件でさえも実は excusable neglect にすぎないとする。p.84 n. 37.

(47) Delaware (1947), New Jersey (1948), Utah (1949) など、Millar, Civil Procedure, 前掲注(4)p.407

(48) 1 Black, Judgment, 前掲注(13)§252, p.306. Millar, Civil Procedure, 前掲注(4)p.414. Note, The Value of the Distinction between Direct and Collateral Attacks on Judgment, 66 Yale Law Journal (No.49, 1957) 526, 530.

(49) 前掲三〇頁注(2)参照。

(50) Restatement of Judgment, 前掲注(1)§11 comm. a.

(51) 7 Moore, Federal Practice, 前掲注(18) ¶ 60. 41 p.801. この考え方はローマ法にも認められた。イギリスでは

特にcollateral attackなる名称は冠せられていない。Millar, Civil Procedure, 前掲注(4)p.414～5.

(52) Restatement of Judgment, 前掲注(1)§4～9によると、判決は(1)その判決が行われた州が対人又は対物的管轄権を持っていないとき（§5)、(2)適当な送達がなされず、適当な審理の機会が与えられなかったこと（§6)、(3)裁判所が事項管轄（competency）を有しないこと（§7)、たとえば離婚判決をする権限を与えられていない裁判所のした離婚判決（comm. b)、(4)裁判所の権限行使のために必要な要件を充たさないこと（§8)。これ以外にcumulative procedural errorをもその理由とした事件（Boss *v*. Hoogland 172 F. 2d 205）があるがこれは疑問視されている。Note, Development in the Law, Res Judicata, 65 Harv. L.R. (No.5,1952) 818, 852. Note, Extending Collateral Attack : an invitation to repetitious litigation, 59 Yale L. J. (No.2,1950) 345.

(53) リーディングケースはWindsor *v*. McVeigh 93 U.S. 274 (1876)である。Millar, Civil Procedure, 前掲注(4)p.413. しかし1 Black, Judgment §226, p.275はこのような考え方について疑問を述べている。詐欺がcollateral attackの理由として挙げられることもあるが、これも裁判所のjurisdictionを奪うようなfraudであり根本はやはり管轄権の有無にあるとされている。

(54) Restatement of Judgment, 前掲注(1)§9～10.

(55) Chicot County Drainage District *v*. Baxter State Bank 308. U.S. 371 (1940). Millar, Civil Procedure, 前掲注(4)p.416. Note, Value of Distinction, 前掲注(48)527. Note, Development, Res Judicata, 前掲注(52)853.

(56) Note, The Value of Distinction, 前掲注(48)528. Millar, Civil Procedure, p.415. これは証明の困難によるという。Note, Development, Res Judicata, 前掲注(52)852～3. Restatement of Judgment, 前掲注(1)§12は一般にextrinsic evidenceによる証明が許されるとする。

(57) Note, Value of Distinction, 前掲注(48)536. n. 81. たとえばHamilton *v*. Waters 210 P.2d 67 (1949)では不法占有（unlawful detainer）の訴えの勝訴判決に基づく執行によって立ち退かされた（evicted）被告がその訴訟で送達を受けなかったことを主張して、不法な立退きに対する損害賠償を請求した。裁判所はこのattackはcollateralであるとして訴えを却下した。

(58) Lamson Lumber Co. *v.* Hoer 93 A. 2d 143 (1952) dicta.

(59) Note, Value of Distinction, 前掲注(48)541～.

(2) Consent Judgment からの救済

consent judgment も判決である以上、これからの救済が認められなければならない。しかし consent judgment が判決としての性格とともに契約としての性格を持つという両面性から、この面でも種々の特徴が見られる。

(a) 救済を求める手続

consent judgment が契約としての性格を有するとしても、それは裁判所の関与なくしては成立しえないものであり、多くの重要な点で通常の判決としての効力を持つものである以上、通常の判決について認められた救済手続のみが、consent judgment からの救済についても妥当し、それ以外の手続によってその効力が影響を受けることはない。即ちまず consent judgment に対する direct attack が一般的にいって可能である。しかし direct attack のうちの上訴は通常除かれている。英米法における上訴審の構造は事後審であるから、上級裁判所は下級審において判断された事項を問題とし、原審の記録に基づいてその当否を審理するのが原則である。ところが consent judgment においては上級審の審理の対象となるべき本案についての裁判所の判断は含まれていない。かえって consent judgment は裁判所の判断なしに判決の効力を獲得することを目的とするものである。裁判所は後に attack の理由となるような事由の存否については考慮しないのが通常である。仮に consent judgment をなすことの当否について考慮したとしてもそれは記録に顕わされるものでない。また手続上の瑕疵は合意によって治癒されたものとみなされる。このような理由で consent judgment に対して上訴は行われ得ないと通常解されているのである。(1)

次に、term 内における裁判所の完全な判決変更権限[2]が存続するところにおいても、consent judgment に対しては、特別に救済を許すべき理由（錯誤、詐欺など）のない限り、当事者全員の同意があるのでなければ、この権限は行われ得ない[3]。即ち、consent judgment の実質は当事者の契約であり裁判所といえどもこれに認可を与えるだけでその内容に対しては全く干渉する権限を持たないからである。そこで結局 direct attack としては、特別の救済事由を主張して取消変更を求める申立て、又はエクィティ上の独立の訴えが許されることとなる[4]。consent judgment に対する collateral attack もまた通常の判決と同様に可能であると解されている[5]。

このようにして consent judgment からも救済が認められるわけであるが、これは必ずしもその基本となっている和解契約までをも失効させてしまうものでなく、ある場合には判決としての効果のみが排除され、当事者間の契約としては相変わらず効力を有すると考えられる[6]。

なお単なる誤記は通常の判決と同様に訂正されうる[7]。

(b)　救済の理由

consent judgment の二面性を反映して attack の理由も判決としての性質からくる手続的なものと契約としての性質からくる実体的なものとに分かれる。

Ｉ　手続法上の理由　　consent judgment の本質は契約であるから、それがなされるまでに生じた手続法上の瑕疵などは consent judgment 自体の効力に影響を及ぼすべきではないとの考慮から、通常ならば判決を取り消すに足るような手続上の瑕疵も当事者の合意によって異議権が放棄され又は瑕疵が治癒（cure）されたものと見なされている[8]。従って訴状に記載すべき重要な要件が欠けている場合でも consent judgment は取り消されることはない[9]。このような記載は裁判所による本案の裁判のためにのみ要求されるにすぎず consent judgment の基礎たる契約が有効である限りこれに判決としての拘束力を与えるに妨げとならないからである。

また通常の判決ならば、プリーディングによって提出された争点（issues）に適合しない判決（たとえば原告の求めていないような内容の判決を与える場合）は無効である。[10] しかし consent judgment は裁判所によって行われる「争点の判断」を含まない。従ってその内容がプリーディングの範囲内になければならないとの要請はこれには妥当しない。[11]

しかし、裁判所が、その consent judgment に盛られた内容について管轄権を有しない場合には、当事者の合意に拘らずその consent judgment は、判決としては無効である。基本たる契約が独立にそれ自体として有効であることは妨げられるものでないけれども、[12] それに判決としての効力を与えることは裁判所の権限をこえて当事者に利益を与えることになるからである。[13] 従ってこのような consent judgment は direct attack に服すのは勿論、collateral attack をも免れない。

II 実体的理由 consent judgment の契約としての一面があることにより、consent judgment の成立について契約の効力に影響を及ぼすような原因がある場合にはその判決としての効力もそのような瑕疵によって害されると考えられる。そこで次にこのような原因を列挙する。[14]

(イ) 錯誤（mistake） 契約法における一般原則によれば錯誤は、一定の条件のもとに契約の成立を妨げるか、又は契約を取り消し得べきものとする。[15] そこで当事者が consent judgment を得るに当たって、重大な事項につき錯誤があり、もし契約ならば取り消し得べきものとなったであろうような場合には、その錯誤は consent judgment の効力を争う理由となると考えられる。しかし和解の効力は争われている被告の義務そのものの有無についての錯誤によって影響をうけるべきでないから、[16] それによって consent judgment が攻撃に服することはない。[17] もし当事者が consent judgment の性質や効力について錯誤に陥っておれば、やはり判決としての効力も影響をうけるが裁判所の面前で行われることによってこの危険は少ないであろう。[18] 次に無効であったり全く取り消し得べきものではなくても、consent judgment が当事者の合意の記録である以上、契約法上の訂正（reformation）の法理に[19] 従って consent judgment の変更（modification）が可能である。[20]

このような consent judgment の瑕疵は、もとの裁判所への判決取消、変更の申立、エクィティ上の独立の訴えおよび collateral attack によって主張されることができる。[21]

(ロ)　詐欺（fraud）　一方当事者又は第三者の詐欺は一定の要件のもとに契約を無効とし、又は取り消し得べきものとする。[22] 当事者が合意に至るについて行われた詐欺は、錯誤の場合と同様、契約の取消し又は無効主張の理由となる限り consent judgment への attack の理由となりうる。[23]

前に述べたように、判決の効力を争うに当たって詐欺を主張する場合にはそのタイプが重要である。――intrinsic fraud はいわばにせの証拠であり、extrinsic fraud とは相手方が主張立証を十分にすることを妨げる詐欺である。[24] ところが、詐欺によって和解ができ consent judgment が行われる場合には、事の性質上もはやいかなる証拠も提出されず、当事者は裁判所に対して自己の主張をなす必要もなくなるわけであるから、詐欺によって自己の主張が妨げられた場合と見るべく、従って常に extrinsic と見られうるという。[25] しかしこの intrinsic, extrinsic の区別は既に批判をうけ、連邦規則ではこれが廃されたことは前述のとおりである。連邦規則は一年間の時間的制限を受けない取消しの理由として裁判所に対する詐欺を明定した（連邦規則六〇条(b)項末尾）[26] 弁護士の裁判所に対する忠誠を重大視し、弁護士の関与する詐欺はすべて裁判所への詐欺とみる見解に従えば、多くの consent judgment はこれによって取り消されることになろう。

詐欺による consent judgment も申立てにより、エクィティ上の訴えにより、また行為を無効にする詐欺、取り消し得べきものにする詐欺を問わず、collateral attack により攻撃されうると解されている。

(ハ)　強迫（duress）　強迫もまた、それによってなされた行為を無効、又は取り消し得べきものとする。[27] これも錯誤、詐欺の例にならい、consent judgment に対する direct 又は collateral attack の理由となる。[28] 連邦規則六〇条(b)項においては強迫は明文で定められていないから、本文(6)の「他の理由」に属すると考えられる。[29]

(ニ)　代理人の無権限　いわゆる無権代理人による契約は本人との関係では無効である。[30] 一般に弁護士（attorney) は事件の委任を受けたことによって当然に、和解をする権限 (authority) まで持つものではない。[31] 従ってこれに違反してなされた和解は無効であり、それに基づく consent judgment に対しても direct 又は collateral attack によってその効力を争うことができる。[32]

(ホ) 無能力　未成年者の如く自己を契約によって拘束する能力 (capacity) のない者による契約は拘束力を持たない。[33] 未成年者が当事者である場合の和解も裁判所の認可 (approval) によって効力を持ち consent judgment としても完全な効力を有する。[34] しかしそれは裁判所がすべての関連事情を調べたうえでその和解が本人の利益に合すると判断した場合に限ると解されており、[35] また consent judgment がなされたことはそれ自体が能力を肯定する裁判所の認定を当然に含むものではないからやはり無能力を理由として direct 又は collateral attack が可能である。[36]

(ヘ) 不法性 (illegality) 違法な契約によって当事者が履行を強制されることはない (unenforci able)。[37] 和解が違法性のために効力がない場合には、それに基づいてなされた consent judgment はやはり取り消されうる。[38]

(ト) 能力外の行為 (*ultra vires*) 会社や公共団体など法人 (corporation) の能力外の行為についての和解に基づく consent judgment も同じように attack に服すと考えられている。[39]

以上、私法上契約の効力が害せられる事由によって consent judgment の効力を争う場合に、direct attack とともに、常に collateral attack が可能であると考えられていることは注意をひく。通常の判決の場合に collateral attack が著しく制限されていることは前に述べたとおりであり、多くの場合 extrinsic evidence の提出は許されない。consent judgment においては、右に列挙したような事由が記録に現われていることは事の性質上むしろ稀であろうから当然 extrinsic evidence が許されているわけである。collateral attack の許されていることは、このような瑕疵のある consent judgment が単に voidable でなく void と考えられているからであろう。以上のような点をみても当事者の行為としての consent judgment の性格がうかがわれるのである。

（1）　Note, Consent Judgment as an Instrument of Compromise and Settlement, 72 Harvard Law Review (No. 7, 1959) 1314, 1323. 49 Corpus Juris Secundum, Judgment § 173. Bergman *v*. Rhodes 165 N. E. 598 (1929) 56 A. L. R. 344によると consent decree は裁判所の判決を示すものではなく、単に当事者の合意を記録するものにすぎないから appeal または writ of error によって再審理され得ない。Myers *v*. Myers 100 S.W. 2d 693 (1936) は consent judgment が他の判決と違う唯一の点は appealable でないことであるとする。Reed *v*. Murphy 238 P. 78 (1925) は、判決に同意を与えることで error を放棄したのであり appeal によって審査されるべきものは何も残っていないとして上訴を却下した。Pacific Railroad *v*. Ketchum 101 U.S. 289 (1879) は、しかし、appeal 自体は許されるが、当事者が合意により異議権を放棄したと認める時には却下されるとした。

（2）　三七頁以下参照。

（3）　McArthur *v*. Thompson 299 N.W. 519 (1941) 139 A.L.R 413. Annotation. 422～. しかしエクィティ裁判所は、合意によって行われた差止命令（decree of injunction）を事情の変更に適するように変更することができるとした例がある。United States *v*. Swift & Co. 286 U.S. 106 (1931).

（4）　1 Black H.C., A Treatise on the Law of Judgments (1891) § 319, p.393. Fleming *v*. Huebsch Laundry Corp. 159 F.2d 581 (1947) は Federal Rule 60(b)（四三頁参照）は consent judgment にも適用されると判示した。

（5）　Holland *v*. Spear & Co. 83 N.Y.S. 2d 21 (1948) は前の訴訟と同じ訴えが起こされたので、被告はその前訴訟での consent judgment をもって *Res Judicata* の抗弁をしたが、原告はこの consent judgment を攻撃した事案。Owen *v*. City of Branson 305 S.W. 2d 492 (1957) consent judgment を持ち出して collateral estoppel の主張をしたのに対して、これを攻撃した事案。

（6）　Note, Consent Judgment as Instrument, 前掲注（1）1322. なお Kidd *v*. Huff, 注(12)参照。

（7）　Note, Consent Judgment as Instrument, 前掲注（1）1325.

（8）　Telluride Power Co. *v*. Teague 240 S.W. 950 (1922) は、プリーディングがどのように行われたにせよjudgment by consent は、裁判所の管轄権に及ぶような基本的な瑕疵を除き、すべての瑕疵の放棄（waiver of error）であるとした。Duke *v.* Gilbreath 10 S. W. 2d 412 (1928) によれば judgment by consent は判決言渡しまでの手続、プリーディングなどのすべての瑕疵、反則を治癒する効果を持つ。但し裁判所の管轄権の問題を含むものを除くという。Reed *v.* Murphy, 前掲注(1)参照。

(9) The Amaranth 68 F. 2d 893 (1934). 海事事件の訴状（libel）が主張の要件を充たしていなかった事案。

(10) American Law Institute, Restatement of the Law of Judgment (1942) §8 comm. c.

(11) 86 A.L.R. 84 (1933) Lodge *v.* Williams 243 S.W. 1011 (1922) は、合意することにより、範囲がプリーディングを逸脱しているとの異議を放棄したのであるから、プリーディング範囲外に出る判決は無効であるとの一般原則は consent judgment には適用されないとした。Eddington Adm'x *v.* Eddington 175 S.W. 2d 12 (1943) も同旨。

(12) Kidd *v.* Huff 31 S.E. 430 (1898) は consent decree が jurisdiction の欠如のために拘束力のある判決として効力を持たなくても合意自体は有効であるという。

(13) 86 A.L.R. 84 (1933) 88. D. & W.R. Co. *v.* Sands 92 N.E. 722 (1892) は管轄権を越える場合は絶対的に無効であるとする。Telluride Power Co. *v.* Teague, 前掲注(8)参照。しかし Hinderlider *v.* Town of Berthond 238 P. 64 (1925) は管轄の欠如は影響なしとする。

(14) これ以外に合意自体の不存在がある。consent がなければ consent judgment は無効である。consent を与えたことを否定する場合は申立てによるべきであるとした例がある。King *v.* King 35 S. E. 2d 893 (1945).

(15) American Law Institute, Restatement of the Law of Contracts (1932) §501～3. Thurston E.S., Recent Development in Restitution, Rescission and Reformation for Mistake, including Misrepresentation, 46 Michigan Law Review (No. 8, 1948) 1037, 1044.

(16) Thurston, Recent Development in Restitution, 前掲注(15) p.1048～9. 和解の当事者は目的物に関する錯誤の危険を当然負担するという。しかし当事者が和解の前提とした基本事項に錯誤がある場合は取り消しうる。わが民法六九六条に当たる。

(17)　Washington *v*. Sterling 91 A. 2d 844 (1952) は困難な法律問題のために果たして債務があるかどうか疑わしい場合に和解したところが、後にその法律問題が他の事件の上級審で解決されたので、その上級審の見解に従えば和解しなくても勝訴したであろう当事者が錯誤を理由に consent judgment の取消しを申し立てたが斥けられた。しかし Fleming *v*. Huebsch Laundry Corp. 159 F. 2d 581 (1947) では誤解により双方とも被告に責任があると信じていた場合、救済が認められた。

(18)　King *v*. King 35 S.E. 2d 893 (1945). 和解条項が裁判所において当事者の面前で読み聞かされ、権限ある弁護士により署名され、いかなる詐欺もないのならば、被告が法律効果をうっかり見落としたのかも知れないというだけでは consent judgment から救済され得ないとした。

(19)　Restatement of Contracts, 前掲注(15) § 504〜.

(20)　Clemens *v*. Gregg 167 P. 299 (1917). consent decree に単なる誤記ではない条項間の矛盾があって、それを修正する申立てが容れられた事案。Hafner *v*. Hafner 54 N.W. 2d 854 (1952). 離婚判決で財産分割の点のみ合意によった場合は部分的な consent decree であり、その部分のみ修正できるとした。

(21)　Hall *v*. District of Taylor County 215 N.W. 606 (1927) (申立て). Hafner *v*. Hafner 54 N.W. 2d 854 (1952) (独立の訴え). Holland *v*. Spdar & Co. 83 N.Y.S. 2d 21 (1948) (collateral attack). Harvey *v*. Georgia 266 N.Y.S. 168 (1933) (collateral attack).

(22)　Restatement of Contracts, 前掲注(15) § 475〜6. Thurston, Recent Development in Restitution, 前掲注(15) p.1040.

(23)　Weber *v*. Weber 51 N.W. 2d 18 (1952) (離婚判決取消しを求める独立の訴え).

(24)　特にエクィティ上の独立の訴えは伝統的には extrinsic fraud の場合にのみ認められた。四一頁参照。

(25)　Note, Consent Judgment as Instrument, 前掲注(1) 1326.

(26)　7 Moore J.W.M., Moore's Federal Practice (1955) ¶ 60. 33 p.511.

(27)　Restatement of Contracts, 前掲注(15) § 494〜6.

(28) Note, Consent Judgment as Instrument, 前掲注(1)1327.
(29) Halbach *v*. Markhan 106 F. Supp. 475 (1952).
(30) American Law Institute, Restatement of the Law of Agency (1933) § 82〜参照。
(31) Lirs Vache 20 P. 2d 554 (1933), Morgan *v*. Hood 189 S.E. 115 (1937), Aiken *v*. National Fire Safety Counsellors 127 A. 2d 473 (1956). いずれも弁護士は当然には和解の権限を持たぬとする。
(32) Carr *v*. Illinois Cent. R. Co. 60 S. 277 (1912)（独立の訴え）. Biddle *v*. Pierce 41 N.E. 475 (1895) (collateral attack).
(33) Restatement of Contracts, 前掲注(15)§ 18. Anson W.R., Anson's Law of Contract 20th ed. (1962) p. 116〜.
(34) 七頁参照。
(35) Missouri Pac. Ry Co. *v*. Lasca 99 P. 616 (1909)（独立の訴え）.
(36) Ferrell *v*. Broadway 35 S.E. 467 (1900)（申立て）. Monagas *v*. Vidal 170 F. 2d 99 (1948) (collateral attack).
(37) Restatement of Contracts, 前掲注(15)§ 598.
(38) Lane *v*. Summer County 298 S.W. 2d 708 (1957).
(39) Kelly *v*. Milan 127 U.S. 139 (1888) (collateral attack). Villa *v*. First Nat. 30 N.E. 2d 524 (1940)（独立の訴え）. いずれも公共団体の能力外の行為に関する。

あとがき

consent judgment について大略を簡単に紹介するつもりで始めたのに予想外に長いものになった。手続法を理解するには実体法の知識が必須であるに拘らず英米実体法について全く知識の持ち合わせがないため、十分な理解ができずその道の専門家からみれば、実に初歩的な誤りを多く犯していると思う。

終わりに若干の感想を述べるなら、まずアメリカにおける consent judgment についての議論がわが国やドイツにおける訴訟上の和解についてのそれとあまりに似かよっていることに驚かされる。勿論諸々の制度的相違の故に安易に比較することは禁物であるが consent judgment の混血性[1] (hybrid character) が一般に疑われていないことは興味ある事実であろう。これは勿論深い理論的吟味を経たものでなく、むしろ常識的、実際的な考え方から出ているようである。これは英米法の性格から考えて、わが国において判例および実務家の見解が一貫して訴訟上の和解についていわゆる両性説をとり裁判上の和解の当然無効を認めるのと軌を一にするように思われる。

アメリカにおいて、consent judgment には *Res Judicata* の効力が一応認められているけれども、それについても契約的な性格が与えられていることは、既に見たとおりであり、また判決の取消しが通常の判決についてもわが国における再審に比べれば相当広く認められ、実質的正義の実現が企図されていること、およびいわゆる *Res Judicata* の効力が判決の言渡しとともに発生することを考え合わせれば、*Res Judicata* といってもわが国において「確定判決と同じ効力」を認めるということの持つ意味とはよほど異なると思われる。イギリスにおいて consent judgment が意思表示の瑕疵によって取り消され得るということに関し「英国人がその裁判所に高い尊敬を払うに拘らず裁判所の公的な行為が関与したからとの理由で consent judgment に対する攻撃を困難にしようとは考えないことは興味ある事実である[2]」との論評がなされている。しかしさきに述べたような判決一般のゆるやかな取消可能性を考えるときには、少なくともアメリカ法に関する限りこれは必ずしも当たっていないといえるであろう。

本章では判決の効力の主観的範囲の問題、およびこれに関して、consent judgment への関与者相互間の関係や上訴制度およびそれと他の direct attack との関係など興味ある種々の問題を扱うことが出来なかったがいずれ他の機会に譲ることにしたい。

(1) Note, Comment on Wagner *v.* Warnasch, 295 S.W. 2d 890 (1956), 35 Texas Law Review (No.6, 1957) 864,

866.

（2）Neuner R., Privatrecht und Prozessrecht (1925) S.169.

（法学論叢六七巻五号、昭和三五年）

二　比較法的に見た訴訟上の和解

はしがき

私人間の法律上の紛争がその当事者の間で自主的に解決されることは望ましい現象である。もしその紛争が訴訟の場にのぼせられている場合にはこれによってもはや訴訟を続行していく必要を見なくなるであろう。民事訴訟の性質上これは好ましいことであるには違いないが、この現象を「訴訟上」いかに処理するか、についてはいろいろな考え方があり得る。各国の制度、実務、学説はこれをいかに扱っているであろうか。わが国における混乱は周知である。諸外国の状況を比較的に観ることは必ずしもわが国におけるこの問題の解決策とはならないし、またそれを志すほどの方法論的反省を持ち合わせているわけでもない。しかしそれぞれ異なる制度とはいえ、いずれも「民事訴訟」を持ち、いずれの制度の下においても和解が可能である以上、そこに何らかの共通の問題が見出されないだろうか。そしてこの問題は理論的にはより広く深く一般的に実体法と訴訟法の関係の問題、訴訟と非訟との問題へも連なり得、また実際的には能率的な民事司法の運営の問題と関係するのでないであろうか。なぜなら、今日のいずれの法制も実体法と訴訟法を持ち訴訟は実体権の実現方法という形をとっており、そこでは当事者の実体法上の和解は和解前に主張せられていた権利の実現不要を意味することとなるからこれが現に係属する訴訟にいかに影響を及ぼすかが問題となり、さらに、司法裁判所は当事者間に争いある限りにおいてこれを裁判するが、争いが既になくなった場合に司法裁判所としてはなすべき何が残るかが問題となりうるであろうし、他方、合理的な和解をいかにして多く招来し、実効あらしめるかは特に立法者および実務家の関心事でなければならないからである。

このような問題について各国法制がいかに対処しているかを考察することは無益ではあるまい。従来わが国においては民事訴訟法の分野であまり顧みられなかった比較法的アプローチを敢えて採用してみたゆえんである。

本稿の大要は昭和三六年秋の関西大学における民事訴訟法学会で報告した。これに若干の資料をつけ加えて発表するに過ぎず学会当日諸先輩から提出された疑問には未だ何ら答えることはできていない。誠に不完全なものながら、研究の中間報告の形で一応まとめてみた次第である。

一　英米法

イギリス法、アメリカ法を通じて一度訴えが提起された後に当事者が判決を待たず自主的に紛争を解決したならば、これを大いに歓迎するとともに、それ相当の法的処遇をすることには変わりない。根元を同じくするこの二法制も今日ではかなりの隔たりを示すようになり、本章に関する部分についても両者やや異なった面が認められるのでこれを分けて論ずるのが適当である。

(1)　イギリス法

原告被告間で紛争が解決されたならば原告が訴訟を維持する必要がなくなるから訴えを取り下げてよいわけである。コモンローの伝統では再訴を妨げられることなく訴えを取り下げること(nonsuit)が広い範囲で認められていたけれども、今日では被告保護の見地から制定法によって大幅に制限されるに至り被告の答弁後は裁判所の許可を要することとなっている。[1] そしてこの許可をなすに当たり裁判所は再訴の禁止を条件とすることができ、[2] この場合には取下げは res judicata の効力を持つことになるといわれる。[3] しかし取下げは原告の一方的な行為であり、原被告双方の話し合いの結果たる和解に特有のものではない。相互の譲歩に基づき、場合によっては非常に複雑な和解条項を定めてなされるところの和解が訴訟中に行われる場合の手続としては大別して次のようなものがあると思われる。[4]

(a)　同意に基づく判決 (consent judgment) がなされる場合

いずれかの当事者が自ら自分に不利な判決を受けることを承認する場合にはその者はかかる判決に同意 (consent) することにより原告又は被告敗訴の判決がなされる。また、当事者が合意のうえなさるべき判決を定め共同でこれを申請するときには同じく申立てどおりの判決がなされる。[5] これらをともに同意による裁判 (judgment or order by consent, consent judgment or order) と称するが[6]前者は必ずしもその基礎に両当事者間の合意 (agreement) があるわけではなく認諾判決又は放棄判決に類似するものである。これに対し後者の場合には必ずその基礎には両当事者の話し合いによる自主的な解決が行われているわけで、そのような当事者間の合意に判決の形式を与えるという形をとることになる。最も正式には和解中においてその条項 (terms) が裁判 (order) の形にせらるべき旨が定められる。このような consent judgment 又は consent order は和解判決と呼んでよいであろう。[7] この種の判決の内容はその基礎たる合意の内容に従って区々であり得るが、和解の内容が一定額の支払、但し一定の期日における分割払の定めであるときには全額について判決がなされ、ただ所定の条件に従って支払がなされている間の執行停止 (stay of execution) をつける判決が非常によく行われ、また和解内容が単なる金額の支払でない場合には原告被告又は双方が特定の行為をなすべき旨の裁判所の命令 (order) を合意によって得るものもありうる。

このような和解判決の効力が我々の主たる関心事である。けだしこのような判決はその実質が当事者間における単なる合意でありながら、形式においては有権的判断を任務とする裁判所の裁判であり[8]、この両要素の関係や調和の問題はその効力の面ではっきりと顕われてこざるを得ないからである。

まずこのような判決の後訴に対する拘束力——即ちいわゆる res judicata の効力——はどうであろうか。英法におけるこの方面の理論は頗る特殊な発展を遂げた解り難いものといわれる。筆者自身の研究も甚だ不完全であるけれども、要するに一般的に res judicata といわれるものには二種の内容が含まれていると思われる。一はプリーディングによって自白された事項、又は主張に基づいて争点となり裁判所によって明示的又は黙示的に判断を受けた個々の事実上、法律上の問題については当事者はその後これに反する主張をなしえないとするところの効力、即ち単に estoppel 又は estoppel by record と呼ばれるものであり、他はこのような個々の事項についての拘束力とは異なり、前訴訟と同一の訴訟のくり返しを禁ずるところの狭義の res judicata といわれる効力である。前者はゲルマン法に由来するもので元来は判決の効力ではなかった。当事者の主張が裁判所の記録となることにより当事者は後にそれに反する主張をなし得ないことになるに止まり、必ずしも訴訟が判決に至らず、例えば取下げによって終了した場合においても認められていた。しかし後者は後にローマ法の影響によってもたらされたものであって判決そのものの効力であった。そして res judicata は前後両訴訟の訴権又は訴訟原因（cause of action）が同一の場合に後訴を妨げるために援用せられ、estoppel は専ら訴訟原因の異なる場合に、例えば前提問題の判断に拘束力を認めるについて援用された。そして estoppel の方も一三世紀頃には前訴訟において判決のあったことがその要件となるに至ったが、estoppel を生じさせるものが判決自体ではなく当事者の主張であるとの意識は比較的最近まで維持されたという[9]。このようにしてもともと異質の沿革と機能を有した res judicata と estoppel が時とともに判決の後訴に対する拘束力として互いに混同され、用語上又はその作用の上でも同一のものと考えられる傾向が生じ、今日、res judicata といえば estoppel をも含むものとして扱われるのが常である[10]。しかし前訴と同じ cause of action に基づく後訴を妨げる効力と個々の問題についての判断が持つ拘束力とはやはり今日でも区別はされており、[11] 結局英法では既判力の拡張というような過程を経ることなく、当然に前提問題や先決事項についての判断にも拘束力が認められる結果となっている。[12]

さて、問題の consent judgment 又は order はその既判力において原則として通常の判決の効力と変わらないとされている。[13] この問題について、しばしばその後の判例に引用され、リーディングケースと目される *In re* South American and Mexican Co.[14] (1894) を紹介しておこう。

銀行と South American and Mexican Co. との契約で会社は銀行に対する五一四、三〇〇ポンドの債務を四回に分けて支払うこと（最初の三回は各一〇〇、〇〇〇ポンド、第四回に残額全部）が約された。会社は第一回の支払をなしたが第二回の支払をしないので銀行は最初の契約に基づき第二回分一〇〇、〇〇〇ポンドの支払を求め会社に対し訴訟を提起した。ところが被告は最初の契約の存在を否定し、かえって第一回として既に支払をなした一〇〇、〇〇〇ポンドの返還の反訴を起こした。若干の証拠調べがあった後、当事者は和解しこれに基づいて次のような consent judgment が行われた。「一、原告の請求一〇〇、〇〇〇ポンドを認める。二、被告の反訴は棄却する。三、執行は停止する。四、三週間内に六〇、〇〇〇ポンドが原告に支払われ、又は二〇、〇〇〇ポンドの支払および四〇、〇〇〇ポンドの手形による保証がなされるなら、原告はそれを受け、かつ右手形が支払われたならば被告は全債務を免れる。……もし右二〇、〇〇〇ポンドが支払われず又は四〇、〇〇〇ポンドが右の方法で保証せられず、又は右手形が支払われないならば、原告はこの判決の全額につき執行をなし、本件訴状に示されたところの被告との当初の契約に基づき後の分割払分を請求することができる。」ところが六〇、〇〇〇ポンドは全く支払われず、会社は解散した。清算に当たり銀行は契約による全額から既に第一回分として受けた一〇、〇〇〇ポンドおよび担保を有する分を差し引き利子などを加えた四〇一、五九二ポンド余を清算人に対し配当要求したが、清算人が前訴訟におけると同一の主張によって債務を否認したので問題は再び訴訟となった。銀行の主張、「清算人の配当拒絶の理由はすべて前訴訟で問題となったものである。即ち契約の存在は否定され抗弁および反訴によって争点となった。前判決が会社を拘束することを清算人は否定することはできない。判決は当事者の和解を具体化（embody）したものであり、それは双方が譲歩をなすところの相互的な調整である。しかしそれらは明らかに契約が存したことを前提としている。契約の存否が正に争われたことがらであった。故にそれについての判決は、同意（consent）によるものであるといえども、通常の場合に、裁判所によって宣言されたと全く同じように拘束的である。」清算人側の抗弁、「判決は単なる当事者間の取引（bargain）に過ぎない。裁判所はプリーディングによって提起せられた問題について全くその心を働かせることはなかったのだから会社は他の訴訟において再びこれを問題とすることを妨げられない（not estopped）。合意による判決（judgment by agreement）は、res adjudicata については、通常の判決と同じ効力を持つものではない。何が res judicata を構成するのかの問題である。裁判所が取引を登録することによって、司法的でなく、行政的な方法で活動したに過ぎない場合には、res judicata は存しない……。」これに対し裁判官 Vaughan Williams の判示は「……判決が judgment by consent であるという事実はいかなる差異をも生まないと考える。……裁判所がその心を全く働かせなかったところの judgment by consent は当事者間の estoppel となり得ないとの清算人側の主張につき考えるに、私がかかる提言を聞くのは初めてであるというだけで十分であろう。judgment by consent 又は欠席判決（judgment by default）が、裁判所がその司法的裁量を行使した場合の判決と全く同じように estoppel となることは一貫した法である。estoppel の基礎は、当事者が一度ある事項を争ったならば、紛争は終結せられるのが利益であることにある。従って合意に基づく判決である場合にも、最後まで争われた後に行われた判決と同じように estoppel となるのである。……本件では銀行によって起こされた訴訟における判決は、consent によるものであるけれども、通常の場合と同じように当事者を拘束するものと扱われなければならない」としたうえ、それではいかなる点につき拘束的であるかを考慮し前判決は最初の契約の存在を認めたものだとして銀行の請求を認めた。この判決に対し清算人側は上訴したが控訴院（Court of

Appeal）は原判決を支持した。裁判官 Herschell は、前判決がいかなる点につき拘束的かについてはやや詳しく判示しているが、そもそも拘束力があるか否かについては「……judgment by consent は事件が最後まで争われた後裁判所によって行われた判断（decision）に由来するところの判決と全く同じように当事者間の紛争（litigation）を終了させるものである」として結局原判決を支持し、裁判官 Lindley も「この事件は法律家のセンスを外れている。和解を見れば、その当然の結果が、紛争を終了させるに至ることは明らかで、またこれが当事者の意思でもあったのである」としている。

本件は一部請求における consent judgment の問題で本来の意味の res judicata が問題なのか estoppel が問題なのか不明の点があり、事件自体もいかなる点が拘束的となるのかで大いに争われているが、これは通常の判決においても起こる問題であるから、結局 consent judgment が通常の判決と同じように後訴に対して拘束力を持つことを明らかにしたものといえよう。

しかしこの estoppel の効力は先に述べたようにプリーディングで主張され争点となった事項についてのみ生じるのであるから、訴訟がプリーディング前の状態で和解され[16] consent judgment が行われた場合にはこの効力はないとされる[15]。先例とせられる Goucher *v.* Clayton（1865）を紹介しておく。

特許権者が特許侵害を主張して損害賠償を請求したところ、プリーディングが行われるに至らずして被告は敗訴判決に同意し原告勝訴の判決がなされ、その後被告は改めて原告からその特許実施許可を得て事業を営んでいた。原告はその実施許可の期間満了後被告に対しその実施差止めを請求したが被告は原告の特許権は無効であると抗弁した。原告は、前判決によって特許無効の主張は estop されると反駁した。裁判官 Wood は「前判決には、その問題（特許の効力）が争点となったことを示す何物もないから……コモンロー上 estoppel となることはない。……estoppel を生じさせるには、記録上にその問題が争点となったことが顕れていることが必要である」とした。

ここでは真の意味の和解が行われたのではなくて認諾に近いものと思われるし、狭義の res judicata の効力については言及していない。コモンロー上の損害賠償請求とエクィティ上の差止請求とは、cause of action も relief も異なるからであろう。

ではこのような consent judgment の基礎となっている当事者間の合意に私法上の瑕疵があった場合にはいかに取り扱われるか、が次の関心事である。そのような判決の効力、およびその攻撃方法の問題である。

consent judgment は当事者間の意思表示の結果たる和解を基礎とするものであるから、合意の不存在、公序(public policy) 違反 (illegal)、能力外の行為 (ultra-vires)、詐欺 (fraud)、不実表示 (misrepresentation)、告知義務違反(non-disclosure)、強迫(dures) 等によって行われたこと、又は錯誤(mistake)、無権代理(without authority)等の事由あること、要するに私法上契約を無効にすると認められるあらゆる原因あることによって取り消され(set aside) うる。その攻撃方法は専らその目的のための別訴によることを要し、当該 consent judgment が行われた訴訟手続の続行として単なる申立て(motion)によって行うことは許されない[17]。そのうえ、そのような方法によって取り消されるまでは拘束力を有する (binding) とされる[18]。

このような問題について先例とされているのは Huddersfield Banking Co. *v.* Henry Lister & Son (1895) および Ainsworth *v.* Wilding (1896), Wilding *v.* Sanderson(1897) の一連の事件のようである。

まず Huddersfield Banking Co. *v.* Henry Lister[19] で裁判官 Lindley の判示は次のようである。

「consent order も一つの order である。それが存在する限り order として取り扱われねばならず、他の order と同じように estoppel を有効に生じさせる。しかし order が通常よりさらに formal な形で表現しているところの合意 (agreement) を無効にする (invalidate) 理由に基づいて攻撃されうることに少しの疑いもない。この理由は詐欺のみに限らない」とした。

次に Ainsworth *v.* Wilding[20] および Wilding *v.* Sonderson[21] を紹介しよう。

Ainsworth によって Wilding らを被告として起こされた訴訟において弁論、証拠調べがあった後全当事者間に和解が成立し合意に基づく判決が行われた。その後 Wilding は原告および他の被告を相手方として、前の判決は錯誤に基づくものであるから取り消さるべきこと、従って訴訟は再開せらるべきことを申し立て、被申立人らは異議（objection）をとなえた。裁判官 Romer は「自分の個人的な意見としては、異議を却下して、申立てを審理しないということは、余計な出費や遅延を招くばかりであるから、遺憾なのではあるが」と前置きして、しかし「少なくとも両当事者の同意がない限り、かかる申立てを審理する権限（jurisdiction）はなく、従って別訴が提起されなければならないと考える」と述べ「もし事件が控訴院へ行って自分が申立てを拒んだことが理由不十分であるとされるならば喜ばしいことである」が「先例（authorities）を見ると、かかる申立てを却下する以外に選択の余地はないようである」として多くの先例を吟味した結果、単なる書損じ(clerical mistake)や裁判所の意見と異なる判決書が作られた場合、中間の裁判（interlocutory order）の場合以外は単なる申立てによる判決の取消変更は許されないとするのが法であるとした。かくして結局 Willding による申立てによる取消しの試みは斥けられたので、Willding は改めて Aimworth の死亡による遺言執行者たる Sanderson らを被告として先の consent judgment の取消しを目的とする訴訟（Willding *v.* Sanderson）を提起した。従ってここではその攻撃方法自体の適否はあまり問題とならず、専ら取消事由たる錯誤が存するか否かが争われたのであるが、裁判官 Byrne は consent judgment についての一般原則にも関連して次のように述べている。「consent judgment 又は consent order とは当該訴訟の当事者間に既に行われた合意 (agreement) の形式上の結果又は表現であって裁判所の裁判の形に具体化（embody）されたものを意味する。しかしこのような形でそれが表現されたという事実は、単に通常の合意が行われた場合とは異なった地位を当事者に与えるのである。即ち、それが存立する限り勿論執行力があり、その効力を受ける当事者は仮にその効力を免れるための救済を与えられる地位にあると考えていても、それが執行された時には単なる抗弁の方法でこれから免れることはできない。一度完成されるや当事者は、それがその目的ために適法に提起された訴訟において取り消されない限り、そしてそのように取り消されるまでは、判決に従わなければならない。ところで本件では重要な部分について当事者間に理解の不一致があり、該判決に先立ってなすべき当事者間の合意は不存在であったと認められる。もし何らの合意がなかったとすれば判決の基礎となるべき同意（consent）は存しなかったことになる。consent order が agreement の取消事由に基づいて取り消され得るように、agreement が不存在であり、従って order に対する真の consent がなされたのでない場合にもかかる order は取り消されるべきである。……判決前にいかなる現実の合意 agreement も存在せず、判決の基礎となるべき consent が存しなかったことが確証されるならば、現に宣言された判決はそれ自身 agreement を constitute し又は represent するものではなく、当事者によって存在すると考えられたに過ぎない。agreement と consent に従って行われた判決であるに過ぎない。かかる本件では当事者間にいかなる agreement 又は consent も存しなかったとの理由で判決は取消しを免れないと考える」として前記 Huddersfield Banking Co. *v.* Henry Lister & Son などを先例として掲げる。

この判決に対しては被告から上訴がなされたが棄却された。裁判官 Lindley の判示「……consent order は当事者間の agreement に基づき、これを実現しようとするものであるから、agreement が取り消され（set aside）うるいかなる事由（ground）によっても当然取り消されうるのである。錯誤はかかる事由の一つである」と述べる。

この Willding *v.* Sanderson は後の裁判にもしばしば引用せられている。[22] なかでもこれらの事件を引用しつつこの問題をより明らかにしているものに Kinch *v.* Walcott (1929)[23] がある。ここでの裁判官 Blanesburgh の判示を見よう。

「以前の事件（libel action）においてなされた order が consent order であるとの事実は、estoppel の主張に関しては何ら上訴人に有利となるものでないことは明らかである。けだしかかる目的については、order by consent が相互の合意（mutual agreement）によって撤回（discharge）されずそのまま存する限りは、通常の判決で未だ上訴によって取り消され（discharge）ない order と同じように効力を有する。consent order の拘束力を受ける当事者は、Wilding *v.* Sanderson において裁判官 Byrne が言ったように『それがその目的のために起こされた訴訟によって取り消されない限り、又は取り消されるまで、それに従わなければならない』のである。換言すれば consent に基づきなされた order とそうでない order とのこの点についての差異は、前者が、相互の合意によって撤回(discharge)されるか、又は裁判所の他の order によって取り消されない限り、および取り消されるまで、存続するに対し、後者は上訴によって取り消され（discharge）ない限り、および取り消されるまで存続する、という点にある。……前の事件の consent order は撤回され（abandoned）又取り消されていないのであるから、被上訴人に対し右 consent order によって取り下げた（withdraw）主張（charge）を再び持ち出すことを妨げる効力ある order として存立を続けている。……consent order は無効（nullity）であるというが order 自体が無効であることはない。もっとも、本件 order は上訴人の主張によれば取消可能（voidable）な agreement を具体化（embodies）しているのかも知れない。しかし、そうはいっても order は有効に取り消されるまで効力を持つのである。そしてかかる order はその特別の目的に向けられた訴訟においてのみ取り消されうる。Ainworth *v.* Wilding での裁判官 Romer の判示はこの意味で法に従っているばかりでなく、実際的な目的にも合する。この原則は Firm of R. M. K. R. M *v.* Firm of M. R. M. V. L〔1926〕A. C. 761 においても受け入れられている。」

さて以上によって、英法における consent judgment はまず当事者間に一定の合意（agreement）があり、これに基づいて一定の内容の判決に対する同意（consent）が当事者から裁判所に向かってなされ、これに基づいて裁判所が当事者の望む通りの判決を下すものであり、その既判力は通常の判決と原則として異なるところはなく、その拘束力から免れるためにはそのための訴訟を起こして取消判決を得なければならず、これによってのみその効力は形成的に消滅せしめられうることがわかる。このように専ら当事者の意思に基づく判決が何故に通常の判決と同様の効力を持ちうるかについての理論的な説明はどこにも見出し得ないが、そもそも英法における既判力ですらが先述のように元来当事者行為に由来する原理であることからするとこれが当然のことと考えられている理由も肯けるようにも思われる。しかし判決の基礎たる当事者の合意に付着する実体法上の瑕疵を理由とする取消しによってその効力は大いに弱められることは否めないが、英法では通常の判決でも宣言とともに既判力を獲得し上訴の係属はその妨げとならないことを考え合わせると特に consent judgment の既判力を脆弱なものとしたとも受けとれず、却ってその当事者の行為としての実質を無視することなく、しかし形成的な取消しの訴えのみを認めてその存立の確保を図っていることは誠に妥当な解決と評すべきであろう。

(b)　合意により手続の停止 (stay of proceeding) をなす場合

和解により、訴訟続行の必要がなくなるから、申立てにより和解条項 (terms) を示したうえ合意により将来の全手続を停止する旨の order がなされる。(24) もし和解があったのに原告が訴訟を追行している場合には被告は手続の停止を申し立てることができる。(25)

このような停止を求めるに当たっては、和解条項が履行されてから初めて停止の効力が発生するように、その旨を明言してもらうか、又は将来の全手続を停止するが「但し、右和解条項の強制履行の目的のためにはこの限りでない」との留保をつけてもらうのが通常である。後者の形の order はその発案者たる裁判官 Tomlin の名をとって“Tomlin form of order”として知られ、普通に用いられているものである。(26) このような留保の効用は一方が和解条項を履行しない場合に発揮される。即ち一方に不履行があったら、他方は和解の行われた裁判所へ、和解条項の強制履行 (enforcement) を申し立てる (apply) ことができる。

もしこのような留保をつけなかった場合の効果については実は未だ明らかでなく、訴え取下げ (discontinuance) と同じ効果があるが故に回復 (remove the stay) 不能であるとする考えと、取下げとは同視できず、従って相当な理由を示せば原状回復が可能であるという二説があるという。[27] 前説を採ると和解によって全手続は終了したことになり、仮に一方が和解での約束を履行しなくても、同一手続内でその強制履行を請求することはできず、和解に基づく別訴を提起して救済を求めねばならないことになる。後説では、いったんstayを取り消したうえ履行命令を発することになる。このような問題が生じるために、実際では必ず先述のような留保をつけるようである。

このやり方は、和解によって定められた義務については一応任意の履行を待つという形になり、ただ不履行の場合にもとの手続の続行として履行を強制しうる点で頗る合理的な制度のように思われる。

(c)　裁判所の裁判は全く行われない場合

この場合は単に代理人の準備書面（brief）に書かれた和解条項によって事件は解決（settle）せられた旨裁判所に通知されるのみである。この場合には記録の取下げ（withdrawal of record）申請、又は陪審取下げ申請が伴う。[28] この場合に一方が和解条項を履行しなかった場合他方はいかなる救済に訴えうるかが問題である。Green *v.* Rosen (1955)（注（4）参照）はまさにこのような場合の事件である。

この事件は五〇〇ポンドの貸金返還請求事件であったが、この方法で和解が行われた。提出された代理人のbriefには和解条項として「原告は四五〇ポンドで満足する。一〇〇ポンドは直ちに支払う。一月余後に一〇〇ポンド支払う。残額二五〇ポンドは二カ月余後を第一回として毎月三回に分けて支払う。もしいずれかの支払を怠れば全債務は一時に支払うべし」とあった。ところが原告は、最初の四回は約束通り支払われたが、二五〇ポンドの三回払のうち最後の分、八三ポンド余の支払がないと主張して八三ポンド余につき支払を命ずる判決を求める申立てをした。これに対し裁判官Sladeは「裁判所はいかなる裁判（order）をもしていない。先例を見ると、[29] このような場合には当事者間の新しい合意がもとの訴訟原因（cause of action）にとって代わり、裁判所は既に新しい合意によってとって代わられたcause of actionについてはいかなる権限（jurisdiction）をも有せず、もし和解条項が履行されないのなら、相手方はこの新しい合意に基づいて別に救済を求めるべきである、との結論に達せざるを得ない。……八三ポンド余はこの新しい合意の下で発生したものである。代理人は手続の停止の取消しを求めることもできない、けだし何ら停止の裁判はなされておらず、取り消さるべきものがないからである。故に私の判断では、八三ポンド余についての原告の救済は新しい合意に基づく訴えによらなければならない。この結論に達したのは遺憾であるが致し方ない。上訴するのも良かろう。問題は決して簡単なものではない」として申立てを却下した。[30]

この考え方は我々にとっては納得いきかねると同時に興味深い。このようにいうならば訴訟は何によって終了したことになるのであろうか。和解による新しい合意によって新請求が生じ、裁判所はこれについては権限がないとするのならば、何故手続停止の場合には新請求の執行命令をなしうるのであろうか。これらの点は結局英法における実体関係と訴訟関係との観念上の未分離、訴訟係属の観念の希薄性によるものではないであろうかと推測するが、[31]英訴訟理論全般にわたるより精密な研究を待たなければ回答は困難である。

さて以上、(b)、(c)で述べたように和解の内容が判決として表現されなかった場合、その和解に瑕疵があったときはいかなる救済に訴えうるかが問題である。この点については必ずしも明確にしえないが、やはり原則として別訴による攻撃が必要とされているかに見える。即ち Emeris *v.* Woodward (1889)[32] では裁判官 Morth は「私見によれば、原告は、和解 (compromise) を取り消す (set aside) ためには新訴を提起するのが本来のやり方である。summons の方法でもって、合意 (agreement) を取り消し、紛争を再開することはできない」とした。ところがその後 Hickman *v.* Berens (1895)[33] では別訴によらず、和解の行われたもとの裁判所へ summons の方法で錯誤を理由に救済を申し立てた場合にこれを許している。もっともこの事件では相手方から全く異議が述べられなかった。Ainworth *v.* Wilding (前出) での裁判官 Romer は、当該事件では傍論ながら、和解が裁判所の裁判のない形にされなかった場合の攻撃方法にも触れている。即ち Emeris *v.* Woodward では裁判所の何らかの裁判がなされたかどうか必ずしも明らかではないとしながらHickman *v.* Bernsと対比すると「もし全く裁判が行われなかったならば、和解を取り消すのに必ずactionが必要だということもできない。もし裁判が行われなければ相当な理由があれば申立てによる取消し(discharge)を認めることができると考えざるを得ない。しかし裁判が行われない場合には必ず申立てを許さねばならぬというのではない。申立人の主張するところからかなりの証拠調べが必要である場合には申立てによる方法は許されない」としている。いずれもかなり古い事件であるが、最近の資料にはこれに関するものを見出し得なかった。

以上で大体英法における訴訟上の和解についてその大要を知りえたかと思う。和解といってもその態様は一様でなく、その効果もそれぞれ異なり、解決されていない問題も多いようである。そこで「和解には最大の注意が必要である。ある意味においては、和解するのは争うより難しい」とさえ言われている。[34] Green *v.* Rosen（前出）で裁判官Sladeは、和解の諸形態を挙げたのち、相手方不履行の場合のことを考えるならばconsent judgmentを得ておくのが最も簡単確実であるとしているのもこの意味であろう。

（1）　Rules of the Supreme Court, Order 26.

（2）　Odgers' Principles of Pleading and Practice, 15 ed. (1955) p. 239.

（3）　Bower, S.; The Doctrine of Res Judicata (1924) p. 23. この場合には結局請求の放棄もしくは判決後の取下げの効力を持つことになる。

（4）　Green *v.* Rosen〔1955〕2 All. E. R. 797, 799はこの問題においてよく引用される判例である。ここにおいて裁判官Sladeは訴訟中に和解があった場合の処置についていろいろな場合を挙げ説明を加えている。

（5）　これらの判決の形式についてはThe Encyclopaedia of Court Forms and Precedents in Civil Procedure, Vol. 10(1948) Judgment and Order p. 158～9, 179に実例がある。

（6）　judgmentとorderの区別は必ずしも明確でないようであるがorderはどちらかといえば手続的な裁判を指す。Halsbury's Laws of England, 3 ed. Vol. 22(1958), Judgment and Order p. 740～1. consent judgment or orderも

終局判決(final judgment)に代わるべきものに限らず中間的又は手続的裁判でもありうる。

(7)　Thorne *v*. Smith (1946)〔1947〕1 All. E. R. 39で裁判官Somervellはconsent orderなる語はcompromise又はarrangementがその基礎となっているようなものに限って用うべきで被告が一方的に原告の主張に同意したような場合にはconsentの語を用いることを避けた方がよいとの補足意見を述べているのが注目される。

(8)　もっともその判決上にはそれが合意によるものである旨を明示しなければならない。Ecncyclopaedia of Court Forms, vol. 10, 前掲注(5) p. 146.

(9)　英法におけるestoppelとres judicataの発展と関連についてはMillar R. W.; The Historical Relation of Estoppel by Record to Res Judicata, 35 Illinois Law Review 41 (1940)に興味深い研究がある。

(10)　たとえばBower, 前掲注(3)はRes Judicataの表題の下にestoppelをも扱っている。

(11)　Odgers, 前掲注(2)p. 201は抗弁の各種を列挙するに当たりformer proceedingとしてres judicataを述べ、別にestoppelとしてestoppel by recordを掲げしかもその事項はres judicataとなると述べている。

(12)　Millar, R. W.; The Premise of the Judgment as Res Judicata in Continental and Anglo-American Law, 39 Michigan Law Review (1940)1.

(13)　Bower, 前掲注(3)p. 24. Halsbury's Law of England, vol. 15, Estoppel, p. 178.

(14)　〔1895〕1 Ch. 37 C. A. この条件はNeuner R.; Privatrecht und Prozeßrecht S. 168にも言及されている。

(15)　Halsbury, vol. 15, Estoppel, p. 203. Bower, 前掲注(3) p. 24.

(16)　34 L. J. Ch. 239.

(17)　Halsbury, vol. 22, Judgment and Order, p. 792. なお通常の判決に対する不服申立て方法は上訴(appeal)であるがconsent judgmentに対しては原則として上訴は許されない。即ち一九二五年のSupreme Court of Judicature (Consolidation) Act三一条一項(h)には「当事者の同意によって行われたところのHigh Court又はその裁判官の裁判(order)に対しては、当該裁判をなした裁判所又は裁判官の許可なき限り上訴をなすことを得ず」とある。

(18)　Halsbuly, vol. 30, Practice and Procedure, p. 405.

(19)〔1895〕2 Ch. 273, 280.

(20)〔1896〕1 Ch. 673, 676.

(21)〔1897〕2 ch. 534, 544.

(22) たとえば Haydock *v*. Goodier〔1921〕2 K. B. 384, 402. Thorne *v*. Smith〔1947〕1 All. E. R. 39, 41 ではこの Lindley の判示のうち本文引用部分がそのまま引用されている。

(23)〔1929〕All. E. R. 720, 725. その他 *Re* Affairs of Elstein〔1945〕1 All. E. R. 272 も申立ての方法を認めず別訴の提起を必要としている。

(24) まず一方当事者が欲する order を表示した summon を作成し相手方の同意の署名がそれに裏書され、これを以て master に order の申立てをすると、master が申立てに従って手続停止の裁判をする。Odgers, 前掲注(2)p. 237. Encyclopaedia of Court Forms vol. 15, Stay of Proceeding, p. 12～13 にその申立ておよび裁判の書式が見られる。

(25) Halsbury vol. 30, Practice and Procedure p. 405, 408.

(26) Encyclopaedia of Court Forms vol. 10, Judgment and Order, p. 158 に実例がある。

(27) Green *v*. Rosen, 前掲注(4)p. 800～1 で裁判官 Slade は誰かこの興味ある問題について解答がほしかったらこの方法を使用してみたらよかろうと冗談まじりに述べている。

(28) Green *v*. Rosen, 前掲注(4)p. 800. Odgers p. 238, 320～1 Halsbury vol. 30, Practice and Procedure p. 403, 412. settlement があれば必ず申し立てる義務がある。

(29) 参照できたものは Cristel *v*. Cristel〔1951〕2 All. E. R. 574. Selig *v*. Lion〔1891〕1 Q. B. 513. Bennette *v*. Gamgee〔1876〕2 Ex. D. 11 のみであるがいずれも本件に直接あてはまるような事案ではない。

(30) Pryer *v*. Gribble 10 Ch. (appeal cases) 534 も相手方が和解での約束を履行しないときは当該訴訟での申立ては許されず特定履行の別訴を起こさねばならないとする（判例集原本が参照できなかったので Digest による）。

(31) 英法において訴訟係属観念の明確でないことは、すでに Neuner, 前掲注(14) S. 167 によって指摘されている。

(32) 43 Ch. D. 185.

(33)〔1895〕2 Ch. 638.
(34) Odgers, 前掲注(2) p. 321.

(2) アメリカ法

アメリカ法における訴訟上の和解、特に consent judgment の効力についてはかつて考察したことがあるので[1]ここではイギリス法と対比して特徴と思われる点を上げるに止めたい。

(a) アメリカにおいても合意による判決が行われることは変わりない。その既判力についてはイギリスと同様、一般通常の判決と異ならないといわれている。その根拠としては専ら当事者の意思が重視せられ、一度、訴訟を自ら解決した以上、同じ紛争をむし返さないことは当事者の意思であるからとされる。従ってアメリカでは、その訴訟の訴訟原因についての再争を妨げる効力──即ち狭義の res judicata ──は問題なく認められているけれども、estoppel の効力──これをアメリカでは collateral estoppel と称している──まで認めることについては批判があり、判例も必ずしも一貫していない。即ち estoppel によると前判決の前提問題にまで拘束力が及ぶことがあるから、当事者は後訴で予想外の拘束を受ける惧れがあり、当事者の意思は現在の訴訟のみに落着をつけることであるのに酷な結果を招くからであるという[3]。

次に、判決の基礎たる合意に瑕疵があった場合に救済が与えられることも変わりない。その方法として上訴が許されないのはイギリスと同様であるが、取消しのために別訴を提起すること──このように上訴も含めて専ら判決からの救済を目的とする手続をとることを direct attack と称する──は勿論許される[4]。イギリスと異なって特徴的なのは、必ずしも取消しの目的で起こされた手続によらなくても、後に他の目的のために始められた手続で前判決の拘束力が問題になった場合にもその効力を争いうることである。これを collateral attack と称している。たとえば後訴で前判決たる consent judgment による既判力の抗弁が提出された場合その判決の基礎たる合意の瑕疵を主張して判決の効力を争い、その拘束から免れることができる。collateral attack は元来、判決を単に取消し可能(voidable)でなく、無効(void)にするような重大な手続の瑕疵、即ち裁判権又は管轄権(jurisdiction)の欠缺、踰越の場合に認められるものである。[5] 結局これを見るとアメリカでは、その基礎たる合意に瑕疵のあるような consent judgment は void と考えられているように見える。これによって consent judgment は単なる当事者間の私法上の契約と同一の効力しか有しないことになり、後訴への拘束力を有するとはいっても、それは collateral attack が行われず又は失敗した場合に限られることになる。換言すれば合意に瑕疵のないことを条件として既判力を有するわけである。consent judgment の当事者の行為としての面が重視されている結果であろう。

(b)　アメリカにおいては和解があった場合に手続を停止する裁判をすることは行われないように見える。しかし和解があった旨が当事者から裁判所に通知せられて記録され、これによって事実上手続の続行が止まることは同様のようである。しかし、訴訟はそれによって当然終了するのではなく、和解条項（terms of compromise）が履行された時に終了するとされる。たとえば W. T Ferguson Lumber Co. *v.* Elliot（1934）[6] では「代理人は、訴訟を discontinue する裁判（order）もなく、訴訟を放棄（abandon）する意思が表明されたこともなかったと主張する。しかし当事者が訴訟原因の和解による解決（compromise and settlement of cause of action）に同意し、その合意（agreement）が履行され（comply with）たならば訴訟は終了したと考えられる。……被告は訴訟を終了させたところの契約を履行したのだから原告へのもとの請求を行うために訴訟を蘇生させることができない。一部でも履行された契約の不履行に対する救済は、残部についての損害賠償であり、契約を無視してもとの訴訟原因にたよることはできない」として被告からする訴訟続行を斥けた。また Naegeli Furniture Co. *v.* Holstein (1919)[7] では、原告から四〇〇ドルのベッドを買って被告が代金を支払わないので代金を訴求したところ和解が行われこれに基づいて原告はもっと安いベッドと交換した。被告は受け取ったベッドに瑕疵があるとして再び支払を拒んだので原告は和解を無視して訴訟を続行しようとした。この事案において「和解合意が行われたときは、前の権利と混同し（merge）、現存する合意は和解合意のみとなる。特に本件の如く和解合意が履行されるときはこれは明らかである。被控訴人（原告）は書面による合意は全然記録に止められていないから、訴訟は法的には未だsettleされていないと主張するが、和解合意の存したこと、これが当事者により履行されたことを原告が認めたことを見ると、この抗弁は理由がない」と判示された。このように実体法上の事由によって訴訟の終了を認めるのは奇異に見えるが、やはり実体関係と訴訟関係との未分離から来るものであろう。一方手続の停止は行われないが、和解条項の履行の請求は、イギリスのTomlin form of orderが行われた場合と同じく、当手続内での申立て（motion, petition）によって行われる。Melnick *v.* Binenstock (1935)[8]では「係属中の訴訟での和解条件の履行を求める当事者は他の裁判所へ訴える自由はない。紛争の和解的解決は常にその和解が行われたところの裁判所の手続に立ち帰らねばならぬ。即ちその合意の履行はその後その裁判所によってコントロールされる。そうでないならば和解は訴訟解決の助けにならず、却って訴訟を生むだけである」とする。

このような和解に瑕疵がある場合の攻撃方法についても先述の和解条項履行があったか否か、即ち訴訟が終了したか否かが判断の基準となっているように見える。即ち和解条項が履行されてしまった場合には既に訴訟が係属しないから申立てによる救済は許されず、別訴を起こさなければならない。Yonkers Fur Dressing Co. *v.* Royal Ins. Co. (1928)[9]では訴訟上の和解に従って“settled and discontinued”と記録された後に被告が和解合意の取消し（set aside）を申し立てたが、「和解によって古いcause of actionは終わり、新しいliabilityがそれに代わった、……被告は詐欺等、契約の無効原因たる理由により独立の訴えを起こしてsettlementをupsetすることはできる。しかし和解によって訴訟が終了に至り新しい合意が履行されたならば、当該訴訟内における申立てにより和解を解消してもとの訴訟の本案（merits）について終局判決を得ることはできない」とした。またGreenwald *v.* Emex Realty Co. (1939)[10]では原告弁護士が和解条項に基づき放棄証書（release）を交付するとともに相手方から一定金額の小切手を受け取った。そこで、「訴訟は終了した。被告は和解に至る過程で詐欺的な不実表示があったとの原告の主張を争う。かかる事情の下では原告は申立てによって和解合意を無効にすることはできない。救済は別訴による」として先述 Yonkers Fur Dressing Co. *v*. Royal を引用する。しかし合意された条項の不履行に基づきその履行を命ずる判決がなされるべき旨が合意自体に定められている場合には訴訟は係属を失わない。即ち、La Salle Extension Univer sity *v*. Parrela (1937) では分割払を一日でも怠ったら全額につき判決がなさるべき旨の和解が行われた事件で、「和解の書面による合意は、その旨明示しない限り discontinuance の効力はない。訴訟は通常の判決又は discontinuance の order によって終了し、判決の登録までは係属する。訴訟はその合意に従ってなされる判決によって終了する」ところが本件では合意に違反したやり方で判決が行われたから未だ訴訟は係属中であるとして、その判決取消しの申立てを容れた。(11)

これらは、専ら実体法上の理由に基づいて裁判所が事件につき権限を全く失うとの考え方により当該訴訟内での和解取消しを認めず、必ず別訴によらしめる趣旨であって、和解自体にある種の確定力を認めたものではない。しかし、和解に基づく判決がなされなかった場合の効果については頗る判例が錯綜しており、州によってはこれらの点が制定法によって定められているところもあるようである。特に実体法上の問題がからむために、ここに述べたところはその正確な理解にはほど遠いと思われる。この点については後日の研究に譲りたい。

そこでもし、以上の理解に誤りがないとして、英米の考え方を比較してみると、和解に基づく判決がなされない場合については両国にさほど実質的な差異はないように思われる。しかし判決がなされた場合については大いに異なること前述の如くである。イギリスでは和解合意に基づくものとはいえ判決である以上判決として尊重しようとの気配が強く、ただそれが私的な合意に基づくことから必然的に結果する私法上の瑕疵ある場合の救済を最小限で認めようとするに反し、アメリカでは、一部で consent judgment といえども司法的機能の産物であるといわれながら(12)あらゆる面で当事者の行為としての性質を前面に出す結果、既判力があると称しながら結局通常の契約と大して変わらない結果となっている。これがわが国の判例のいう、「私法上の瑕疵のないことを条件として確定判決と同一の効力を有する」というのと頗る似ていることは興味深い。

(1) 拙稿「アメリカにおける和解判決 (Consent Judgment) の効力」(昭和三五年) 法学論叢六七巻五号二四頁。
(2) Restatement of Judgment は訴権消滅の考えにより merger, bar といっている。
(3) James, F. ; Consent Judgment as Collateral Estoppel, 108 University of Pennsylvania Law Review (No. 2, 1959) 173 はこの問題を扱っている。
(4) 別訴以外に原裁判所へ申立ての方法によって取消しを求めることも direct attack であって多くの制定法によって認められている。
(5) これはイギリスでも同様である。Gordon, D.M. ; Fraud or New Evidence as Grounds for Actions to Set Aside Judgment, 177 Law Quarterly Review (July 1961) 358. これによるとイギリスでも最近は direct, collateral attack なる言葉を用いている。
(6) 172 S. E. 616.
(7) 175 N. Y. S. 779.
(8) 179 A. 77.
(9) 160 N. E. 778.
(10) 17 N. Y. S. 2d 333.
(11) 294 N. Y. S. 146.
(12) Pope *v*. United States (1944) 323 U. S. 1.

二　フランス法

フランスにおける訴訟上の和解についてはわが国でも最近その紹介が行われた。(1)

和解（transaction）は仏民法二〇四四条に規定されているが、仏民訴法にはこれについて何らの規定をしていない。しかし大部分の教科書類には、訴訟の終了原因の一つとして transaction を挙げている。(2) そしてこのような和解は裁判上の和解（transaction judiciaire）と呼ばれることもあるが、その性質において民法上の和解と異なったものであるとは考えられていない。素朴に、「和解があると裁判所が判断すべきものはなくなるから」（Cornu-Foyer）とか、訴訟の基礎又は目的である権利自体が和解によって変更されたのだから」（Japiot）とか説明され、実体法上の権利変動が、そのまま訴訟の消長に影響を与えるかの如く述べている。もっとも訴訟外での和解が当然に訴訟の消滅を来すわけはないから、何らかの方法で裁判所に知らされなければならないし、その場合には訴訟の終了宣言判決が行われる。(3) しかし和解はそれ自身私法の規制に従うのであるから当然その効力が問題となりうる。そこで訴訟の終了も和解契約が有効であることを条件として起こるのであり、権限ある裁判所によって和解が無効であると宣言された場合には、もとの訴訟を続行することができるというものがある。(4)

ところがこのように単純に訴訟を終了させてしまうに止まらず、当該手続内でその和解の内容をより明確かつ強力な方法で確保する手段が認められている。裁判官が積極的に当事者に和解を勧告することによって行われる conciliation と、(5) 当事者間で自発的に行われた和解を内容とする判決がなされる場合とである。

訴訟中の conciliation については現行民訴法八〇条に「訴訟進行係裁判官（juge chargé de suivre la procédure）は口頭弁論までの事件のいかなる段階においても和解の試みをなしうる。弁論開始後は、当事者を和解せしめる権限は、評議部（chambre du conseil）としての裁判所に属する。その調書は執行力を有する」と規定されている。

法文も明言するようにconciliationの最も重要な効力は執行力であり、執行力以外には公文書としての真正についての証明力（authenticité）を有するとせられるに止まる。(6) 従って通常の契約と同様に、無効の訴え（action en nullité）によって攻撃可能である。(7) なぜならこの手続は裁判所による非訟裁判権（juridiction gracieuse）の行使によって行われるものであって、公証人(notaire)のなす公正証書作成とその実質を異にせず、(8) 従って裁判権(juridiction contentieuse）の行使によって行われる通常の判決が有する他の効力を保有する理由がないからであるという。(9)

conciliationについては法律の規定もあることであるのでさほど問題はない。ところがフランスにおいては、法律に全く規定がないに限らず、訴訟中に当事者間に行われた和解に従って、それと同内容の判決をすることがよく行われているのである。これは中世以来のいわば伝統的な制度で、始めは当事者が各々判決の草案を提出したことに端を発し、その後、当事者が合意に達するとなされるべき判決草案に双方で署名して提出するようになり、これがいわゆるアンシャン・レジーム時代を通じて行われ、jugement d'expédientと呼ばれた。当時においては法律行為に厳格な形式が要求されるのが常であったから、起こりがちな形式不備による無効を判決という形で免れることができたところに利用価値があり、また司法的機能と行政的機能が混淆し、裁判官と公証人の区別が明確でなかった頃としては、いわば当然の現象であった。(10) しかし権力の分立が明確となりすべての旧裁判制度を廃した革命の後においては、かかる手続は許されないのではないかとの問題が生じたようである。(11) しかし判例は伝統の名の下に一貫してこの手続の合法性を認め、(12) 今日の学説もその適法性を否定するものは見当たらない。このように当事者の合意を内容に持つ判決はその合意の内容に応じ、債務を認めること、権利を放棄すること、分割について合意すること等を内容とするが多くは和解であって、訴訟上の和解（transaction judiciaire）即ちjugement d'expédientであると考えられているほどであるという。(13)

このような判決の本質や効力が如何なるものであるかについては古くから論ぜられているところである。即ちかかる判決も判決である以上、全く通常の判決と同一の効力を有し、判決の有するすべての効力、即ち既判力(authorité de la chose jugée)、執行力(force exécutoire)、裁判上の抵当権(hypothèque judiciaire)を有し、判決に対して認められた不服申立て方法(voies de recours)、即ち上訴や再審によってのみ争いうるとする説[14]と、反対に、形式は判決としても本質は契約であると見る説は、この場合に裁判官の行った活動は実は公証人のそれと同一であって非訟的なものであるとし、従って公正証書でも有するところの執行力や、公文書性は持つが、それ以上の効力を持たず、通常の契約と同様の方法でその効力を争いうるとした。

しかし、最近では合意に基づく判決として総称的に jugement d'expédient(又は jugement convenu, d'accord)と呼ばれるものにも、その実質から二種あることが一般に認められるに至った。これは約半世紀前の Tissier, A. の指摘以来であるといわれている[15]。Tissier は「判例は contrat judiciaire と jugement d'expédient を区別していない。この判決は contrat judiciaire と非常に類似していてしばしば区別が困難であるが、よく分析すれば契約とは考えられないのである。次の二つの場合を区別しなければならない。即ち裁判官が争いにつき裁判を宣言するのでなく単に当事者の合意を公証する(donner acte)に止まる場合は contrat judiciaire であって判決ではない。もし合意を確認した後に裁判官が裁判したのなら判決が存在する。又は少なくとも contrat judiciaire は判決に吸収されている。その裁判が当事者の契約によって用意されたこと、起草が予め弁護士によってなされたことは重要でない。判決は常に裁判官の作品と考えられなければならない。contrat judiciaire は判決に先行する、しかし判決が一度行われると契約は失われる。そして上訴のみが判決を覆し得、これに反し contrat judiciaire ―― これに対しては裁判官はいかなる判断も主文(dispositif)も加えることなく認証するに止まっている ―― は他のすべての契約と同じ方法で無効とされうる[16]」と主張した。その後の著作は多くこれを引用し、合意に基づく判決にも、単に合意を公証するに止まるもの ―― jugement de donné acte 又は contrat judiciaire ―― と真の意味の jugement d'expédient を区別し、前者の本質は当事者間の契約であって裁判所は非訟的な活動を行うにすぎず、公正証書又は勧解調書以上の効力を有しないが、後者は真の判決であって通常の判決としての効力をすべて有するとする。[17] この考えは判例によっても大体従われているという。[18]
しかしこの区別によって、ある判決がいずれに属するかを決する際には結局形式的に区別するほかないことが指摘されている。即ちそれが外見上単に合意の公証に止まっているか、又は真の判決としての形式を具え外見上は合意に基づくものであることが窺い知れないか、によってこの区別をするほかなく、そうなると、裁判官にいずれの形式を選ぶかの自由を与えることになって、妥当でないという。[19]
このような区別が果たして正当か否かは我々の目から見ると俄に納得いかないものがある。即ち jugement de donné acte が非訟行為であって、せいぜい勧解調書の効力しか有しないというのならば、形式はともかく実質は当事者の合意を内容とし、裁判所としては何ら判断を行っていないところの jugement d'expédient の場合も同様でないかとの疑問が残るからである。[20]
せっかく、非訟 (gracieux)、訴訟 (contentieux) の実質的区別を持ち出し大上段に構えながら、結局形式的な区別で満足するというこの一見奇異な結論に至っている点について、次のように憶測している。即ち、裁判所は当事者の申立てに拘束され、それと全く同じ判決をしなければならないわけでなく、それを変更する権限を有するから、偶々この権限を行使しなくて合意と判決が一致することがあってもこれは裁判官の固有の裁判と見られること、[21] および当該判決が合意に基づくものであることはその判決文自体によってのみ証明されるべきで、他の証拠によって証明することが許されず、[22] どのような形で判決するかは裁判官に許されていること、従って、通常の判決の形をもって行われる jugement d'expédient についてはこれを通常の判決として扱う以外に方法がないこと、[23] と、私法上仮装行為が公序に反しない限り許されこれが、訴訟の面でも適用されると考えられていること、などがあいまって外見形式上の区別を本質の区別とすり替える現象を生じているのではないだろうか。しかしこの点はあくまで推測に止まり明確でない。[24]

ともあれ、フランスにおいて、裁判所により判決という形で行われていても、紛争を有権的に解決するものではなく、単に当事者間の合意を公証するに過ぎないという点に着眼してこれを非訟行為となし、その効力においてせいぜい公正証書又は勧解調書と同一の効力しか与えないとする考え方には興味深いものがあるように思う。[25]

（1） 江藤价泰「フランスにおける裁判上の和解」（昭和三六年）東京都立大学法学会雑誌二巻一号二二頁。

（2） Glasson, E.; Précis Théorique et Pratique de Procédure Civile 2 éd. (1908) Tome 2 p. 15～6. Garsonnet, E., Cézar-Bru, C.; Traité Théorique et Pratique de Procédure 3 éd. (1913) Tome 3 p. 661. Japoit, R.; Traité Elémentaire de Procédure Civile & Commerciale 3 éd. (1953) n. 902 p. 588. Morel, R.; Traité Elémentaire de Procédure Civile 2 éd. (1949) p. 423. Laborde-Lacoste, M.; Précis Elémentaire de Procédure Civile 2 éd. (1939) p. 487, Exposé Méthodique de Procédure Civile 3 éd. (1951) p. 343. Cornu, G., Foyer J.; Procédure Civile (1958) p. 463. Cuche, P., Vincent, J.; Précis de Procédure Civile et Commerciale 12 éd. (1960) n. 564 p. 589. Boyer, L.; Transaction, Répértoire de Procédure Civile et Commerciale (Encyclopédie Dalloz, Procédure II) (1956) p. 1011～, n. 21. Juris Classeur, Formulaire de Procédure, Transaction n. 180.

（3） 判決以外の訴訟終了原因の一つとして和解を挙げる。Gérsonnet, Cezar-Bru, 前掲注（2）も、その意味は本案を判断する判決によって終わったのではないということであると断っている（P. 662）。

（4） Glasson, 前掲注（2）; Tome 2, p. 15～16. 和解が無効であれば訴訟は終了していないとして直接訴訟を続行することについては触れていないが、続行するためには一方的な無効主張では足らずその旨の有権的判断が必要であるとする趣旨のようである。

（5） 古くから勧解と訳されている。この制度の歴史的展開については江藤・前掲注（1）二九頁。

（6） たとえば裁判上の抵当権（hypothèque judiciaire 給付判決により生じ一般の先取特権に類する）を生むこともない。Planiol, M., Ripert, G.; Traité Pratique de Droit Civil Francais 2 éd. Tome XII (1953) p. 608～9.

（7） Boyer, 前掲注（2）n. 29. Morel, 前掲注（2）p. 86.

（8） Morel, 前掲注（2）p. 85.

（9）非訟と訴訟の区別についてはフランスにおいても、かなりの論争があったようであり、興味あるところである。詳細は後日に譲り我々の通常考えている区別が一応妥当するものと考えておく。

（10）Celers, P.; Des Jugement d'Expédient, Thèse Paris (1901) p. 15～6～7. Glasson, 前掲注（2）Tome 1 p. 511 は一四二五年のオルドナンスによるパリの Chatelet での手続に遡るという。

（11）この問題は主としては最初から争いが存しない場合、公証人の所へ行く代わりに裁判所へ出てくる場合に起こった。判例は区別しないが Glasson 2 éd. I (1908) p. 513 はこれを拒むべきであるとする。

（12）Morel, 前掲注（2）p. 437 Celers, 前掲注（10）p. 17.

（13）Celers, 前掲注（10）p. 7. Garsonnet, Cézar-Bru, 前掲注（2）Tome 3 p. 662 は jugement d'expédient 又は jugement convenu を transaction の一種であると述べ、これは実体面、訴訟面の双方から訴訟を終了させるという。

（14）古い判例はこの考えに従っていたようである。Dalloz ; Répertoire de Législation (1854) Tome 29, Jugement n. 22～3.

（15）Hébraud, P. Raynaud, P.; note, Revue Trimestrielle de Droit éivil 1952 p. 411, 1951 p. 294.

（16）Tissier, A.; note, Recueil Sirey 1909. 1. 305, 306.

（17）Morel, 前掲注（2）n. 554 p. 436～7. Cornu, Foyer, 前掲注（2）p. 105. Cuche, Vincent, 前掲注（2）n. 75. p. 75. Boyer, 前掲注（2）n. 10. Raynaud, P.; Le Désistement d'Instance Rev. Tr. Dr. Civ. 1942 p,1, 9～10. Labordre-Lacoste ; Précis, 前掲注（2）(1939) p. 327 はこの区別に賛成でないように見える。もっとも jugement de donné acte の裁判上の抵当権を生じさせる効力については説が分かれるようである。Raynaud ; Désistement p.9. Boyer, 前掲注（2）n. 27. Planiol, Ripert, 前掲注（6）p. 163.

（18）Hebraud, Raynaud; note, 前掲注（15）1952 p. 411, 1951 p. 292, 1955 p. 356, 358. Boyer, 前掲注（2）n. 11.

（19）Hébraud, Raynaud; note, 前掲注（15）1955 p. 356, 358. Morel, 前掲注（2）p. 436 はこの区別が形式主義的であると指摘し、Cuche, Vincent, 前掲注（2）p. 76 も区別の困難を述べる。

（20）同旨、江藤・前掲注（1）三九頁・四一頁。

(21) Celers, 前掲注(10)p. 27, 28はこの点でアンシャン・レジーム時代と異なるという。
(22) Celers, 前掲注(10)p. 86.
(23) Japiot, 前掲注(2)n. 545 p. 395～6. Laborde-Lacoste; Précis, 前掲注(2)p. 326. Morel, 前掲注(2)n. 553. p. 436.
(24) 江藤・前掲注(1)はこの区別の実質上の根拠を当事者の紛争解決意思の差に求められる。しかし少なくともフランスではそのようなことを意識している著作はないようにみえる。
(25) 従って jugement de donné acte と conciliation の差はその成立過程において、裁判官が能動的に和解させたが、当事者側からの積極的な申出によるものかの違いに帰するように思われるが明白ではない。Boyer, 前掲注（2）n.10 も jugement de donné acte がその目的上 procès-verbal de conciliation に非常に近いものであると述べている。

三　イタリア法

イタリア民事訴訟法についてはわが国では本格的な紹介が行われたことはないが、その訴訟構造はフランスのそれと本筋を同じくすると考えられる。

訴訟中の和解と目されるものとして、イタリア民訴法はその一八五条において「事件の性質が許す限り、予審裁判官(giudice istruttore)は、最初の弁論において、必要なる場合は本人出頭を命じて、和解させること(conciliare)を試みなければならない。和解の試みは手続のいかなる段階においても再施されうる。当事者が和解に達したときはその合意の調書（processo verbale）が作成され、これは執行名義（titolo esecutivo）となる」と規定されている。[1] 一九四〇年の改正前の旧法では pretore および conciliatore 面前の訴訟手続においてのみこれが規定されていた（旧四一七条・四六四条）。そこである著作はこのような場合を componiment amichevole と称して取下げ（rinunzia agli atti del giudizio）や休止満了（perenzione）と並んで判決以外の訴訟終了原因の一つに数え、実体法上の和解、放棄、承認は直接訴訟を終了させることはない点でこれらと異なり、また訴訟中に行われるものである点で前置的な勧解(conciliazione, 旧一条以下)とも異なるとしている。[2] また他の著作は訴訟中の和解によって紛争(lite)が当事者間において解決されることをcomponiment processualeと称し、これが単に紛争の解決のみならず、訴訟を消滅させるか否かは問題であるとしつつ、[3] 和解があった場合には紛争が不可能になった場合(目的物の滅失など)と同じように手続は不用となり、原告が請求を取り下げることにより訴訟が終了するが、もし一方が訴訟を続行する場合には、自主的解決(autocomposizione)が裁判官に明らかであれば、免訴の裁判(*absolutio ab instantia*)をし、もし和解の効力が争われればそれについて判断することになるとしている。[4] 新法下の著作にもcomponimento amichevoleなる語でもって先述の民訴一八五条のconciliazioneを指しているものもあるが、[5] いずれにせよ、それ自体としては実体法の領域に属し訴訟的現象ではないところの和解(transazione, 伊民法一九六五条)は裁判官の面前でconciliazioneの形で行われるのでない限り訴訟の終了を生じさせることはなく、単に争いの対象の消滅による本案上の抗弁(eccezione di merito)、即ち*exceptio rei per transationem finitae*を生じさせるに止まるとされ、しかし和解があったのに訴訟がそのまま続行されていることは実際上は稀で、通常は訴えの取下げが行われる、という。[6]

結局、イタリア法では、旧法下では地方裁判所(tribunale civile)の手続としてはconciliazioneが定められていなかったので、当事者間に和解が行われた時の訴訟の消長についてやや問題が生じていたように見えるが、新法はこれを一般的に導入した結果、取下げによって終了する場合のほかはconciliazioneという形で訴訟が落着することとなった。そこで一八五条の明定するように裁判官が勧解の努力を払った場合に限らず一般に当事者の自主的調整によって訴訟の終了する場合をcomponimento processualeと称しドイツ理論を導入してこれについての一般原則をうち立てようとの試みがある。即ち裁判官の関与は可能であるが必要ではなく、conciliazioneは手段であり、componiment processualeはその結果であるという。[7]

イタリアにおいても conciliazione はフランスと同様非訟裁判権（giurisdizione volontaria）の作用に基づくものであり、債務名義となるのも、裁判官の関与に拘らず、判決やその他の裁判と同じ資格においてではなく、公正証書と同じ資格においてであるとされ[8]、実質は当事者の行為であって[9]、もしこれに私法上の瑕疵があった場合には、通常の契約に対して認められる救済方法がすべて妥当する[10]。これが訴訟終了の効果にいかなる影響を及ぼすかは明らかでないが、旧訴訟を続行することは考えられていないようである[11]。

結局イタリアにおいては、訴訟上の和解は調書にとどめられるに止まりその手続の外観においてドイツやわが国のそれと異ならず、フランスにおけるような判決の形にされることは、かつても、現在も行われていないと思われる[12]。そして一般に訴訟における紛争の自主的解決に対する理論は未だその生成過程にあるとの印象をうける。もともとフランスの conciliation と同一物である conciliazione がフランスのような和解を判決にする手続を持たないところでドイツ理論によってどのような変貌を遂げるに至るか興味ある現象が起ころうとしているようである。

（1）これは三一一条で区裁判所および勧解裁判官（pretore, conciliatiore）の手続に準用され、conciliatore については三二〇条以下に規則がある。なお、民訴法施行および経過処置のための勅命（Disposizioni per l'attuazione de lcodice di procedura civile e disposizioni transitorie）によると conciliazione の調書には当事者、裁判官、書記官によって署名されることを要する。

（2）Zanzucchi, M. T.; Diritto Processuale Civile II（1938）p. 95. Diana, A.; Corso di Diritto Processuale Civile（1935）p. 576. Zanzucchi はこれについてドイツ法における訴訟上の和解の性質論を紹介している。

（3）Carnelutti, F.; Sistema del Diritto Processuale Civile（1939）I p. 172.

（4）Carnelutti, 前掲注(3) III p. 503.

（5）Micheli, G. A.; Coso di Diritto Processuale Civile 1960 II p. 51, p. 205.

（6）Redenti, E.; Diritto Processuale Civile II（1957）p. 287.

（7）Stefano, G.; Contributo alla Dottrina del Componiment Processuale (1959) p. 13～4. 本書はドイツの学説を大幅に吸収してイタリア法における訴訟上の和解を論じたものであるが、入手するのが遅れたため十分に参照できなかった。

（8）Redenti, 前掲注（6）II p. 191. 伊民訴四七四条は債務名義として、⑴判決、⑵手形、⑶公正証書を掲げる。

（9）Satta, S.; Diritto Processuale Civile (1954) p. 238.

（10）Micheli, 前掲注（5）; p. 53.

（11）Stefano, 前掲注（7）p. 50, 51, および Bonin, P.; Der Prozeßvergleich (1957) の書評 Rivista Trimestrale di Diritto e Procedura Civile (1959) 1426, 1432.

（12）もっとも Redenti, 前掲注（6）II p. 287 には、訴訟中の和解 (transazione) に基づく本案の判決 (provvedimento di merito) を求めて和解が遵守されるようにすることができるか否かは問題であるとしているが他の資料にはこの可能性について触れているものはないので詳細を知り得ない。Neuner, R.; Privatrecht und Prozeßrecht S. 164 もこれを否定している。

四　ドイツ法

ドイツにおける訴訟上の和解 (Prozeßvergleich) の実定法上の主要な規定としては、民訴法一六〇条に和解を調書に記載すべき旨、三四九条に単独判事は必ず和解を試みるべき旨、その効力については七九四条に債務名義たりうる旨、のそれぞれ規定があるに過ぎない。これらの規定の仕方から見ればドイツにおける Prozeßvergleich はフランスにおける conciliation、イタリアの conciliazione と全く異質のものとは思われない。

ドイツの学説は古くから訴訟上の和解の本質やその効力論をめぐって、活発な議論を続け今日に至っている。その論ずるところは精緻を、錯綜を極め、収拾すべからざる混乱に陥っているとさえ評される。ドイツでの議論はわが国によく紹介されてはいるが、ともすればわが法の解釈論の支えとして、いわば実用的なやり方で採り入れられることが多かった。ドイツ法そのものとして素直に見直す必要があると思われるのであるが、その多岐多様にわたる学説の整理はそれ自体一大事業であって、到底これをここで試みることはできない。専ら他の諸国での議論と比較してその特徴を必要と思われる限度で扱うことにしたい。

訴訟における和解と、訴訟の運命の関係は、既に見たように諸国の法制において一つの問題点を提供していた。ドイツにおいては、実体関係と訴訟関係の明確な分離により、単なる裁判外の和解が訴訟を終了させるものでないことは当然のこととして認められている。しかし、一部の学説が訴訟上の和解といえども本質は私法上の和解であるとの見解（実体法説[1]）をとるために、その反対説は単なる裁判外における私法上の和解が訴訟を終了させるはずはないとして、私法上の和解ではないところの独自の「訴訟上の和解」概念を打ち立てこれに専ら訴訟的性格を与えようとする（訴訟法説[2]）。このような説によれば訴訟上の和解とは専ら訴訟終了に向けられた当事者の訴訟上の意思表示を本質とし要件、効果について完全に実体法の領域から解放されたものであり、かような訴訟上の和解は同時に行われる私法上の和解とは全く関係がないか、又はそもそもそのような私法上の和解は全く存しないが故に、訴訟終了の効力は専ら訴訟法的にのみ考えれば足り、訴訟上の瑕疵のない限り訴訟終了の効果は確定的であるとする。これに反し私法上の和解に過ぎないとの見解では訴訟終了効はその私法上の効力に完全にかかっている。しかし大多数の学説および判例は、そのいずれにも徹底することができず、かつ私法上の瑕疵によって訴訟終了効が左右されることを多かれ少なかれ認めるに至っている（両行為併存説、両性説[3]）。このようにしてドイツにおいても訴訟終了という訴訟法的効果を一つの中心点として訴訟上の和解の理論が展開されていることは、和解と訴訟終了が普遍的な一つの難点であることを示している。

さて、法が明定するように訴訟上の和解は執行力を有するが、それ以上の効力を持ちうるか否かについてはかつて議論があった。即ち、訴訟上の和解をもって判決代用物（Urteilssurrogat）と目し、判決の有するすべての効力を有するとする見解が存したからである。[4] しかし今日ではこれは克服せられ、このような見解を唱えるものは見当たらない。これは訴訟上の和解を訴訟行為と見るか否かとは全く無関係である。[5] 即ちドイツ法では和解に既判力はない。ドイツではフランスにおいて見られたような非訟か訴訟かの議論は少なくとも訴訟上の和解については活発ではないが、和解調書作成を和解の成立要件としつつ、これを調書に記載する裁判所の行為は非訟的行為であるとする説があることは注目をひく。[6] もっとも、これは直接には既判力を否定する根拠として述べられているわけではない。既判力否定の根拠としてはむしろ今日では当然のこととして特に説明されていないが、当事者の行為であることに求められているように思われる。

いずれの説によっても訴訟上の和解に何らかの瑕疵があった場合にこれを攻撃することが勿論認められているが、和解をもって判決代用物とみなす説が、[7] その方法を再審に限ることは勿論である。これによって無効と宣言された後、もとの訴訟が続行されることになる。しかし、このような見解を採らず、しかも訴訟上の和解に少なくとも私法上の和解の影響を認める通説・判例は、単に訴訟法上の理由による瑕疵がある場合に限らず、実体法上の瑕疵ある場合にも、訴訟上の和解に対する攻撃を認める点では一致する。ただそのためにいかなる方法を認めるかについて議論が分かれる。ある説は和解が手続法上、実体法上の理由で無効な場合には訴訟は終了していないはずだからとして、無効を主張する当事者は期日指定の申立てをなすことにより、一旦終了したと目された訴訟を続行すべきであるとするが、[8] 他説は、少なくとも実体的な瑕疵による無効を主張する場合には、別訴――もとの訴えの再提起又は和解無効確認の訴え――をもって主張すべきであるとし、[9] さらに、Reichsgericht は実体上の瑕疵をもっと細分し、単に法律問題のみが争われる場合、および無効が簡単な証明方法で確認される場合、即ち立証が liquide な場合、にはもとの訴訟の続行を許し、立証が illiquide の時は別訴を提起することが必要であるとする。[10]

このReichsgericht の説は、しかし liquide, illiquide の区別の不明確の故に、学説からは一致して斥けられ、学説の多数は実体上の瑕疵、訴訟上の瑕疵のいずれが実証されるかの区別なく常に旧訴の続行を認める説をとる。別訴による説の難点は無効主張者の出費の点はともかくとしても、もとの訴えの再提起を認めるならば二重訴訟となり、また例えば上告審で和解が行われた場合にも再び一審から始めねばならない不便があるし、無効確認の訴えであればこれが片附いてから旧訴が続行されることになるから、六審制となることがある[11][12]、などが指摘されている。これら別訴による説は、一旦生じた訴訟終了の状態をできるだけ保護しようとするものであるが、旧訴の再提起を強いるなら少なくとも訴訟終了の効果は確定的となり、また無効確認の訴えのみを認めるならば少なくともその判決確定は訴訟終了を消滅させる形成的効果を認めることになろう。従って実体上の瑕疵は、旧訴再提起説では訴訟消滅効に無関係であり、無効確認説では、その瑕疵を理由とする和解無効の既判力ある確定によってのみ訴訟終了効を覆しうるという限度で訴訟上の効果に影響を与えうるに止まることになる。訴訟上の和解に私法的性格を全く認めない考えでは、訴訟終了は訴訟法上の原因によってその効力が生じない場合に限りもとの訴訟の続行があり得、実体法上の和解の瑕疵については専ら実体法上の問題として別訴でその効力が問題とされうることは当然であるとされるが[13]、これは先述の旧訴訟再提起説と等しくなると思われる。瑕疵ある和解による執行からの救済の関係では判決代用説を除きどの説によるも請求異議が許される[14]。

以上概観したように、ドイツにおける Prozeßvergleich の問題は、既に今日は取るに足らなくなった判決代用物説是非の問題を除いては、主として瑕疵ある場合の救済方法の面からする訴訟終了効の取扱いの差、また主としてここから引き出されるところの、訴訟上の和解の本質についての見解の差をめぐる争いが顕著である。

(1)　Rosenberg, R.; Lehrbuch des Deutschen Zivilprozeßrechts 7 Aufl. (1956) § 128 I 1, S. 600.

(2)　Baumgärtel, G.; Wesen und Begriff der Prozeßhandlung einer Parter in Zivilprozeß (1957) S. 192～. Baumbach, Lauterbach; Zivil prozeßordnung 23 Aufl. (1954) Anhang nach § 307 Anm. 2) A.

(3)　Lehmann, H.; Der Prozeßvergleich (1911) S. 116～. Esser, J.; Heinrich Lehmann und die Lehre vom

Prozessvergleich, Festschrift für H. Lehmann II Bd. (1956) S. 713～. Hellwing, K.; System des Deutschen Zivilprozeßrechts Bd. 1 (1912) S. 626. Nikish, A.; Zivilprozeßrecht 2 Aufl. (1952) § 70, S. 272. Lent, F., Janernig, O.; Zivilprozeßrecht 10 Aufl. (1961) S. 136.

（4） Paul, K.; Der Vergleich in Civilprozeß, Ein Beitrag zur Lehre von den Urtheilssurrogaten (1898) によって代表される。Büllow, O.; Das Geständnissrecht (1899) S. 75 Anm. 2 もこれにくみする。Lehmann, 前掲注（3）は Paul の述べる沿革的な根拠づけを一々反駁してその理由のないことを論証している。

（5） いわゆる訴訟行為説をとる Baumgrätel や Baumbach も和解の内容について既判力ある確定を説いているのではない。Baumgärtel, 前掲注（2） S. 201. Baumbach, 前掲注（2） § 794 Anm. 21 B.

（6） Rosenberg, 前掲注（1） § 128 I 2b ß), S. 602～3.

（7） Paul, 前掲注（4） S. 24～.

（8） Rosenberg, 前掲注（1） § 128 III 3, S. 608. Stein-Jonas ZPO 18 Aufl. § 794 Anm. II 3a). Lent, Jauernig, 前掲注（3） S. 137～8. Lehmann, 前掲注（3）S. 230, 232.

（9） Nikish, 前掲注（1） S. 275 は無効確認の訴えを認めこの確定後もとの訴訟を続行すべきであるとするもとの訴訟を提起すべきであるとする説については Bonin, P.; Der Prozeßvergleich (1957) S. 110 参照。

（10） Reichsgerichtaräte und Bundesrichter; Das Bürgerliche Gesetzbuch mit besonderen Berücksichtigung der Rechtsprechung des Reichsgerichts und des Bundesgerichtshofs, 10 Aufl. II Bd. (1953) § 779 Anm. 11d, S. 594. ここにいう別訴は無効確認の訴えを意味するらしいといわれる。Bonin, 前掲注（9）S. 102.

（11） Bonin, 前掲注（9） S. 105～6. Stein-Jonas, 前掲注（8）§ 794 Anm. II 3a).

（12） Kretschmar, P.; Der Vergleich im Prozeße (1896) S.92 の見解は特殊で実体法上の瑕疵を無効原因と取消原因に分け無効原因を主張する場合は続行、取消原因を主張する場合は再審に準じるとする。

（13） Baumgärtel, 前掲注（2）p. 201.

（14） Rosenberg, 前掲注（1） § 128 III 3 S. 608. Stein-Jonas, 前掲注（8） § 794 Anm. II 3a). Hellwig, 前掲注（3）

S. 628. Baumgärtel, 前掲注(2)S. 201.

五　日本法および結び

わが国の学説が専らドイツ学説の影響下にあったことはいうまでもないが、大正一五年の民訴法改正を境としてドイツの理論のそのままの適用は許されなくなったかに見える。

即ちわが旧民訴法は今日のドイツ法と同じ体裁をとり、二二一条に和解の試みについて、五五九条三号に和解調書が債務名義となりうる旨規定するに止まった。この下で大多数の学説および判例はドイツの通説に従ったが、一部有力な学説は判決代用説を採用していた(1)。

民訴改正法は従来判決の形で行われた放棄、認諾を和解と等置するとともに、これらは調書に記載されることにより「確定判決ト同一ノ効力ヲ有ス」と規定したために有力な学説は和解の判決代用性をまともに認めるに至った(2)。即ち「裁判上の和解は請求の放棄認諾と共に、当事者の行為により訴訟物に関する法律関係を確定し判決に代り当事者間に具体的法規を形成する(3)」という。しかし反対説は既判力は裁判所のなす有権的な判断についてのみ認められるものでかかる特質の認められない当事者行為としての和解はその本質上、判決と同じ効力を持ちうるはずがなく、既判力を認める見解は「裁判なきところに裁判にのみ特有な既判力を認めるものであり、その結果は不当に裁判を受ける権利を阻止することとなり、憲法違反の疑」が存するという(4)。判例はこの両説を折衷し私法上、手続上無効でない限り既判力を有するとして、結果は改正前と異なっていない(5)。改正における立法者の意図がいずれにあったかは明らかにしえないが、あまり深く考慮されていなかったのではあるまいか(6)。

わが国における判決代用説是非の問題は、実定法上の明規があるが故に、ドイツにおけるよりも深刻な問題を提供し、より深く制度の本質論からする解決が必要となる。単に訴訟上の和解が訴訟行為か実体行為かの議論からは解決できるものではない。かような性質づけは結果に過ぎない。右の既判力否定説はフランスにおいて jugement de donné acte についていわれているところと軌を一にする。ここでも形式上は判決であることからくる結論をその当事者行為としての本質を持ち出すことによって破っている。反対に既判力肯定説は jugement d'expédient 論と一脈通ずるところを持つ。そこでは判決なる形式が当事者行為としての性格を吸収していた。しかしその際に疑問としたと同じように、わが国における実定法の規定はこれを吸収することができるであろうか。判例のとる中間説はアメリカにおける consent judgment 論に等しい。もっとも英米でいう res judicata は判決宣告により生じる効力であって、上訴によっても覆されうるものであるから、わが国におけるように、形式的確定力によって保護された既判力とはよほど意味合いを異にすることに注意すべきであろう。

既判力の有無はその攻撃方法と密接につながることドイツ法について見たとおりである。判決代用説が再審の訴えのみを認めることは勿論であるが、わが国においてはこの説にくみすると思われるものにも、私法上の瑕疵を理由に再審に準じた取消しの訴えを認むべきであるとする考えがあり[7]、これはまさにイギリスにおいてとられているところと符合する。この説は民訴法の規定と既判力否定説を調和させ、かつ既判力概念に真っ向から反しない点で合理的な解決ではあるが、実定法上の根拠に弱い点が批判される[8]。いかなる意味でも判決代用性を認めない考えでは、その攻撃方法はドイツの学説を受け継いで、旧訴訟の続行、無効確認の訴えおよび執行の関係では請求異議の訴えを許す。ドイツと異なりもとの訴訟を再提起する方法は主張されていない。判例はこれらの選択を認めるが[9]、学説はいずれかに限定しようとの方向にある[10]。

ドイツ以外の諸国では少なくとも訴訟終了の効果は比較的絶対的に考えられているのか直ちに旧訴訟を続行することは行われていない。多くは私法上の効果を訴訟終了に結びつけながら、私法上の効果を生じないときに直ちに続行に赴かないのは、いかなる原理によるのか明らかでない。何かそこに訴訟の係属の有無を確実ならしめようとする特殊な考慮があるように思われる[11]。

このように諸国の制度、学説、判例を概観してくると、わが国において現に唱えられつつある諸々の考え方が、ドイツは別としても全く異なる法制の下でその対応型を見出している現象を興味深く感じざるを得ない[12]。特にわが国のように、判決がなされないに拘らず、なされたとして扱うような現行法を持つところにあっては、現実に判決がなされる諸国、イギリス、アメリカ、フランスでの考えから何か得る問題がありそうに思える。これらの諸国では、その判決性を重んじるか――イギリスの consent judgment およびフランスの jugement d'expédient――当事者行為性を重んじるか――アメリカの consent judgment およびフランスの jugement de donné acte――によって結論を異にした。英米では問題を当事者側から考察するのに反してフランスでは、これを裁判所の側から眺め非訟的行為か、訴訟的行為かの問題として扱っている。わが国における判決代用説の是非もまた同種の意見の対立からくると考えることができる。即ち、当事者行為としての実質しかないところに判決の効力を認めうるかの問題である。これはたとえ和解にあたり当事者の合意の瑕疵の有無について裁判所が立ち入った調査をしたとしても、従ってその下では私法上の瑕疵を理由とする救済を認める必要が事実上消滅したとしてもやはり問題となりうるであろう。

これは従って、単に和解に止まらず当事者による訴訟の実体的解決としての請求の放棄、認諾とも同列に扱われねばならない性質のものである。確かに岩松説が指摘するように究極的には憲法上の問題として解決されねばならないのかも知れない。一体既判力を生じさせるものは何か。それは成程一次的には法律の規定によって決まるであろうが、そのように法律によって既判力を与えうるについての限界が当然問題となるからである。

以上甚だ不完全な外国法の理解を基にして、これまた不完全な分析を試みたに止まる。しかし従来指摘されていたところとはいえ訴訟上の和解の最も大きな問題が右の点にあるのではないかとの問題意識について比較法的な基礎づけを与え得たとすれば望外の倖せである。

（1）　雉本朗造・判例批評「和解ニオケル訴訟手続ノ続行」京都法学雑誌六巻四号一〇七頁（通五九一頁）、八号九六頁

（通一二一六頁）はPaul, Bülowを引用して和解の判決代用性を説く。
(2)　兼子『大系』〔三五二〕三〇六頁、中田『講義上』一五七頁。
(3)　兼子『判例民訴』一〇七事件三一二頁。
(4)　岩松「民事裁判における判断の限界」民事裁判の研究（昭和三六年）五三頁・一一四頁。このほかに既判力の範囲の不明確が指摘されている。鈴木忠一『非訟事件の裁判及び訴訟上の和解の既判力』（昭和三六年）一七一頁・一八一頁。
(5)　判例の動向については、拙稿「和解無効」続判例百選所載、小山「裁判上の和解」綜合判例研究叢書民訴(3)、中村（英）「裁判上の和解」民訴雑誌七号（一九六一年）一七七頁。
(6)　改正の際の政府委員の説明には「……それから二百三条は現行法に依りますと、和解、請求の抛棄、認諾、和解が問題でありますが請求の抛棄認諾是等に付きましては和解に付ては無論民事判決はいたしませんが、請求の抛棄認諾に付きましては、現行法に於きましては判決を致すことになって居ります。併ながら斯う云う場合には別に判決をする必要もないのでありますから、其趣旨を調書に取りまして、其確定判決の効力を付与することが便宜であり、而して是で十分であろうと云うことで、此規定を置きました次第であります。」とあるだけである。第五十一回帝国議会民事訴訟法改正法律案委員会速記録・法曹会（昭和四年）三七一頁。
(7)　「訴訟上の和解と調停」私法九号一一三頁、山木戸「和解」民法演習Ⅳ一七八頁。
(8)　中村（英）・前掲注(5)二三二頁。
(9)　但し同時に行うことは許されないとする。拙稿「和解無効」前掲注(5)。
(10)　三ケ月『民訴法』四四五頁、菊井＝村松『民訴コメンタールⅠ』六七九頁。
(11)　フランスにおいては和解無効が確定したら旧訴訟を続行すべきであるとの説があることは前述した。これは、無効主張について無効確認の訴えのみを認めるドイツやわが国の説と一致する。これによれば、無効確認の確定判決は訴訟終了効を消滅させる効力があることになるであろう。
(12)　諸外国間においても興味深い一致又はコントラストを示すこと既に見たとおりである。特に、和解の攻撃方法としてドイツの Reichsgericht が立証の難易によって別訴か、期日指定かを決しようとすることが、イギリスにおける Ainsworth *v.* Wilding の裁判官 Romer の説くところと一致するのは共通の実務的感覚を示して面白い。

（法学論叢七〇巻六号、昭和三七年）

三　〔書評〕石川　明「訴訟上の和解の研究」（慶応通信株式会社、一四〇〇円）

訴訟上の和解は魅力ある研究題目である。そこに見られる公的なものと私的なものとの交錯は訴訟の本質の探求のための絶好の手掛りを提供してくれるように見え、これを通じて、従来訴訟法学者を悩ませてきた多くの難問、たとえば訴訟と非訟、実体法と訴訟法、訴訟行為、既判力といった問題にも新しい光を当てることができるように見える。理論的重要性のみならず実務的な重要性を有することもその魅力を倍加する。かくて、特にドイツとわが国においてこのテーマは多くの研究者をひきつけてきた。フランス、英米になると研究が少なくなるのは右の「理論的」関心が薄くなるからであろう。

石川助教授も「実体法と訴訟法との関係」および「訴訟行為の解明」などの目的をもってこのテーマに取り組まれ（序）、数年前から個々の問題をとり上げて数編の論文を発表されていたが、これらを一つのモノグラフィの形にまとめられたのが本書である（その結果か、体裁の不備が目立つ。たとえば「後に論じる」とされることが既に先に出ていたりする）。

本書の本文は訴訟上の和解の「法的性質」に始まり、「要件」、「効力」、「瑕疵の主張方法」と続き、「訴訟の各段階における訴訟上の和解」の章で終わる。構成面のみならず、論及される個々の問題や文献についてはBonin, Prozessvergleich (1957) の影響、ないしそれへの依存が顕著である。このことは著者自身によって「序」で明らかにされている。本書の中心をなしているのは、訴訟上の和解は当事者による私法上の和解と裁判所によるその確認行為とからなる、との著者独自の発想であるが、この提言自体や、これから演繹される他の結論についてここで一々吟味を加えることはできない。

ただ一般的にいうならば、わが国における民事訴訟法学者のうちでも若い世代に属する著者の筆になる本書の全編を通じて見られる方法的な伝統主義はどうしたことであろうか。単なる理論のための理論を求めてドイツ学説を渉猟する時代は去ったのではないか。わが国の現実の問題の明確な把握、広範な利益衡量と比較法的な考察、実践的な意図、こういったものに基礎づけられたダイナミックな理論のみが説得力を有する。他のテーマではとにかく、訴訟上の和解の研究は今や伝統的な方法によっては多くの実りを期待できないほど手垢がつきすぎている。しかしながら本書がわが国における訴訟上の和解の研究の一段階を締めくくるものとしての高い価値を有することはいうまでもない。ただ、次の者は単にこの「続き」を行うに止まってはならないであろう。

（法律時報三八巻一一号、昭和四一年）

四 「よい和解」をめざして

一

ある裁判官は、よい和解を成立させることをもって民事裁判官の三つの楽しみのうちの一つに数えたことがある。地労委で不当労働行為の審査を担当するわれわれの気持ちはどうであろうか。たしかに、和解で一件落着するとホッとするし、ある種の満足感をもつことは間違いない。しかし、「よい和解」であったかと問われれば必ずしも自信がない。それは一つには「よい和解」とはどのような和解なのかについて必ずしもはっきりしたイメージがないからではないか。和解は和解であるがゆえに常によいものだという理解もあるかも知れないし、反対に和解は必要悪のようなものでよい和解などありえないという考えもあるであろう。これらを含めて「よい和解」とは何か、それはどのようにして成就できるか、について考えてみたい。

二

審査事件における和解についての考え方は、月刊労季労協昭和六二年八月号に愛媛地労委の木村公益委員が書いておられるように、労働委員会の成立以来かなりの変遷を経たように見受けられる。今日では和解は至極当然のこととして日常化しており、和解の可能性があれば審査委員としても積極的にこれを推進すべきものとされているようである。しかし今日でも、当事者から申し出てくればともかく、審査委員から軽々に和解を言い出すべきでなく、審査事件はあくまで命令を本旨とすべきであるとの考え方も一部では行われているようである。この際、不当労働行為救済制度の本旨に立ちかえって反省してみることも無益ではあるまい。少なくとも、これを通じてわれわれはよい和解とそうでない和解を区別する眼を養い、よい和解を模索することができるようになろう。

和解が今日のように日常化した背景には、審査事件が民事訴訟化したこともあるのではないかと思われる。民事裁判では対等な両当事者がもともと自分たちの自由な処分に任された権利や法律関係をめぐって争い、まさにその争いの目的となっているところの権利や法律関係について和解により新たな規律を作り出すのであって、その新たな規律は訴訟をしないで当事者間の契約やあるいは一方的な処分行為によっても作り出しえたものである。

このような民事訴訟とそこでの和解の性格はそのまま不当労働行為の審査手続にも移入されてよいものであろうか。

三

労働組合法は労働基準法と異なり、労使雇用関係の内容を具体的に定めることをせず、労働組合による労使の対等性の確保のみに専念している。そして、憲法によるいわゆる労働三権の保障をうけて、労働組合への団結を保障し、労働組合の交渉権を保障し、さらにこれを実効あらしめるため争議権を保障する。要するに、憲法および労組法は、交渉のための土俵作りだけをして、そこでどんな相撲がとられるかは当事者に任せているのである。不当労働行為の制度はこの土俵が不当に歪められることのないように保障するものである。不当労働行為の三類型のうち、「不利益取扱い」と「支配介入」は労働組合の組織そのものを保護して使用者との対等性を保障し、「団交拒否」はその対等性を前提として労働条件の実質を形成していくための手段を保障するものである。

このような性格をもつ不当労働行為審査事件における和解はどのような意味をもつであろうか。抽象的にいえば、審査手続は土俵が歪められたかどうかを確かめ、そうであるならばこれを回復するためのものである。ここで和解ということは土俵自体の処分を当事者に委ねることにほかならない。つまり、歪んだ土俵でもよいと当事者が言えばそれでよいということである。労働組合を結成して対等に交渉しうる地位を獲得しようとするか否かは労働者の選択にまかされたことであるから、いったん労働組合が結成された後も、そのような地位をどう処分するかは勝手であるという議論もあろう。その議論に徹すれば単純な民事訴訟における和解と審査事件での和解に何ら本質的な違いはない。しかし、そのように割り切ってよいかどうかはなお問題である。

というのは、労働委員会は労働組合を実効あらしめるための公機関として存在しているわけであるから、それによって申立組合が使用者との対等性を失うような和解は、労働委員会の眼からみて決して「よい和解」ではありえないからである。

四

以上のことは理屈としては比較的わかり易い。しかし、実際の場面では必ずしもそうではない。それは二つの理由によると思われる。一つは、とくに不利益取扱いの事案において、不当労働行為を構成する事実が解雇のように雇用関係そのものや賃金差別・配置転換といった労働条件そのものに関する場合に、和解がそれらのことについて合意による新規律を作り出すという形をとることに由来する。本来労働条件は労使間で自由に定められてよいものである。労組法はその内容について何らの規制をしているわけではない。労働条件はいわば土俵の上でとられる相撲であって土俵そのものではない。ところが不当労働行為の救済は土俵そのものの是正ないし維持にかかわることなのである。つまり、この種の事件における和解は二重構造をもっており、一つの和解で土俵も相撲も決めてしまうものなのである。にもかかわらず、えてして、相撲のみが眼に映りその処分自由性が強調されることになりがちである。

第二に、具体的ケースにおいて法が予定する労使対等の理想状態が存在するかどうかについての一義的な判定基準が必ずしも存在しないということがある。つまり、土俵そのものの様相が歪んでいるか、どのように歪んでいるかの判定は厳密にいえば容易ではない。あるべき土俵の広さや形といったものについては憲法と労組法によって決められた抽象的な基準はあるが、具体的ケースに適用される場合には一定の幅があることを認めねばなるまい。またわが国の企業別組合制のもとでは、ある組合の事件について妥当する具体的基準は必ずしも他の組合の事件に妥当しない。一般にはこの土俵は労働組合に不利に歪んでいると考えられようが、その反対の場合もあり得るから、労使紛争が現に行われている事実から、とりあえず労使対等の関係、歪みのない土俵を前提として事件を見、かつ和解を進めることになり易いという事情がある。これも和解を単純化に相撲の処分として見てしまう原因となる。

五

以上のことから、労働委員会が関与する和解は「よい和解」であるべきであり、よい和解とは労使対等という土俵そのものには悪影響を与えない和解、あるいは与えるとしても許容限度内にとどまる和解を指すと考える。このことは具体的事件において労使各側がどのような譲歩をしたか、しなかったかということとは当然には関係がない。使用者が多額の金銭を申立組合に支払うといった和解も、それによって長期的には組合の金銭的依存性を高めると考えられる場合にはよい和解とはいえないであろう。解雇された組合活動家を復職させて直ちに任意退職させるといった条件もよく見かけるが、これだけとらえれば一般的にはよい和解とはいえない。他の条件による適切な補償措置が講じられるべきである。例外的な場合として、既に土俵が使用者に不利に歪んでいるという場合もあるかも知れない。この場合は組合側が大幅な譲歩をしたとしても土俵は本来の状態に復するだけであるなら、なおよい和解といえるであろう。

「よい和解」を目指すためには、労使関係の実態を正しく見定める眼を養うとともに、当事者の言い分と希望をよく聞き、ただ無原則に真ん中をとるといった安易な解決に堕することなく、土俵と相撲とを注意深く区別する心構えが必要である。

この原則が守られるならば、和解は時として命令を越える積極的な意味をもつ。命令は原則的に申立ての内容に拘束されるが、和解には如何なる内容をも盛ることができる。直接争われている事項以外のところに紛争の真の根源となっている点が見出されればその点を正面から和解による規律の対象としてとりあげることもできよう。このことは不当労働行為審査制度の法技術的枠組から解放されて和解によって新たな秩序を築くこともできることを意味する。法はその性質上固定的・画一的であって必ずしも個々のケースにそのまま適合するわけではない。その結果、厳格に法を適用すると結果がしっくりしないという事態が起こることがある。和解はこのような結果を回避するために有用であり、より現実適合的な結論を導くことができる。このような和解の効用は民事訴訟の分野でも近時「判決を越える和解」として評価をえてきているところである。

不当労働行為審査が一つの紛争処理手続として位置づけられることは正当である。しかし、それは憲法と労組法の原則に従った紛争処理であるべきであって、和解といえども無原則であるべきでない。これが「三八和解」しか規定しなかった立法者の精神でもあるはずである。

（月刊労季労協三八三号、昭和六三年）

五　判例評釈

〔一〕　裁判上の和解の無効の主張方法

――大審院昭和六年四月二二日第三民事部決定（民集一〇巻七号三八〇頁）、昭和五年（ク）第一〇七〇号、口頭弁論期日申請却下決定ニ対スル抗告事件――

【事実の概要】

慰藉料請求訴訟の控訴審において、被告は原告に対し五〇〇円を二回に分け、それぞれ定められた期日に支払うこと、訴訟費用は各自弁とするとの内容の訴訟上の和解が成立し、訴訟は終了した。ところが被告がこれを履行しないので原告は口頭弁論期日の指定を申し立て、原告が和解に応じたのは、被告の父には資力があるけれども被告自身は無資力であり、現在勝訴判決を得て強制執行をしても得るところなく、何年先になるかわからない被告の相続を待って強制執行により要求額通りの満足を得るよりも、被告が現在任意に支払うなら、たとえ少額でもそれを受けた方がよいと考えたからである、約束通り支払ってもらえないのならば原告はかような少額で和解に応じることはなかったから、この点で本件和解は要素の錯誤により無効で、訴訟は未だ終了していないと主張した。

裁判所は「本件ハ適法ナル裁判上ノ和解成立ニ因リ完結シ当院ニ繫属」しないとの理由でこの申立てを却下した。

大審院はこの却下を不当として次のように述べた。

【判旨】

「訴訟物ニ付和解契約成立シ因テ訴訟ノ終了アリタル裁判上ノ和解ニアリテモ其ノ訴訟物タル私法上ノ権利又ハ法律関係ニ付為サレタル和解ハ常ニ私法上ノ契約ニシテ裁判上之ガ締結アリタルガ為メ其ノ性質ヲ変ズルモノニアラズ従テ其ノ契約ニシテ要素ノ錯誤ニ基クモノナルトキハ無効ナルコト論ナシ左レバ右ノ場合ニ於テ私法上ノ和解契約ニシテ無効ナル以上ハ其ノ有効ナルコトヲ前提トシテ訴訟ヲ終了セシムベキ合意ハ其ノ効力ヲ生ズベキ筋合ニアラザルガ故ニ訴訟ハ尚存続スルモノト解セザルベカラズ従テ右ノ如キ裁判上ノ和解成立後当事者ガ訴訟物タル私法上ノ権利関係ニ付テノ私法上ノ和解ガ意思表示ノ要素ニ錯誤アル為メ無効ナリト主張シ期日指定ノ申立ヲ為シタルトキハ裁判所ハ其ノ主張ノ如キ要素ノ錯誤アリテ契約ガ無効ナリヤ否換言スレバ訴訟ガ尚存続スルモノナリヤ否口頭弁論ヲ開キ之ヲ調査シ判決ヲ以テ裁判スベキモノニシテ単ニ裁判上和解アリタルモノナリトノ一事ニ因リ期日ノ指定ヲ拒ムコトヲ得ザルモノナリ。」

【解説】

裁判上の和解に関する諸問題についてわが国判例の立場は、学説の紛糾に拘らず、一応一貫しているといえるであろう。

改正（大正一五年法六一）前の民訴法（旧民訴）は裁判上の和解につき、裁判所の和解の試み（旧民訴二二一条）、起訴前の和解（旧民訴三八一条）を規定し、その効力については強制執行法編中に公正証書などと並べて債務名義たる旨を規定しているに過ぎなかった（旧民訴五五九条三・四号）。

そこで判例は、裁判上の和解の性質について、「……債務名義タリ得ベク此ノ点ニ於テ確定判決ト同一ノ効力ヲ有スト雖……意思表示タル点ヨリ観ルトキハ一箇私法上ノ行為タル契約ノ性質ヲ具有シ……右二箇ノ性質ハ互ニ相妨グルコトナキモノ」（大判大九・七・一五民録二六輯九八三頁）、「訴訟ニ於テ民法上ノ和解ヲ為スヲ言フモノニシテ一方ニ於テハ民法六九六条以下ニ定メタル効力ヲ生ズト同時ニ他ノ一方ニ於テハ訴訟ヲ終了シ権利拘束ヲ消滅セシムルモノ」（大判大一一・七・八民集一巻三七六頁）と解し、「判決ニ於ケルガ如キ確定力ヲ持ツモノニ非ズ」（大決大一三・八・二民集三巻四五九頁）、また「既判力ヲ有セズ単ニ其ノ訴訟手続ニ於テ帰結セラレタルノ故ヲ以テ執行力ヲ与ヘラレタルニ過ギザル」（大判昭三・三・七民集七巻九八頁、同旨東控明四二・一一・一三彙報五輯二七六頁）ものであり、従って、「該契約ニ無効又ハ取消ノ原因存スル場合民法ノ規定ニヨリ之ヲ無効トシ又ハ之ガ取消ヲ為シ得……不履行ノ場合之ヲ解除シ得ルヤ否ヤモ亦民法ノ……規定ニ従ヒ之ヲ決定シ得」（前掲大判大九・七・一五、同旨大判大六・九・一八民録二三輯一三四二頁）、そのような場合には「訴訟ハ其ノ終了スベキ原因ヲ失イテ未ダ終了セザルコトトナリ権利拘束（訴訟係属）モ亦当初ヨリ消滅セザルニ至」り（前掲大判大一一・七・八、同旨前掲大決大一三・八・二）「裁判上ノ和解ガ実体上無効ナル場合ニ在リテハ和解調書ハ実質上債務名義タル効力ナキモノ」（大判大一五・五・二八民集五巻四三九頁）であるとするとともに、前述のような私法上の瑕疵があるときは、その和解調書による執行に対して請求異議の訴え（民訴五四五条）が民訴五四五条二項の制限（異議の理由が口頭弁論終結後に生じたことを要求する）に服することなく可能であり（前掲大判昭三・三・七、同旨大阪地大六・三・一〇新聞一二四五号二五頁）或いは、前述のように、訴訟は終了していないことになるから「当事者ガ期日指定ノ申請ヲ為シタル場合ニ於テ……裁判長ハ期日ヲ指定シ更ニ弁論ヲ開ク可キモノトス而シテ和解取消ノ効力如何ノ如キハ弁論ヲ聴キタル上判断ス可キモノ」（大決明四三・三・三〇民録一六輯二四一頁、もっとも理由は明確でない。雉本・本件評釈、京法六巻九七・五九一・一二一六頁は既判力を認める立場から判示に反対する。）であるが、「裁判上ノ和解ノ無効ヲ主張スル者ガ新期日ノ指定ヲ申請シ前訴訟ヲ追行セントスルモ裁判所ニ於テ其ノ無効ヲ確信スルニ非ザル限之ヲ許容スルコトナカルベク、又之ヲ許容シテ前訴訟ヲ追行セシメタリトスルモ裁判所ノ右ノ許否ニ依リテハ未ダ以テ直ニ該裁判上ノ和解ニ依リテ生ジタル法律関係ノ有効無効ヲ確定スルコト能ハザル次第ナルヲ以テ」、別訴でその無効確認を求めることもできるとした（大判大一四・四・二四民集四巻一九五頁、大判大一四・六・一八新聞二四六八号一四頁も踏襲）。

さて現行民訴法は、和解の試み、起訴前の和解については旧民訴の内容を保存したが（民訴一三六条、三五六条）、裁判上の和解調書の効力については、「確定判決ト同一ノ効力ヲ有スル」旨、請求の放棄、認諾調書（旧民訴では放棄、認諾判決がなされた）と並べて規定し（民訴二〇三条）、ここに、裁判上の和解が単なる執行力以上に、判決と同じく内容的な確定力をも有すると考える実定法上の根拠が生じた。判例にも「改正前ノ民訴法ノ下ニ在リテハ執行力ヲ生ズルニ止リ既判力ヲ生ズルコトナシ」（大判昭五・三・五新聞三一一四号一四頁）として暗にその旨を示し、或いはこれを明言し改正法施行後は再審によるのでなければ和解の趣旨に反する主張をなしえないとするものもあった（朝高院民判昭五・六・二四評論一九巻民訴三七四頁）。

民訴二〇三条を文字通り読めばその通りであろうが、改正後においても従来の判例の態度に従うことを、大審院として最初に表明したのが本件判例である。のみならずやや趣旨不明であった前掲大正一四年四月二四日の大判の立場（新期日を指定するのは裁判所が無効を確信する場合に限るとする）を徹底し、前掲明治四三年三月三〇日の大決の結論に立つとともにこれを明確に理由づけ（これはそのまま、取下げの効力が争われた場合に適用された大決昭八・七・一一民集一二巻二〇四〇頁）、以後の判例もこの考え方に従ったのである（大判昭一〇・九・三民集一四巻一八八六頁（錯誤の事案）、大判昭一〇・一一・一四新聞三九二二号八頁も同旨（取消しの事案））。結局、現行法上の裁判上の和解も、それに民法上の無効原因——錯誤（いかなる錯誤が和解契約を無効にするかにつき我妻「和解と錯誤の関係について」法協五六巻四号、我妻=有泉『債権法コンメンタール』四九一頁参照）、無権代理、違法性など——があり、又は意思表示の瑕疵によって取り消され、或いは不履行によって解除された場合には再審をまたず当然に無効であるとの判例理論が確立され、反面、裁判上の和解に対しては私法上の無効原因に基づく再審の訴えは許されないことが明らかにされた（大判昭七・一一・二五民集一一巻二一二五頁、大判昭八・四・一二六新聞三五五八号一六頁（無権代理））。

このような大審院の態度は、そのまま最高裁判所によっても維持されている（最判昭三一・三・三〇民集一〇巻三号二四二頁（内容不明確による無効確認の訴え）、最判昭三三・六・一四民集一二巻九号一四九二頁（錯誤による無効主張による期日指定申立て））。最高裁大法廷は、裁判上の和解と同一の効力を有するとされる罹災都市借地借家臨時処理法一五条による裁判が既判力を有する旨判示したが（最判昭三三・三・五民集一二巻三号三八一頁、同じ効力を有する金銭債務臨時調停法七条一項による裁判につき、最判昭三一・一〇・三一民集一〇巻一〇号一三五五頁の少数意見によれば、多数意見はこの裁判に既判力を認める趣旨であると解される。なお最近の最判昭三五・七・六判例時報二二八号の多数の意見も同旨）、これは従前の考え方を改めたものというよりは（前掲昭三三・六・一四の最判はそれ以後のものである）、裁判上の和解と異なり私法的側面を有しないかかる裁判については既判力が条件づけられることがないからであるとの見解（同旨岐阜地昭三〇・一〇・一四下級民集六巻一〇号二四三事件）に立ったものと解すれば、従前の大審院の態度からみても是認できるということができよう。

かくして、判例上、裁判上の和解の無効の主張方法としては、期日指定の申立て、和解無効確認の訴え、請求異議の訴えが認められ、無効の主張をしようとする者はこのうちどれを選んでもよい。もっとも期日指定の申立ては旧訴訟の続行となるから、旧訴訟のない起訴前の和解や、和解が訴訟物以外の法律関係を対象としていたり、訴訟当事者以外の第三者が和解当事者となっている場合などでは用いることができない（法律実務講座民訴Ⅲ一六〇—一六一頁）。和解調書による執行を排除するには請求異議の訴えが最も適切ではあるが、他の方法によっても、民訴五〇〇条を類推適用して強制執行停止命令を求めることができるとされる（仙台高決昭三一・二・二三高裁民集九巻一号六二頁（期日指定申立て）、名古屋高決昭三三・一・一一高裁民集一一巻一号一頁（和解無効確認の訴え））。期日指定申立てがあると裁判所は第一に和解の有効無効を審理すべきで弁論を中間の争いに制限したのと同一の状態となる。これを済まさなければ本案の審理に入ることができない（法律実務講座民訴Ⅲ一六二―一六三頁）。裁判所は和解を有効と認めれば、期日指定申立てを却下するのでなく、訴訟は当該和解によって終了した旨を宣言する終局判決をする。もし無効と認めたときは、中間判決（民訴一八四条）又は終局判決の理由中でその判断を示す。

以上が判例の立場の概略である。学説についてみると、大きく分けて、民訴二〇三条の文言を忠実に解釈して裁判上の和解に既判力を認め再審事由ある場合のみ再審の訴えによってその効力を争いうるにすぎないとの見解（兼子『大系』三〇六頁、同・判例民訴一〇七事件（本件評釈）、一一〇事件、中田『講義上』五五頁、山木戸『講義』一八二頁も結果同旨）、当事者の行為としての実質を重視し性質上既判力は認められないとする見解（岩松「民事裁判における判例の限界」民事裁判の研究九九―一一四頁、鈴木（忠）「非訟事件の裁判及び訴訟上の和解の既判力」非訟事件の裁判の既判力一七一―一八二頁、三ケ月『民訴』四四三―四頁など）が対立し近年後説が有力になりつつあるように見受けられる。しかし後説によるも、判例と同じように各種の無効主張方法を競合的に認めることには反対が多い（中村（英）「裁判上の和解」民訴講座Ⅲ八三八頁は判例の立場を是認する）。即ち、期日指定申立ての方法がある以上は、別訴は訴えの利益を欠き、或いは別訴によればこれと本来の訴訟とを合わせて六審制をとる結果となるなどの理由で、可能な限り必ず期日指定申立ての方法が用いられねばならないとする意見（宮脇「訴訟上の和解」民訴演習Ⅰ二三五頁、法律実務講座民訴Ⅲ一六〇頁、菊井＝村松『コンメンタールⅠ』六七九頁は中間確認の訴えを強制する）、逆に、和解の効力の問題は実質上新しい紛争であるうえ、期日指定の方法によると、上級審で和解があった場合にはその紛争について審級の利益を奪うことになるとの理由で、期日指定申立ての便法を認めず必ず別訴（無効確認又は請求異議の訴え）によるべしとの見解（三ケ月『民訴』四四五頁）がある。ドイツでもこの問題は盛んに論じられ、右らの見解のほか、無効原因を分けて、実体的な瑕疵による無効を主張するときは別訴によるとか

(Nikisch, ZPR S. 275)、実体法上の瑕疵を更に細分して無効が簡単に立証できるときは期日指定申立てによるがそうでないときは別訴によるとか（ドイツライヒスゲリヒトの立場 Bonin, Prozevssergleich S. 102)、もとの訴えをもう一度起こすという見解（Bonin, *a. a O.* S. 110. 大地判大五・三・二五新聞一一四七号二二頁はこれを許さない）などが錯綜している。この問題は訴訟上の和解の訴訟終了効に関連して、和解の本質をどのように理解するかと密接につながっていることに注意しなければならない（これらの諸見解とそれぞれの問題点につき、石川「訴訟上の和解の瑕疵の主張方法」法学研究三六巻八号三七頁に詳しい）。

要するに、判例理論はそれなりに安定しているが、現行民訴法の条文にそぐわないうらみのあること一部の学説が説くとおりである（立法技術の拙劣さが指摘されている。宮脇「訴訟上の和解」民訴演習I二二六頁）。無効の主張方法も含めていずれ和解の実務に即した解決が立法的に与えられねばならないであろう。

〔参考文献〕

本文中引用のほか、

山木戸「和解」民訴演習IV、中村「裁判上の和解」民訴雑誌七号、小山「裁判上の和解」総判民訴(3)、石川「訴訟上の和解と既判力」ジュリスト学説展望（ジュリスト増刊・続判例百選・昭和三五年、別冊ジュリスト3・続判例百選（第二版）・昭和四〇年、別冊ジュリスト五号・民事訴訟法判例百選・昭和四〇年）

〔二〕 訴え提起前の和解における「民事上の争」があると認められた事例

――名古屋高裁昭和三五年一月二九日第三部判決（高裁民集一三巻一号七二頁、昭和三四年（ツ）第二四号、請求異議事件――

【判決要旨】

一時使用を目的とする賃貸借であることを明確にし、将来賃貸借の性質につき生ずることのある紛争を避ける必要が十分に窺われるような場合には民訴第三五六条第一項の「民事上の争」ある場合に該当する。

【事　実】

X（原告・被控訴人・上告人）はY（被告・控訴人・被上告人）の父Aの所有する店舗Mを使用していたがその使用権原が問題となりX、A協議の結果Xは同店舗を昭和三〇年一月三一日までに明け渡す旨合意した。ところがAは同店舗およびその敷地をその明渡し期限までに他に売り渡すこととなり、AはXに期限前の明渡しを懇請し、その代わりに息子Yの所有する店舗Nを先に定めた期間より一年半ほど延長した昭和三一年八月三一日まで使用させる旨の提案をしたので、Xもこれを容れた。そこでこれらの点についての将来の紛争を防止するためにXの申立ての形をとっていわゆる即決和解（起訴前の和解）がX・Y間になされた。その和解条項には、「一ケ月ノ使用料金五千円毎月末限リ其ノ月分ノ使用料ヲ持参又ハ送金スル約旨ニテ特ニ一時貸与スルコト」「……YヨリXニ対スル……店舗ノ貸与ハ借家法ニ基ク賃貸借ニハ非ラスシテ特ニ第二項記載ノ貸与期間ヲ限リ好意的ニ一時之レヲ貸与スルモノナルコト、従ツテ右貸与ハ借家法ノ保護ヲ受ケサルモノナルコトヲ当事者双方互ニ確認スルコト」との定めがあった。

Xはこの和解調書に対して請求異議の訴えを提起し一審勝訴（簡裁）、二審で敗訴して上告した。

【上告理由】

その主たるものは、次のとおり。

一　民訴三五六条の和解は民事上の争についてなされるべきであるに拘らず、本件においてはX・Y間に何ら事前の紛争なく、単に新しい家屋賃貸借契約がX・Y間に締結されるに際し、専ら明渡しのための執行力を事前に得るためになされたものにすぎない。かような和解は民訴法上認められない。

二　本件和解はその条項中に前記の如き借家法の適用を排除する特約があることにより、公序良俗に反した違法行為であり、借家法六条に該当して無効である。

【判決理由】

(1)　上告理由一について　「……いきさつからすれば本件起訴前の和解当時右一時の賃貸借を明確にし将来賃貸借の性質につき間々生ずることのある紛争を避ける必要が存していたことが十分に窺われる。しかしてかかる場合も民訴法三五六条一項の『民事上の争』に該当するものと解せられ、新たになす契約につき、あたかも公正証書の代用に作成する趣旨にて本件和解調書が作成せられたものとする右法条違反の論旨は理由がない。」

(2)　上告理由二について　本件和解調書による賃貸借は一時の賃貸借であること原審の確認した事実であるから借家法適用排除の定めは同法六条に違反しない（坂本収二、西川力一、渡辺門偉男）。

〈参照条文〉　民事訴訟法第三五六条。

【批　評】

即決和解、起訴前の和解、または訴訟防止の和解などと呼ばれる民訴三五六条の和解が、濫用されていることは古くから指摘されるところである（村松「所謂即決和解について」（昭一〇）民事裁判の研究所載は実務の体験に基づき、種々の統計を示し、当時の即決和解の実状を述べている)。この制度は独民訴五一〇条Cを受け継いだ旧民訴三八一条に由来し(独民訴五一〇条Cは一九二四年必要的和解前置主義の採用とともに削除され、戦後和解前置も廃止されたが、起訴前の和解(Sühnversuch)は復活せられていないからドイツでは現在かかる制度は存しない)、訴訟を起こそうとする者に対し、裁判所の介入によって、より安価、迅速、妥当な紛争の解決を得せしめることを本来の目的とする。従ってこの目的が、より完備した手続である調停の広範囲にわたる利用によって充たされうることとなった今日、この制度は専ら、特に特定物引渡しについて安価、簡便に債務名義を得る手段として利用されるに至った。なぜなら、最も容易に得られる債務名義である公正証書においては「一定ノ金銭ノ支払又ハ他ノ代替物若クハ有価証券ノ一定数量ノ給付ヲ以テ目的トスル」場合で、「直チニ強制執行ヲ受ク可キ旨ヲ記載シタルモノニ限」って債務名義となる(民訴五五九条三号)に反して、和解調書においてかような制限は全くなく(裁判上の和解に既判力などをも認めるとすれば両者の効力における差はさらに大きくなる)、費用からいっても和解申立ては公正証書作成に較べて極く僅かで済むし(民訴印紙法六条の二5号と公証人手数料規則を比較せよ)、さらに最も根本的と思われる点は訴訟の遅延であって、仮に現在契約当事者間に紛争はなくても将来一方で約束通りの履行をなさなかった場合、その履行を求める訴えを起こし債務名義を得るために多大の時日を要することは周知であり、もし将来の給付について現在予め債務名義を得ておく方法があるならば、これを欲しない債権者はないからである。訴訟が迅速に行われるのが常であるならば、訴訟費用の点を考慮に入れても、今日のような起訴前の和解の隆盛を見ることはなかったかも知れないとさえ思われる。即決和解なる通称自体が右のような実態をよく示す言葉である。

この制度のかような用法に対する学説の態度はすべて否定的である。即ち制度の趣旨や、現行条文の前身たる旧民訴三八一条の表現(「訴ヲ起サントスル者ハ……」とあった)、さらには和解不調の場合の訴訟への移行などから考えると、和解を申し立てうるのは訴えを起こし得る立場に在る者に限ると解すべきであり、その際の裁判所の作用は一種の裁判作用と考えられるに拘らず、これを単に契約の公証的な目的のために用いることは許されないとし（山木戸「和解手続の対象」（昭二七）神戸法学雑誌二巻一号、民事訴訟理論の基礎的研究（昭三六）所載）、或いは民訴法が将来の給付判決につき制限的な態度で臨んでいること（民訴二二六条）とも調和しないとし（兼子『条解』八四五頁）、裁判所はかかる和解申立てを却下すべきであるとしている（斎藤・判民昭一五・二二〇頁も同旨）。

これに対して判例の態度を見ると、このような起訴前の和解に対しても概ね寛大な態度で臨んでいることがわかる。紛争の存しなかったことを理由に和解を無効としたものはわずか戦前に最下級審のものが一つ、「凡ソ訴訟ノ防止ヲ目的トスル和解ハ……当事者間ニ権利関係ニ付紛争ノ存スルコトヲ前提ト……スル行為ニ拘ラズ本件ニ付之ヲ観ルニ……原告ニ於テ……賃料ノ支払ヲ遷延シタルニ依リ被告ヨリ之ガ催告ヲ受ケタルコトハ認メ得ベシト雖原告被告間ニ右家屋ノ明渡若ハ延滞賃料ノ請求等民事上ノ争ヲ惹起シタルコトハ未ダ之ヲ看取スルニ足ラザルガ故ニ本件和解ハ原告被告間ニ民事上ノ争ナキニ拘ラズ締結セラレタルモノト謂フベク然ラバ……法律上何等ノ効力ヲモ生ゼザルモノ……」としたものを発見するのみである（東京区判昭五・七・二二新聞三一五四号九頁）。他は、すべて戦後の下級裁判所の判例であるが、たとえば「ここに『争』というのは狭く……権利関係についての争、即ち権利関係の存否、内容又は範囲についての主張の対立に限られるのではなくてもつと広く権利関係についての不確実や、権利実行の不安全をも含むものと解するのが妥当である。この事は例えば、原告の賃金の請求に対し、被告に原告の主張事実を全部認めながら、単に手許不如意の故に請求に応じない場合、分割弁済を認めることによつて、裁判上の和解が成立するというよくある事例と考え合わせてみても容易に判ることである」と述べ、貸金の際に債務者の家屋を買戻約束つきで売り渡したことにして、弁済期限までに買戻をしないときは家屋を明け渡す旨が即決和解によって定められた事案につき、「当事者間には権利関係の存否、内容についての争はなかつたとしても、少くとも上告人は権利の実行、殊に公正証書では債務名義とならない家屋明渡の点について不安をもち、その不安を除く為に本件和解が為されたものと見るのが相当である。そうすると……和解の前提たる争がなかつたとは云えない……」として債務者の請求異議を斥けている（大阪高判昭二四・一一・二五高裁民集二巻三号三〇九頁)。その他、これと同内容のもの(東京地判昭二六・二・一二下級民集二巻二号一八七頁)、或いは前掲と同趣旨を述べた後、「前提となる争とは……必ずしも現在の紛争のみを対象としているのでなく、将来発生すべき可能性ある争についても和解申立に際し、右争を予想できる事情が存する限り予めその申立をする必要ある場合として、その申立は許される」とまで明言したもの(東京地判昭三〇・八・一六下級民集六巻八号一六三三頁)、「本件(土地)賃貸借についても将来の紛争を防止するため、私書証書による契約内容を確実ならしめると共に後記認定の如く本件賃貸借が一時使用のために借地権を設定した場合であることを明瞭ならしめる趣旨で、即決和解の申立がなされ控訴人もこれを諒承しその趣旨で裁判上の和解をなしたものであることが認められ……」るから和解は無効でないとしたもの(大阪高判昭三一・五・二二下級民集七巻五号一三二五頁)などが見られる。本件もこれらの傾向に従うものである。

起訴前の和解の本件のような利用の仕方が立法者によって予想されていたものでないことは恐らく異論のないところであろう。制度の趣旨からすればたしかに「訴ヲ起サントスル者」(旧民訴五八一条、現行三六五条に当たる)のみが和解を申し立て得ると解さなければならない(山木戸・前掲)。そうだとすると当事者間に権利関係についての争いは無くても、債務者が任意に履行しない場合や、一定の法律効果をもたらすために形成判決の必要な場合には和解の申立ても可能とせねばならない(小野木「形成訴訟と和解」民商三二巻六号参照)。この点は前掲昭和二四年の大阪高判の指摘は正しい。この場合問題は将来実現すべき給付義務の不履行を慮って和解の申立てをすることが許されるか否かである。この点民訴二二六条によると「予メ其ノ請求ヲ為ス必要アル場合ニ限リ」将来の給付の訴えを起こすことができることになっている。この規定の解釈によれば、債務者の態度から履行しないであろうことが窺われる場合を含むとされている(三ケ月『民訴』五八・六二頁、兼子『大系』一五五頁の表現はやや制限的。独民訴二五九条は「債務者が適時の履行をなさぬおそれある場合」とする)。しかしすべての債務は不履行の惧れありともいえるであろうから、これをあまり広く解釈することが出来ないのは勿論である。将来の訴えを起こしうる場合に和解の申立てをもなしうることには異論がないであろうが、前掲の諸判例がこの点を考慮して争いの有無の基準を定めたか否かは頗る疑問とせねばならない。

さて、実質的に見ても、判決に執行力が認められる根拠は、自力救済を許さない代わりに、公権的判断を経ることを条件に債権者の権利に実行力を与えるにある。公正証書の執行力は当事者の合意の公証がもつ高度の証明力に信頼して法が特に与えたものと考えられ、判決の執行力が制度上本質的であるに反し、いわば便宜的であり、その対象が制限され、効力において一段と低いものとされるのも、公権的判断を経ていない点で信頼性に不安があるからである。認諾調書や訴訟上の和解調書などはちょうどこの中間に位する。これらは公権的判断の結果ではないがそれに至る過程で生み出されたものであって、公証事務とは全く異なるが他方その証明力の点から見れば、裁判官の関与があることによって公正証書に優る強力な証明力を有すると考えられる。従ってこれらが公正証書と異なり、少なくとも執行力に関しては「確定判決と同一の効力」を有する（民訴二〇一条）のは根拠があるのである。起訴前の和解においても、少なくとも前述したように訴えを起こしうる場合であればこの意味で判決と同じ執行力を持たせるに足る実質を持つであろう。

従って現在多くの場合に、訴えを起こす資格のない者が和解を申し立て公正証書以上の、場合によっては判決以上の執行力を得ていることは、何といってもこれらの制度の本来の均衡を失わしめるものであると評さねばならない。

このようにして、給付義務を謳つた和解調書が当然に執行力を持ち、当事者もまたそれを予想し、利用しようとしているに拘らず本件判示が「一時賃貸借である旨を明らかにしたのだから適法である」といったのは問題の核心をそらしたものと言うほかない（上告理由では家屋明渡しの執行力を得るために行われたことが主張されているに拘らず）。即ち、仮に和解によつてこの点を明確にしてみたところでこれは何ら確定力を持つものでないし、当事者がその賃貸借が一時のものであることを事実上合意した旨の証拠とするだけならば公正証書と変わるところはない。Yの真の意図はそれが一時の賃貸借であることを明らかにすることにあるのでなく、八月三一日限り強制執行によっても明け渡させることの保障を得ることにあったのである。実際に一時の賃貸借であったか否かは、単に当事者の用いた文言にかかわりなく全体の事実関係から判断すべき事柄である。この点に関して問題となりうるのは、裁判上の和解の内容として結ばれた賃貸借にも借地、借家法の適用があるかどうかの点である。裁判官の関与がより実質的、内容的なものであれば、調停等で定められた賃料が地代家賃統制令における認可統制額と見られるように（地代家賃統制令一〇条）、和解の内容を公正なものとして、その文言通りの効力を認めることも可能となろう（この点は裁判上の和解に既判力などを認めるか否かの問題にも実質上関係が深いと思われる）。立法論としては裁判所が高度の公証事務を行い、従ってそれに公証人のそれ以上の効力を認めることは考えられてよいことであるが、現状のままでは本件判示には反対するほかないように思われるのである。

その他、このような和解申立ては却下すべきものとしても、見過ごされて調書が作成された場合の効力や、無効であるのならそれはなぜかなど裁判上の和解に関する根本問題もあり、本件は請求異議の訴えであるが執行文付与に対する異議の訴えで対抗すべきではないか、等々多くの問題を含む事件である。

（民商法雑誌四三巻六号、昭和三六年）

〔三〕　訴訟上の和解に訴訟物たる権利関係以外の権利関係を包含させることは違法か

――最高裁昭和四三年三月二九日判決（判例時報五一七号五四頁）、昭和四二年（オ）一三七二号、損害賠償請求事件、上告棄却、原審東京高裁――

【事　実】

判例時報掲載の上告理由と上告審判決だけからは事実関係の詳細が不明であるが、別途入手した第一、二審判決によると本件の経過は次のとおりである（傍点は谷口による）。

X_1X_2はY所有の建物の一部を賃借し、それぞれ八百屋および理髪業を営んでいた。Yは建物の老朽化による改築の必要を正当の理由としてX_1X_2に対し解約申入れをしたが、X_1X_2はこれを争い、家賃額二、〇〇〇円を毎月供託するに至った。もっとも、解約申入れ日時は明らかでなく、これと供託の開始との関連も明らかでない。本件紛争はかなり前からくすぶっていたようで、一、二審判決中の数字から遡算するとX_1の供託は昭和三四年七月頃から、X_2の供託は三五年はじめ頃からと推測できる。

そこでYは昭和三五年一〇月五日家屋明渡し請求訴訟を起こし、X_1X_2賃借部分の明け渡し、およびX_1に対しては昭和三五年三月一日から、X_2に対しては同年五月一日から、それぞれ明渡しずみに至るまで月二、〇〇〇円の賃料並びに賃料相当の損害金の支払を求めた。事件は調停に付され、建物をYが改築してX_1X_2に再び賃貸する案が考慮されたが、Yは昭和二九年にX_2に五万円を出させながら約束の改修をせずX_2は保健所の改修勧告をうけてやむなく自ら一一万円を投じて改修した事実があるのに、Yが改築建物につき権利金五〇万円家賃月二五、〇〇〇円を要求したので調停は不調となった。結局訴訟では正当事由との関連で、建物の腐朽の程度が主たる争点となった。鑑定人は、X_1賃借部分は五、六年間、X_2賃借部分はなお二四年間は改築の必要がない旨の鑑定をした。ここにおいて、裁判所の勧告にもとづき、昭和三八年六月二九日次の内容の訴訟上の和解が成立した。

㈠　YはX_1X_2の賃借権を認める。

㈡　Yは建物を取り毀しそのあとに新建物を㈢ないし㈤の条件で新築する。

㈢⑴　Yの工事着手の通知の後一ヵ月以内にX_1X_2は建物から退去する。

⑵　Yはその後三ヵ月以内に㈡記載の新築工事を完成する。

(3)　Yは新建物の一定部分をX_1X_2に次の条件で賃貸する。
(イ)　Yは敷金、権利金を要求しない。
(ロ)　賃料は月一八、〇〇〇円月末払。期間の定めなし。
(ハ)　（以下略）……

(五)　X_1X_2は(三)(2)の工事中営業補償その他名目の如何を問わず何等金銭的請求をしない。
(六)　Yはその余の請求を放棄する。
(七)　訴訟費用は各自弁とする。

Yは昭和三八年九月二〇日頃工事着手のため退去を申し入れ、X_1X_2は同年一〇月二〇日退去した。ところでX_1X_2は同日、それまで供託していた賃料の全額、X_1は一〇万円、X_2は一三、九九万円を取り戻してしまった。YはX_1X_2の供託家賃は和解に拘らず自己の取得すべきものと主張し、X_1X_2がこれを取り戻したのは信義則に反するとの理由で、昭和三八年一一月二一日和解契約解除の意思表示をなし、全く新築工事に着手しなかった。

一方、供託家賃に対するYの権利は和解によって放棄されたものと主張するX_1X_2は和解条項の履行を求め昭和三八年一二月二九日、二ヵ月以内に建物を完成してX_1X_2を入居させない場合には和解契約を解除する旨の意思表示をしたが、Yは全く工事を行わないまま二ヵ月が経過した。

かくて、X_1X_2がYの不履行による和解契約の解除を主張し、損害賠償を請求したのが本件である。Yは抗弁として、前記供託金取戻しの不当を理由とするYの側からの和解解除、および権利の濫用を主張した。争点は、和解条項(六)の「Yはその余の請求を放棄する」との文言が、供託賃料をも放棄した趣旨と解しうるかどうかであった。

第一審裁判所（横浜地裁昭四一・四・二二）は、和解交渉の過程において双方の弁護士とも供託賃料のことを明確に意識していなかったことを認めつつ、諸般の事情を綜合して「和解契約においてYは延滞家賃を免除し、その分の請求を抛棄したものと認めることができる」とし、Yの解除は無効、X_1X_2の解除を有効と認め、進んで損害額を認定してX_1X_2を勝訴させた。

第二審（東京高裁昭四二・八・三〇）においても同じ争点をめぐって争われ、裁判所は次のように判示して一審の認定を支持した。「本件和解の……最終段階においては和解の内容に盛られた事項のほかは相互に金銭的請求をしないとの諒解にもとづき和解が成立した結果前記請求放棄の条項が挿入されたことを認めることができるから、右条項はYにおいて延滞賃料の請求権を放棄したものと解するのが相当である。もっともYは〔その〕訴訟においてX_1に対し、昭和三五年三月一日以降、X_2に対し昭和三五年五月一日以降旧建物明渡迄の延滞賃料及び損害金の支払を訴求していたことは先に認定したとおりであるところ……X_1X_2はYの右請求にかかる賃料債権の始期より以前の分に属する賃料をも供託していることが認められるから、この部分は前記訴訟の訴訟物となっていなかったことが明らかであるが、本件和解が成立するにいたった前認定の経緯、特に当事者相互に金銭的請求をしない諒解の下に旧建物からの退去及び新建物の賃貸等を取りきめる和解が成立したことにかんがみれば、前記Yのその余の請求放棄の条項は、前記訴訟の訴訟物如何にかかわりなく、Yにおいて延滞賃料全額の請求権を抛棄し、X_1X_2がその支払のために供託した全金額についての還付請求権を放棄する趣旨であったと解すべきである。そうすると……Yの本件和解契約解除の意思表示はその効力を生ずるに由なく……Yは新建物の建築をしないことにつき本件和解契約上の債務不履行の責を免れえない。」但し、損害金の認定において第一審判決を若干変更し、X_1X_2の請求を一部排斥した。Y上告。

上告理由。理由齟齬の主張「請求にかかる賃料債権の始期以前の供託家賃に執て訴訟物外と認定しながら請求の抛棄の条項に含まれていると断じる如きは法理一貫しない。」違憲の主張「私権の訴訟で訴訟と無関係な財産権まで掘出して裁判の対象とすることは失当である。」

【判 旨】
訴訟上の和解には、当該訴訟の訴訟物たる権利関係以外の権利関係を包含させても違法ではないと解するのが相当であって、原判決に所論の違法は存しない。所論は、違憲をいう点もあるが、その実質は独自の見解に基づき原判決を非難するに帰するものであって、採用することができない。裁判官全員一致で上告棄却（奥野健一、草鹿浅之助、城戸芳彦、色川幸太郎）。

【批 評】
判旨に賛成である。やや詳細に紹介した事実関係からわかるとおり、本件での真の争点は訴訟上の和解の解釈の問題であり、判示事項となっている点はYが苦しまぎれに上告理由として持ち出したものにすぎない。

訴訟上の和解は同じく紛争に終止符を打つものでも判決と異なって多くの条項からなっているのが通常であり、各条項の意味や、条項相互の関係などについて解釈上の疑問を生じ易い。その点では同じく債務名義となる執行証書とても同様であるが、公正証書の場合にはむしろ白紙の状況から権利関係を設定してかかる場合が多いのに反し、訴訟上の和解ではすでに訴訟になっている権利関係に関するものであるため、訴訟の終了、即ち紛争の解決という当面の目的を達するという面に注意を奪われ易いため、和解がかえって将来の紛争の種をまくことも多いのではないかと思われる。しかしそれでは訴訟上の和解の制度の趣旨に反するわけであって、裁判所の後見的な役割が期待されるところである。本件においても当事者双方とも（弁護士である！）家屋明渡しの問題に心を奪われて、訴訟物とさえなっていた賃料のことが念頭になかったように見受けられる。とすれば解釈によって和解の内容を決しなければならない。裁判上の和解の解釈の問題は一つの興味ある問題であるが、判例によると、民訴一四七条に拘束されることなく、通常の法律行為（契約）の解釈と同様の方法でなすべきであるとされている（大決昭八・一一・二四大審院裁判例（七）民二六七頁、大決昭九・一・二三大審院裁判例民四頁、大判昭一五・一〇・一五新聞四六三七号八頁、最判昭三一・三・三〇民集一〇巻三号二四二頁、菊井・前掲最判昭三一判批・法協七四巻二号一二五頁、山内「訴訟行為の解釈」総合判例研究叢書民訴(8)七六頁参照)。とすれば和解当時の当事者双方の合理的な意思を推測して「請求放棄」の条項が、ありうべき請求権の放棄をも含んでいたと解すべきかどうかを解釈によって決定するほかない(契約の解釈における擬制的要素につき、注釈民法(13)債権(4)二〇頁参照)。結論的に言って一、二審の見解に賛成したい。供託された額の殆どがまさにその訴訟で訴求されていたものであったのであるから「その余の請求」とは賃料(または同額の損害金)を指すと考えて不自然でなく、また明渡しを熱望していたYは仮に供託賃料を放棄する旨の明文が含まれていても当時ならば和解に応じたことは充分考えられるのみならず、その方がより公平に合するように思われるからである。本件と同様の先例は見当たらないが、類似のものとしては、土地建物賃貸借をめぐる紛争を終結する訴訟上の和解において整地による有益費償還請求権を放棄したことは和解条項中には「片鱗ダニ認ムルヲ得」ない場合に、同請求権の放棄を解釈上認定したもの(大判昭一五・一〇・一五新聞四六三七号七頁)、「元本及之に対する遅延利息並に其訴訟費用を訴求するに当り債務者に於て元本債権の金額を認めたる為め債権者は其履行期の猶予を承諾すると同時に遅延利息に付ては敢て其支払に付何等積極的に約する所なくして和解を為し以て当事者間の争議を一決したる場合に於ては……当時の原告たりし被告に於て和解の際暗黙に右遅延利息の請求を抛棄したる者と推定するを相当とする」としたもの(大阪区判日付不詳新聞二二六一号一〇頁)などがあり、このようなことは実務ではむしろ日常茶飯的な事柄に属するのではなかろうか。

次に、上告理由でとり上げられ、判示事項となった点について。訴訟上の和解において当該訴訟の訴訟物以外の権利関係をもとり入れることができる、という点は古くから通説・判例の一致して認めるところで、殆ど疑問の余地のない定説である。リーディングケースと目すべきものとして、一万円の債権のうち五千円だけを訴求したところ、被告が千円支払う旨の和解が成立し、その後再び残りの五千円を訴求したが、被告が前の和解で一万円全部について処分が行われたと主張した事案において、「然レドモ或請求ノ一部ニ付訴訟ヲ提起シタル後裁判上ノ和解ヲ為ス場合ニ於テ当事者ハ訴訟ノ目的タル請求ノ外未ダ訴ヲ起サザル他ノ部分ヲモ包含セシメテ共ニ和解ノ目的ト為スコトヲ妨グルモノニ非ズ」とした大判がある（大判昭八・五・一七新聞三五六一号一〇頁、評論二二巻民訴二一〇頁）。これは一部請求の事案であるが、全く訴訟物と関係のない権利関係の処分を和解条項として持ち込んだものとして、調停の事案ではあるが、土地所有権確認訴訟が調停に付され、同土地を二分してそれぞれ原・被告の所有とすること、原告は他の土地を被告に無償で譲渡すること、との内容の調停の効力が争われたが、「和解は『当事者ガ互ニ譲歩ヲ為シテ其間ニ存スル争ヲ止ムルコトヲ約スル』契約であり右譲歩の方法については法律は制限を設けていないのである。したがって当事者が和解において譲歩の方法として、係争物に関係なき物の給付を約することは毫も和解の本質に反するものではない。」と判示したものがある（最判昭二七・二・八民集六巻二号六三頁。賛成評釈、小山・民商三三巻四号六一二頁、三ケ月・法協七二巻二号一九二頁）。この他、境界確定訴訟で所有権の範囲についても和解を認めたもの（大判昭一二・五・一一大審院判決全集四輯一〇号三頁）や、貸金請求訴訟で分割払とする代わり、被告所有物に抵当権を設定した場合（高松高判昭三五・一・二六高裁民集一三巻一号二四頁）などがある（もっとも、前掲大判昭八や大判昭一二は他の二件および本件などと異なり和解の対象そのものに関し、和解成立のためにどんな事項を条項となしうるかに関するものではない。この区別を強調する見解もある。小山「裁判上の和解」総合判例研究叢書民訴(3)六一頁。しかしいずれにしても訴訟物以外の権利関係について和解の効力が生じる点では同様であろうし、訴訟物以外の権利関係について和解することが訴訟物についての和解を可能とする場合もあろうから、区別をさほど強調する必要はなかろうと思われる）。また、和解に従来の訴訟当事者以外の者が加入して和解当事者となることが認められており、その場合は当然訴訟物以外の権利関係が加わることとなる（たとえば、大判昭一三・一二・三評論二七巻民訴三五七頁）。

学説も一致してこの立場を承認している（兼子『体系』三〇五頁、三ケ月『民訴法』四四一頁、菊井＝村松『コンメンタール民訴Ⅰ』四五五頁、岩松＝兼子『法律実務講座民訴』三巻一二一頁、中村英郎「裁判上の和解」民訴雑誌七号二一五頁、宮脇「訴訟上の和解」民訴演習Ⅰ二二七頁、松浦「裁判上の和解」契約法大系Ⅴ二二〇頁、石川『訴訟上の和解の研究』五〇頁）。学説には訴訟物以外の権利関係を訴訟上の和解にとり込む場合を、他の権利関係が別訴の訴訟物となっている場合（たとえば大阪地判昭三〇・一・一二下級民集六巻一号六頁）と、なっていない場合（たとえば本件）を分け、前者を併合和解（和解併合）、後者を準併合和解と呼んで区別するものがある（石川・前掲、松浦・前掲、岩松＝兼子・前掲）。

訴訟物以外の権利関係を含ましめることができることの根拠については、「〔紛争の〕消滅とひきかえにであるから新契約の内容は係争法律関係又は係争物と無関係であることは差支えない」（小山・前掲判批）とか、「私法上の和解において譲歩の一態様としてみられる限り、直接の係争物以外のものを対象としてよいのは当然である。然らば訴訟上の和解乃至調停においてもこれを肯定することができる」（三ケ月・前掲判批）とか説明されているが、むしろ端的に「和解手続では互譲という事柄の性質上、訴訟物以外の権利関係を加入することがしばしば避けることのできない必須のものである」（高松高判昭三五・一・二六高裁民集一三巻一号二四頁、三一頁）点に根拠を求めるべきであろう。他の権利関係について合意することによって初めて訴訟物についても合意ができるのであるから、和解による訴訟終了をむしろ好ましい現象と見る限り、何らこれを制限する理由はない（ただ、和解に対する攻撃やその後の取扱いなどで、通常の場合と若干異なる点が生じる）。このことと関連して学説上問題とされるのは、右のような条件関係に立たない他の権利関係についての合意をも持ち込むことができるかどうかである。併合和解、準併合和解ともに否定的に解する説（石川・前掲五一頁、岩松＝兼子・前掲一二二頁）、併合和解ではすでに他で訴訟物となっている法律関係だからよいが、準併合和解では「往々当事者間に争いのない法律関係について、単に債務名義を得る便宜から便乗的に併合和解を認めることになる恐れがあるから不当である」との意見もある（松浦・前掲二三七頁註（二六））。しかし、いわゆる即決和解がかなりルーズに認められている以上あまり厳しくもいえまい。ドイツでは全く制限を加えない学説がある（Bonin, Prozeßvergleich, S. 20）。しかし、この問題は実際にはめったに起こらないであろう。本件でも、供託賃料のうち訴訟物となっていなかった部分の放棄は本件和解における「互譲」の一部分をなしていたと認定されているのである。従って本判決は右の点につきいかなる態度をとるのか不明である。

（判例評論一一六号、昭和四三年）

第二部　仲裁

一　消費者紛争と仲裁

一　はしがき

消費者保護が一つの重要な政治課題となってすでに久しい。今日までに、立法、行政の面におけるある程度の発展がみられたが、消費者をめぐる紛争処理制度という角度からは、本格的な試みはまだ見られない。たしかに、各地方公共団体や国民消費生活センターなどの行ういわゆる消費者相談や条例による消費者苦情処理委員会等の活動は益〻充実し、これがかなりの程度において消費者紛争の解決に寄与しつつあることは否定できない。また、相当数の地方公共団体においては、消費者が企業を相手に訴訟を起こす場合にはその資金を貸与する制度が創設された。(1) しかし、これらの新しい試みを除いては、消費者紛争の解決は依然として伝統的な訴訟や調停および当事者間での話合い(示談)に任されている、と言って過言でない。これらの伝統的な諸手段が今日の消費者紛争解決手段として適しているか否かを検討し、これを適切に変革していくことは、当然試みられなくてはならない。前述の消費者相談制度は示談を側面から組織的に助長するものとして「消費者調停」とも言うべき機能を果たすに至っていると評価できるし、最近盛んになってきたクラス・アクション制度の導入論は民事訴訟に消費者保護制度としての生命を吹き込もうとするものである。(2)

いかなる実体法上の消費者保護施策も消費者紛争を効果的に解決できるメカニズムないし手続制度を欠いては

意味をもたない(3)。我々は伝統的な制度に生命を吹き込むとともに、新制度の開発可能性にも目を向けなければならない。この両面から考察すべきものに仲裁がある。仲裁は人類の歴史で最も古い紛争解決制度と言われるが、近代国家の発生とともにその設営する国家裁判制度に株を奪われて、一定の限られた範囲で生命を保っているにすぎない。とくに伝統のないわが国においてはそうである(4)。ところで、この仲裁制度は最近一部の外国においては消費者紛争解決のための新しい手段として脚光を浴びるに至っている。これらの動きに触発されて、改めて従来の解決手段を総点検してその長短、とくに消費者紛争解決手段としての適性と限界を明らかにするとともに、それとの相対的関係において仲裁の方法の特質を明らかにして、その消費者紛争についての利用可能性をさぐるべき時期が来ていると考えられる。もとより仲裁は一つの最も伝統的な紛争解決手段には違いないが、仲裁を仲裁たらしめる要素は紛争当事者の合意による第三者への付託に尽き、具体的な仲裁手続の構成には殆ど無限の可能性があり、もし消費者紛争解決のための独自の仲裁システムを考案するとすれば、これは全く新しい制度を創出するに等しい作業となろう。それに一部の外国で試みられているように、裁判所以外の第三者機関による仲裁手続を紛争当事者の合意の有無にかかわらず強制することになれば（いわゆる強制的仲裁）これは伝統的な仲裁の概念にも入らない新しい制度である(5)。

本章はこのような関心のもとに消費者紛争解決手段としての仲裁の可能性について考察することを目的とする。しかし、わが国では前例のない分野であって、文献、資料も多くなく、いろいろな問題点についてはこの制度の先進国であるアメリカの文献に依存しなければならない。しかし、そのアメリカにおいてもこれは現に発展しつつあるところであるため最近の資料の入手に困難があり、過去の資料が果たして現状を正確に示しているかどうかにも疑問がある。結局ははなはだ不完全な資料によるものであることを最初に断っておかなければならない(6)。

＊　本章は社団法人国際商事仲裁協会委託研究論文として昭和五一年三月に同協会から出版されたものであるが、若干の補正をしたうえ同協会の了承をえて法学論叢において発表したものである。

（1）神戸市民のくらしをまもる条例二〇条、神戸市消費者訴訟資金貸付基金条例、兵庫県生活保護条例一七条・一八条、川崎市消費者利益の擁護及び増進に関する条例一七条、神奈川県県民生活安定対策措置条例一七条・一八条など、今日では多くの地方条例がこの制度を設けている。奥村忠雄「消費者保護条例概観」ジュリスト特集消費者保護二五六頁（昭五四）に条例の一覧表がある。この制度の意義につき、小島武司「消費者訴訟と『訴訟援助』の法理」ジュリスト六一四号四八頁（昭五一）。

（2）クラスアクションについては、ジュリスト五二五号（昭四八）、六七二号（昭五三）、法の支配二四号（昭五〇）、自由と正義昭和五〇年九月号にそれぞれ特集がある。昭和五〇年に参議院に提出された公明党による「集団代表訴訟に関する法律案」については、前掲・自由と正義六四頁参照。

（3）経済企画庁消費者行政課編・消費者被害の救済―その制度化の方向（昭五〇）、国民生活審議会消費者保護部会「消費者被害の救済について（中間報告）」NBL一二四号三二頁（昭五一）参照。

（4）菊井維大「仲裁雑感」時の法令九〇七号一八頁（昭五〇）参照。

（5）この種のものとして著名なものはアメリカのペンシルバニア州に一九五二年（本格的には一九五八年）以来行われている制度である。但し、憲法問題を避けるため不服ある当事者から正式裁判を求める途が開かれている。詳しくは、小島武司『裁判運営の理論』一二七頁以下（昭四九）参照。

（6）消費者仲裁に関するわが国の文献としては小島教授の一連の労作がある。小島武司「仲裁＝私設消費者裁判所への期待」（法窓展望）時の法令八五二号一六頁（昭四九）、同「消費者による調停・仲裁の活用」民事裁判の新しい課題一七九頁（昭五〇）、同「借家紛争の解決と仲裁の活用」（上）（下）判例タイムズ三〇二号二五頁、三〇三号八頁（昭四九）、同「消費者苦情のとらえ方―対立から融合へ」（上）（下）NBL一一一号一八頁、一一三号三四頁（昭五一）、同「アメリカ合衆国における仲裁法の現状と課題」判例タイムズ三五五号三四頁（昭五三）。このほか、北川善太郎「アメリカにおける消費者保護と法」総合研究アメリカ④平等と正義二一九頁（昭五二）、細川潔「消費者被害の救済と裁判制度」福法二一巻三・四号二五三頁、二六六頁（昭五二）も仲裁に言及している。アメリカの文献として参照できたものには次の諸論文がある。Eovaldi & Gestrin, Justice for Consumers : The Mechanisms of Redress, 66 N. W.

Univ. L. Rev. 281 (1971), McGonagle, Arbitration of Consumer Disputes, 27 Arb. J. 65 (1972), Lippman, Arbitration as an Alternative to Judicial Settlement—Some Selected Perspectives, 24 Me. L. Rev. 215 (1972), Note, An Analysis of a Technique of Dispute Settlement : The Expanding Role of Arbitration, 7 Suffolk Univ. L. Rev. 618 (1973), Wexler, Count—Ordered Consumer Arbitration, 28 Arb. J. 175 (1973), Resnick, Consumer Arbitration as an Alternative to Judicial Preseizure Replevin Proceedings, 16 W. & M. L. Rev. 269 (1974), Determan, The Arbitration of Small Claims, 10 Forum 831 (1975, ABA Section of Ins., Neg. & Comp. Law), Sander, ABA Report on the National Conference on Minor Disputes Resolution (1977). Johnson et al., Access to Justice in the United States, in Cappelletti ed. Access to Justice Vol. I book 2, 913, 971 (1978).

二　消費者紛争解決の諸方法と仲裁の可能性

今日においては、消費者紛争といえども、既存の紛争解決制度上何ら特別の取扱いを受けるわけではない。そこでまず、消費者紛争の特質を明らかにしたうえで、それが既存の紛争解決制度によって適切に処理されうるかどうかを検討することにしたい。そのうえで、仲裁がこれに代わりうる可能性をもつかどうかを考察するのが有益であろう。

(1)　消費者紛争の特質

一口に消費者紛争と言っても、その意味するところは必ずしも明らかでない。一般には物の生産者、販売者あるいはサービスの提供者とこれを購買しあるいはサービスの提供を受けた個々の市民との間の、購買したものまたは受けたサービスの内容をめぐる紛争を指す、と考えられる。紛争の一方当事者が個人たる市民（いわゆる消費者）であり、他方がいわゆる企業（ビジネス）である点に、消費者紛争たるゆえんがあり、同じような紛争でも企業間に生じる場合はいわゆるビジネス紛争であって消費者紛争ではない。もっとも、企業といえども個人消費者と同様の立場と規模において一個の消費者と見うる場合には消費者紛争の主体たるを妨げない。もっとも消費者紛争はもう少し広義にとらえると、行政または消費者団体・住民団体等が一般に品質や価格等に関して企業側に要求・交渉し、企業側がこれに反発する、といった事態をも含みうる。たとえば、デザインそのものや使用材料に欠陥があるため将来消費者に損害が生じるおそれある製品の製造・販売中止を消費者団体が申し入れる場合などを指す。これらの、いわば集団的あるいは予防的消費者紛争は本章で予定する個別的な苦情をもととする紛争とはだいぶ様相を異にするので、一応本章の対象外とする。

前述のように、消費者個人対企業の紛争として消費者紛争を定義づけうるとすれば、そこにおのずからこの種の紛争が通常有する特性が明らかとなろう[(1)]。すなわち、一般的に言えば、紛争当事者間に色々な意味における力の不均衡が存する。この不均衡は次のような諸面に顕われる。

(イ) 紛争提起のイニシアティブ　この種の紛争は事の性質上消費者の側でイニシアティブをとって紛争を「起こす」ことによってはじめて紛争として顕在化する。物品やサービスに不満を持った消費者が何らかの理由によって苦情を正式に表明する労をとらなければ、そもそも「紛争」は発生する余地がない。微少な瑕疵に不満はあるが、わざわざ文句を言うほどのこともない、としてそのままにしてしまうことは我々が日常経験するところであり、結局のところ、不満の大きさと文句を言うための労の大きさとを比較して決断がなされる。したがって、とるべき労（心理的・経済的そのほかすべての要素を含む）が大きければそれだけ表面化する紛争は少なくなる。このようにして、そもそも紛争を紛争たらしめるにおいて、消費者側が劣位に立っており、その程度は紛争たらしめるためにとるべき労――そしてこれは大幅に外部的諸事情、たとえば手軽に苦情を言って行ける場所があるか、に依存している――によってもっぱら決められているのである。したがって、消費者紛争解決制度を考える場合には、このような窒息した紛争を生じさせないように工夫しなければならない。この点における消費者側の劣位を完全にゼロにしてしまうことは性質上不可能であるが、これをできるだけゼロに近づけ、出るべき紛争が顕在化し解決されるようなシステムが必要である。

このようなイニシアティブの上における消費者の不利は、いったん「紛争」として顕在化したのちにおいても、その解決への努力の過程において同様に見られる。製造者ないし販売者に苦情を述べ善処方を要望するのは、紛争を顕在化させる行為であると同時にその解決のための過程の第一段階である。これは差し当たり消費者側の負担であり、一回で解決されない場合には引き続いてそのイニシアティブをとらなければならない。何回会社を訪問しても責任者が不在と言われて途方にくれるといったケースはこの関係をよく表わしている。そして最終的には公式の紛争解決機関、たとえば裁判所に訴訟を起こすとか調停を申し立てるとかいった手段はやはり消費者側のイニシアティブにおいて行われなければならない。このことは、何らかの紛争解決手段に訴えるための負担が大きければいったん生起した紛争も解決されないままに放置され、結局消費者の泣き寝入りとなってしまうことを意味する。

(ロ)　経済的な力の差　　前述のように紛争として顕在化すること、およびその紛争を一定の解決ルートに載せていくことにおいて、消費者がイニシアティブをとり、一定の金銭的、時間的支出をしなければならない。ということは、消費者が通常はそれに十分な経済的力を備えていないという事実によって、イニシアティブをとり行動を起こすことそのものが、多くの場合不可能であることを意味する。多くの消費物資において目的物そのものの値段がこれらの予想される支出よりも下まわるであろうし、また仮に、正式に訴訟上の争いになった場合も、企業と個人消費者とでは訴訟に投入できる金銭およびエネルギーの点で圧倒的な差があるのが普通である。当事者主義をとる今日の民事訴訟では経済的に力のある側が有利である。そして、このことは訴訟に限らず、一般にすべての紛争解決過程についてあてはまる。

(ハ)　知識・情報の差　消費者紛争においては、その紛争の対象となる事項に関する知識および情報の質と量において企業側が圧倒的な優位に立つのみならず、これが企業側に独占されているのが普通である。情報が独占されている結果として、消費者紛争の発端となるべき苦情がそもそも発生しない可能性がある。たとえば不当・不法な値段で買わされているかどうかなどということは、判断の資料を持たない消費者にとっては指摘さえできないことに属する。仮に紛争として生起しても、企業側はその独占する知識と情報によって、相対的に無知である消費者を納得させ、紛争を自分に有利に解決できる素地を持っている。俗な表現で言えば、消費者は言いくるめられ、反論できない状態となるのが、おちである。このことは、企業と消費者の相対《あいたい》の交渉においてのみならず、訴訟の場合においても程度の差はあるがあてはまる。

(2)　各種の紛争解決方法の消費者紛争における適合性

消費者紛争が一般的に言って上に述べたような特質を有するとすれば、既存の諸々の紛争解決方法はこれを良く解決しうる素質を備えているであろうか。ここで良く解決と言ったのは、何でもよいから解決する、という解決と区別して、双方当事者の納得のいく、あるいは納得すべき正当な解決という意味である。ただ解決というだけでは、泣き寝入りによる解決も一種の解決にほかならないし、判決の既判力による解決は、まさに訴訟法学が解決と呼ぶところのものであるが、これが常に右の意味における解決とはいえない。そこで、このような観点から、順次、仲裁以外の各種の解決方式をみていくこととする。

(イ)　当事者間での示談　これは全く当事者間の私的自治の範囲内において行われるものであるから、前述した消費者紛争の特質がもろに現れる場面である。イニシアティブの問題についていえば、企業側が解決のための交渉に誠実に応じないかぎり、強制力を持たない消費者としては如何ともしがたい。勿論、マスコミや世論に訴えて一定のプレッシャーを作り出し、これを背景として企業を交渉の場に引き出すことはでき、この方式は公害紛争等においては現にしばしば行われているが、消費者紛争ではそこまでに進展しうる可能性を持つような重大な紛争はむしろ少なく、このような社会的プレッシャーを動員できるような紛争はむしろ例外に属するであろう。そこで、結局のところ、経済的および知識・情報の面での企業の優位がそのまま紛争解決過程に作用して、消費者は泣き寝入りを強いられるか、あるいは説得されて諦めるか、あるいは不本意な和解に応じるか、という結果とならざるをえないのである。また、仮に満足のいく示談が成立したとしても、その履行を確保する方法にも問題がある。履行の保障のない示談は、絵に描いた餅にすぎない。勿論、今日においては消費者の苦情に適切に対処できるシステムを完備していることが企業の側におけるセールスポイントの一つとなっているから、大抵の苦情は積極的に取り上げて解決していく姿勢を示す企業も多い。しかし、企業に大きな損失となる苦情は認めないであろうし（たとえば自動車の欠陥）、このような企業側の対応によって経済的および知識・情報上の消費者の劣位が補正されるわけでもない。

(ロ)　第三者の仲介による示談　　私的示談に第三者が介入することはしばしば行われ、これによって交渉がスムーズに進むことはよくあることである。調停はこれを裁判所において一定の強制力をもって組織的に行うものであり、これについては別に検討する。ここでは、私個人ないし私的・公的な機関が法律上の強制力を伴うことなく介入する場合を扱う。

たとえば、社会的影響力ある私人に仲介を依頼することによって示談が成立することがありうる。国会議員や地方議員がこの種の役割を有効に演じることがある。しかし、このような方法が常に可能であるとはかぎらないし、仲介者自身の利害がからむことが多いため消費者にとって必ずしも満足いく結果となるとはかぎらない。また、企業側が後難を恐れて不当な譲歩に応じることがあるとすれば、これまた正しい解決とはいえない。消費者団体、たとえば消費者ユニオンとか主婦連など、が仲介して示談を成立させることもありうるが、運動としての性質上、どのような紛争についても世話してくれるわけではない。要するに私人ないし私的団体の介入はそれが強力・有効なものであればあるほど、その利用がかぎられる傾向がある。

そこで、組織的に消費者紛争を仲介してくれる第三者機関が必要となるわけであり、私的なものとしてはアメリカのベター・ビジネス・ビューロー（BBB、後述参照）や、公的なものとしてはわが国で盛んになりつつある地方公共団体の住民サービスとしての消費者相談およびこれを通して消費者苦情処理委員会などが行う苦情処理がある。この種のサービスはその利用の手軽さにおいて苦情ないし紛争そのものを顕在化させるための消費者のイニシアティブの負担を大いに軽減させる点では意味があろう。(2)しかし、その解決の実効性という点になると果たして十分な効果をあげうるかどうか疑問がある。まず、企業側を交渉の場に引き出すための強制力がない。もっとも、わが国では行政が企業を監督する立場にもあることが多いため、苦情に対し適切に対応しない企業について行政監督上の一定の不利益を与えるとか、不利益を予知させるとか、あるいは非協力的な企業のリストを公表するとかの方法で一定の強制力を行使できることがあり、この点が行政が行う消費者苦情処理の利点の一つであるがこれはあくまで事実上のものにすぎないし、これを過度に行うことは、法律上の根拠の点でも問題がある。また、経済的および知識・情報上の劣位も当然に改善されるわけではない。もっとも、消費者の苦情を根拠づけるために自然科学的な調査などが必要な場合において、行政が消費者行政の一環として品質テストや一定の実験を引き受けてくれる、といったこともありうるし、この種のサービスが行政相談・示談仲介サービスと結合されるときには、消費者の劣位は大いに改善されよう。

この種の紛争解決も、本質が単なる示談であることから、その履行確保についての問題があることは同様である。

(ハ)　裁判所の調停　　裁判所の行う民事調停は本質的には上に述べた示談の仲介と異なるものではないが、いろいろな点においてその欠点を改良している点があるとともに、また弱点をも有している。まず長所としては、これが裁判所がもつ公正さと権威のイメージを利用できること、裁判官の関与（もっとも実際には形式的なものに堕しているが)、弁護士たる調停委員の関与などによって、法律的にも筋の通った説得による合理的解決の可能性が高いこと、関係人出頭のための一定の強制力が備わっていること(民事調停法三四条)、成立した調停は執行力をもち履行が確保されること(同一六条)、などがそれである。

しかし他方では、消費者紛争解決手段としては不十分な点がある。調停は訴訟ほどではないがやはり一定の費用がかかる。それ自体で事実調査を十分なしうるわけではない。裁判官や調停委員は専門的知識や情報をもっているわけではなく、企業側の知識・情報の優位に対してバランスをとるほどのウエイトをもたない。調停に執行力があるといっても調停委員会がその世話までするわけではないから、消費者が執行手続に訴える必要がある場合には非常な困難がある。むしろ、この点では、地方公共団体の仲介で成立した示談につき、公共団体がその監督権限をバックに履行を促した場合の方が実際上有効である場合があろう。ところで、このような問題点については立法者においても意識し、昭和四九年の調停制度改革にあたり、専門的知識を有する調停委員の充実、そのような調停委員が担当しない手続での意見陳述、調停委員による事実調査の嘱託などの新制度の導入を行う法律および規則の改正を行った(3)。この改正では近時の紛争傾向に対応して、新たに交通調停および公害調停のカテゴリーを創設し一定の特則を設けた。しかし、「消費者調停」は特別のカテゴリーとしては未だ認められていない。将来の問題として、消費者調停が創設され適切な特則が設けられることになれば調停は消費者紛争解決手段として現在よりも大いに重要性を増すに違いなく、今後の発展を見守りたい。

㈡　民事訴訟　　すでに述べてきた諸々の解決手段の通有する最大の弱点は、解決策について双方当事者が合意してはじめて解決がえられるという点である。民事訴訟では裁判官の判断を一方的に押しつけ、これに既判力をもたせて不可争とすることにより紛争を強制的に解決する。他方この作用は紛争当事者の一方の手続への任意の協力を必要とせず、被告が応訴しない場合には欠席のまま原告申立てどおりの判決をすることができる(応訴強制)。このような徹底した強制的性格は訴訟の紛争解決手段としての実効性を著しく高めるものであるが、慎重な手続は形式化して必然的に時間と費用を要求し、また訴訟手続のエクスパートすなわち弁護士の関与およびそれに伴う費用を必要とする。このような訴訟の特性は多くの場合において消費者が訴訟に訴えることを躊躇させるに十分である。これは消費者紛争における消費者の劣位にますます輪をかけることとなる。その救済策として法律扶助や一部地方公共団体が試みている訴訟資金貸付制度(4)などがあるが、いずれにせよ十分なものといえない。また裁判所を気易く利用できるようにするため、とくに低額の事件について簡易な手続が用意されているのが常であり、わが国では簡易裁判所がこれにあたるが、実際には小型の地方裁判所と化してしまって必ずしも十分な効果をあげることができていない。少額紛争解決のためのサービス機関に徹した例としてアメリカの少額裁判所の試みが紹介されているが(5)、そこではもはや裁判というよりは、調停ないし強制調停または強制仲裁のイメージに近づくように思われる(6)。

少なくとも既存の民事訴訟が日常的な消費者紛争の解決のために適切でないことは時間と費用の点だけからでも明らかであるが、さらに、言うまでもなく裁判所制度は消費者紛争だけのためにある制度ではないから、裁判官の知識・経験は限られており、専門的知識の補給のためには高価な鑑定人を用いなければならない。さらに、裁判官は法によって裁判しなければならないという原則が守られなければならないが、消費者紛争の領域はまさに発展しつつある領域であるため、適切な実体法規範が存在しないという問題がありうる(7)。勿論、裁判官は柔軟・適切な法解釈により実際上妥当な結論に達するよう努力すべきであるが、法による裁判の原則の前におのずから限度があり、これが発展途上の法分野にあっては裁判所に一定の遅れを生じさせる原因となる。

(3) 消費者紛争解決手段としての仲裁

仲裁は右に検討した消費者紛争解決のために用いうる既存の諸手段に対してどのような特質を備えているであろうか。もちろん、一口に仲裁と言っても、誰が仲裁人になるか、手続や費用をどうするかなどについて、いろいろな形態があり得るから、これをも考慮に入れて仲裁の利害得失について検討しなければならない。

(a)　仲裁制度の一般的特質

消費者紛争解決のための仲裁の問題点を考える前に、仲裁制度一般に通有の特質を見ておくのが有意義であろう。仲裁は大きくみて三つの基本的要素から成り立っている。一は当事者間での仲裁に付することの合意(仲裁契約)、二は仲裁人による最終的裁判（仲裁判断)、三は判断基準および審理手続における法律からの自由、である。これ以外にも、手続の柔軟・迅速性、低廉性などを数えることもできるがこれは上の基本要素の結果として生じる特性にすぎない。

(イ)　当事者の合意（仲裁契約）　これは最も基本的な要素で、憲法論のレベルにおいてはこれがあることにより裁判を受ける権利（憲法三二条）の保障と無関係に仲裁制度が存立することができる。また、合意はこれによる仲裁人、あるいはその選任方法の指定、ないしは法律上の規定（民訴七八八条）によって仲裁人の権限の基礎ともなる。仲裁契約が要求されることは、仲裁制度はこのような合意が期待できるような種類の紛争についてのみ利用が可能であることを意味する。この種の合意が可能であることは、そこに一定限度の友好関係ないし友好関係を持続したいとの願望のあることが必要であって、完全な対立状態にある紛争両当事者に仲裁契約を期待することは困難である。これと関連して、仲裁人に誰を、またどうして選ぶかは解決策の帰趨に決定的な影響をもつことは言うまでもないが、仲裁人の選任について同意できるというためには両当事者の間に一定の共通の基盤が必要である。共通の基盤とは少なくとも双方ともが信頼する仲裁人を選びうる状況であって、このような状況が全く欠けているときは仲裁は利用できない。その場合には、国家の主権の作用として合意の有無を問わず国家の裁判官の判断を押しつけるところの裁判手続によらなければならない。このような理解は仲裁が古来、業者間の商事紛争の解決のために大いに用いられてきた事実によって裏書される。もちろん、往時においては国家の裁判機能が確立せず、信用の面でも問題があったことにもよるが、今日においても、西洋では仲裁への志向が依然として強い[8]。そこでは関係者間に一定の共通価値が保持されており、その価値体系の中で権威的存在である個人または機関を仲裁人とすることは容易に合意でき、また将来の業界内部での継続的友好関係を維持しようと思えばそうすることが得策であることが多いからであると考えられる[9]。

(ロ)　仲裁人による判断の最終性　　仲裁人が与える裁定は最終的なものとして裁判による確定判決と同一の効力をもつ（民訴八〇〇条）。このことは裁判になぞらえて言うならば、一審かぎりで上訴を許さない裁判であり、引延しのため根拠のない上訴を重ねるといった訴訟での悪弊は断つことができ、要するに迅速な紛争解決が可能となる。一般に迅速な解決が要求されるビジネス紛争において仲裁が利用され易いのもこの理由による。しかし、まさにそのことの故に前述のとおり仲裁契約成立の可能性が狭められているわけで、双方当事者が迅速な解決を欲し、いわば一審限りであることに納得したうえでなければ仲裁に付する合意ができない。さらに、仲裁制度は自力救済禁止の一般原則の例外をなすわけではないから、仲裁判断が給付を命じている場合に任意の履行がなされないときは、執行判決（民訴八〇二条）を得たうえで民事訴訟法に従って強制執行をしなければならない。強制執行はそれ自体厳格な手続で時間と費用を要するのみならず、当事者間の友好状態に決定的な破綻を惹起するものであるから、実は強制執行までしなければならないような場合はもともと仲裁に適さないと言わなければならない。仲裁判断が出ればその任意な履行が保障されるような関係が存在してこそ迅速な仲裁の真価を発揮できる。その点でも業者間のビジネス紛争は、業界のメンバーたることを続けようとするかぎり仲裁判断を受け入れ履行するよう社会的プレッシャーをかけられるという点で仲裁に適した領域であるといえよう。以上のことは、結局のところ仲裁人の裁断が無理なく当事者（とくに敗けた側）にも受け入れられるものであることを前提とする。これは仲裁人の価値基準が両当事者のそれと同一ないしそれほど大きな差をもたないことを意味し、このような仲裁人を選びうる両当事者の間に一定の共通基盤の存在が要求されることになるのである。

(ハ)　判断基準と手続構成の法律からの自由　　裁判においてはその実体面、手続面において法に従うことが要求される。すなわち、紛争解決のための判断基準は実体法によってあらかじめ提示されたものを適用しなければならないし、その手続は民事訴訟法に定められたところを厳格に守って進められなければならない。

まず、実体的基準において法に拘束されない点は、(10)扱われる紛争が特殊であるため法の規定を厳格に適用することが実際上妥当でない結果をもたらす場合に仲裁を利用価値の高いものにする。法は元来普遍的なもので、個々の具体的事例の特殊性を捨象しているし、裁判官も特殊領域の知識については一般人と何ら異なるところがない。たとえばある業界で特殊な慣習が行われているとすれば、裁判官がそれを十分会得したうえで裁判をすることができるかどうかは疑わしい。もちろん証拠調べにより慣習の内容を知ることはできるが限度がある。そこで業界の一員であってその事情に通じ、かつ両当事者から信頼された仲裁人が法律に縛られずに行う裁定は裁判官がするものより実情に適したものとなる可能性が大きいと考えられる。新しい分野で従来の実体法が予想していなかった事態についても、既存実体法の無理な解釈で解決するより、他の条件が備われば仲裁によるほうが妥当な結果を期待できるであろう。いずれにせよ法律の枠なしで判断させるということは当事者による仲裁人への信頼が大きくなければ仲裁契約が成立しないことを意味する。

つぎに、手続上の法律の拘束がないというのも全く自由なのではなく、当事者を審訊することや仲裁判断に理由をつけることなど最低限の手続的原則が法律によって定められている(民訴八〇一条一項四号五号)。しかし、その他の面においてはどのような手続によるかは当事者ないし仲裁人に任される(民訴七九四条)。したがって勿論理屈としては民事訴訟法が定めるよりももっと念の入った手続によることも可能ではあるが普通はこれより簡略化された形式ばらない手続が行われることとなり、前述の一回かぎりの原則とあいまって迅速な解決が実現できることとなる。また、仲裁手続は公開される必要がないから裁判の公開によって差しさわりが生じるような場合にはこれを回避できる利点がある。したがって、企業秘密ないし業界の内輪問題などが含まれている紛争は仲裁に親しみ易いといえる。

(b) 消費者紛争解決手段としての仲裁の適合性

つぎに、消費者紛争の特性と仲裁の特性とがどのように適合し、どのように適合しないか、を見極め、先に検討した他の紛争解決手段と比較して仲裁がどのような長短をもっているかを検討しなければならない。前述の仲裁の三要素に関連づけてこれを見ていくことにする。

(イ) 仲裁合意の可能性　消費者紛争がどの程度において仲裁契約に親しみ易い紛争であるかを一般的に断言することは困難であろう。仲裁人としてどのような人または機関を予定するか、あるいは手続のあり方や費用をどのようにするかといった問題と密接に関連するからである。しかし、先に分析したように、仲裁合意の前提として、紛争当事者間における継続的友好関係への願望と仲裁人に対する共通の信頼が必要だと抽象的に仮定した場合、消費者紛争は必ずしもこの要件を満たしていないとはいえない。たしかに、消費者と企業は互いに追求する目的を異にし、互いに相手方の立場に立つことがない点（地位の互換性の欠如）では基本的には同じ基盤に立つものではないともいえる。しかし、同時に両者は互いに相手方を必要としている。消費者は自分の苦情について納得いく応答がなされればよいので、事を構えて相手方企業と総力戦を展開しようとしているわけではない（もっとも、消費者紛争といっても組織化された消費者団体などが、一定企業に対してその営業政策の転換を迫るといった場合には事情が異なり、ここでは除外しておく）。また、企業側は一個人消費者といえどもこれとの友好関係を失うことを欲しないのが普通であるから、仲裁合意が成立する最低限度の条件は備わっていると考えられよう。問題は、仲裁人にどのような者を予定するかによって成否が決まるが、これについては別に検討するとして、いかなる仲裁人をも拒絶するという情況ではないと思われる。結局、ここで問題とする消費者紛争解決手段として仲裁が適しているかと積極的に言えるかどうかは、もっと他の要素を考慮しなければならないが、もともと仲裁に親しまない性質の紛争であるとは言えない。

合意が可能である場合、合意に至るプロセスとしては企業間紛争の場合のように契約時に結ぶことは原則として期待できず、また紛争が起こってから結ばれるとしても第三者による何らの仲介的関与なしに行われることは殆ど考えられないところである。けだし、企業と消費者の間には業界内部の業者相互間におけるとは異なり一部の部外（たとえば住宅の販売契約や建築請負契約など）を除いて契約書を作ることもないから仲裁条項をその中に含ましめることもなく、また紛争が起こってから当事者間だけで仲裁契約を結ぶことは一般消費者にとって現実的にはあまり考えられない。もし業者側がイニシアティブをとって消費者に仲裁契約を結ばせることがあったとしたら、これは消費者に不利なものであるおそれもある。[11] したがって、消費者保護の一環として仲裁を志向するかぎり、仲裁契約締結のための公正な第三者の介入が必要となると思われる。その第三者は仲裁人（機関）とは別な者または機関であることもあろうし、仲裁人（機関）そのものであることもあろう。たとえば現在中央・地方レベルで行われている公的な消費者センターのような組織は、それ自身において紛争解決機能を営むが、これが奏功しない場合において諸般の事情を考慮して仲裁への移行を勧奨し仲裁契約のとりまとめを図るに適した地位にあるといえよう。

(ロ)　仲裁人の問題　　仲裁人に誰がなるかは仲裁が上訴を許さない一発勝負であることもあって仲裁制度の成否を決する最も重要な問題である。[12] 双方が満足する仲裁人がないということは仲裁契約が成立し難いことを意味するし、仮に成立してその事件かぎりでは一応成功したようにみえても、消費者紛争仲裁が一つの永続性ある制度として定着することは難しい。前述のように消費者と企業はお互いに相手を必要とするという点では共通基盤をもつけれども、その互いの立場に互換性がなく、互いに相手の立場になって考えることのできない立場にある。したがって、双方の立場を客観的にはよく理解していると考えられる人物も、なかなか双方から信頼されることは難しい。つまり消費者と企業という二極的対立ではすべての人間はどっちかの味方に分類されて見られるという傾向があり、これを克服する方法を見出しうるか否かが消費者仲裁成否の鍵ともなろう。一つの解決は、双方がそれぞれ自分の味方と考える者を利益代表として選び、その二人が第三の仲裁人を選んで三者で仲裁機関を構成することとの提案もあるが[13]、企業側はともかく、一般消費者は誰を選ぶかは独自には決めがたいし、第三の仲裁人を選ぶのも難しく、それによって双方が自ら選んだ仲裁人に幻滅して仲裁への信頼を失ってしまうようなことがあってはやはり永続的な制度とはなりえないであろう。しかしながら、仲裁は仲裁人への信頼だけで成り立つものではない。その他の紛争解決方式との相対関係における選択の問題として仲裁が相対的に好ましいものであれば、仲裁制度が成立するに十分である。これについては次に検討するが、この問題と関連して仲裁人の給源をどこに求めるべきかという問題がある。公正さのイメージを保ちうるような給源を確保せねばならない。中立的な立場にある弁護士から仲裁人を選ぶことは外国でも行われているように一つの無難な方法であろう[14]。

(ハ)　判断基準と手続の問題　まず既存の実体法に拘束されない判断基準が利用できることにより、従来必ずしも実体法が整備されているとはいえないこの分野において、より現実に即した裁判をすることができ、「消費者衡平法」が生成される母体となりえよう[15]。しかし同時にこのような法律からの自由は、既存の実体法が自らに有利にできている側にとっては不利を意味する。企業側はこの点で仲裁を不利と受け取る可能性がある。その場合には企業は訴訟を受けて立ち裁判所で法律の適用を受ける方を有利と考えるであろうから仲裁は不可能である。しかし、他方でこれにバランスのとれる有利な点が仲裁にあれば事情が異なる。そのようなバランスとして手続上の法律からの自由がある。

企業としては消費者と紛争を起こして裁判所に訴えられることは企業イメージにとって好ましいことではない。そのため、明らかに理由のない苦情であっても折れて示談により解決することが行われうる。また、既存の実体法が企業側に有利にできているため最終的に勝訴できる場合においても、訴訟の過程を通じて企業の営業政策や製品に関する内部情報が裁判の公開原則を通じて一般に知れわたることは、それ自身世論や立法・行政に対するインパクトとなりうるわけであるから[16]、企業としてはできるだけ内々に紛争を処理したい希望をもっていると考えてよい。その点では、仲裁ならば非公開かつ非公式な手続で企業にとって好都合と感ぜられよう。これを逆からみれば、消費者紛争を闘うことによって世論を喚起し、必ずしも訴訟で勝訴しなくてもこれによって立法・行政に対して一定の政策決定を迫るといった、いわゆる消費者運動の道具としては仲裁は適していないことを意味する。仲裁機関には裁判所をこのような政治的な目的のために利用価値あるものとするところの権威と影響力が欠けていると考えられる。この仲裁の弱点は、政策形成への影響といった大きな目的をもたない一般個人消費者にとっては弱点ではない。むしろ、訴訟が高価で時間がかかることから利用不可能に近いことが問題であり、自分自身の問題について公正な解決が期待できるならば手続の公開や大袈裟な手続は望むところではない。とすればここに両者の一致点を見出すことができる。消費者にとって仲裁に赴く動機は公正さへの期待のほかに、廉価、迅速、および利用し易さであるが、この点では、企業側は消費者と利害を共通にするとは言えないところがあるが、消費者の苦情に対して適切な反応を示すことが企業イメージの向上にプラスするとの判断を加味すれば、必ずしもこの点で対立するほどの問題ではない。

では、いかにして、廉価、迅速、利用の便宜を実現できるか。まず費用の点は消費者にとって非常に重大な意味をもつ。必ずしも単価の高くない消費物資に関する苦情についてはは特にそうである。仲裁の手続は略式であるといっても、仲裁人の報酬や各種事務費など場合によってはかなりのコストを必要とする。これを消費者には殆んど負担させないということでなければ消費者紛争仲裁制度は成功しないと思われる。そのための方法としては、国ないし地方公共団体に負担させる方法、企業側に負担させる方法、何らかの一般的な方法(たとえばセールスタックスのような目的税)で現実の仲裁利用者以外の者を含めた消費者一般に負担させる方法、などが考えられる。もちろんこれらの併用も可能である。国民すべて消費者と考えれば個人所得税を大きな財源とする国庫から費用を支出することは結局消費者に負担させていることになるし、企業に負担させるといっても結局商品やサービスの価格にはね返ってくるとすれば、消費者の負担となってしまう。最終的な負担者はいずれにせよあまり変わりないが、どこにその直接の負担を求めるかによって手続の主宰主体や一般の印象が変わってくる可能性がある。公の資金による場合は国や地方公共団体の事業として行われ易く、これを行う特別機関を作るか、既存の機関に行わせるかということになろう。裁判所が調停を行うように、仲裁を裁判所の所管とすることも不可能ではない。企業が支出する場合には企業が主宰して仲裁機関を組織することもあろうし、公の団体または消費者団体などが主宰運営する組織に資金を供給することでもよいが、前者の場合の方が資金調達が容易であろうことは予想できる。もちろん、公の団体が主宰する場合の方が一般には公正の印象を与え易いが、消費者保護の強い機運の中では企業は警戒して仲裁に同意しなくなる危険もある。逆に企業側が主宰する場合は一般消費者においてこれを信用できないと考える危険があるが、消費者は、だからといって訴訟に赴くこともできないわけであるから、当事者企業とは独立した立場にある第三者機関が主宰し、第三者的な仲裁人を確保することができるならば、必ずしも消費者にとって拒否すべきものではない。[17]

（1）　消費者紛争発生原因としての消費者被害の特質については、経済企画庁消費者行政課編・消費者被害の救済三〇頁以下（昭五〇）参照。

（2）　国民生活センターや、都道府県の消費生活センターでの相談件数の推移をみても著しい増加を示している。国民生活センター・全国消費生活相談統計年報（昭和五二年度）九頁。これによると、消費生活センター、消費者団体、国民生活センターで受け付けた件数は昭和四五年度三七、九三二件、四八年度一一〇、七八六件、五二年度一六一、六七六件となっている。なお、小島武司「消費者苦情のとらえ方」（上）（下）NBL一二一号一八頁、一二三号三四頁（昭五一）参照。

（3）　三宅弘人＝浦野雄幸＝南新吾＝伊藤滋夫「民事調停法及び家事審判法の一部を改正する法律の解説」⑴⑵⑶法曹時報二七巻一号〜三号（昭五〇）参照。

（4）　これにつき、前掲一五九頁注（1）参照。

（5）　小島武司「アメリカ合衆国における少額裁判所の実情―クリーヴランド・バファロウ・ウオッシントンD・Cの場合を中心として」ジュリスト四四九号一〇八頁（昭四五）、棚瀬孝雄「少額裁判所へのアクセスと弁護士の役割」⑴⑵

民商法雑誌七六巻一号三頁、二号一六一頁（昭五二）参照。
(6) 少額事件といえども事実上および法律上の困難な問題を含むことは高額事件と何ら異ならないから、これを短時間で処理しようとすればどうしてもこれらの点をあいまいにしたままの解決とならざるをえない。この点につき、棚瀬・前掲民商七六巻二号一八五頁注⑩。
(7) 北川善太郎「取引社会における紛争解決―消費者問題を中心として―」民商法雑誌七五巻一号六頁・一四頁（昭五一）。
(8) たとえば、行政事件と交通事故による事件を除くと、民事事件の七〇％は仲裁によって解決されているとの指摘がある。Mentschikoff, The Significance of Arbitration—A Preliminary Inquiry, 17 Law & Contemp. Prob. 698 (1952).
(9) 喜多川篤典「商事仲裁」法社会学講座六、一七二頁以下（昭四七）。
(10) もっとも、仲裁も法に従うべきものとする学説もあり（喜多川・前掲一七七頁）、そのような立場をとる外国法は多い。喜多川篤典・国際商事仲裁の研究七八頁・二三四頁（昭五三）。
(11) 仲裁手続によることを通して実質的に経済的強者が弱者の不利益において利益を享受する危険のあることが一般論として指摘されている。小山昇・調停法・仲裁法五六頁（昭三三）。
(12) もっとも仲裁手続の内部で審級制度を設けることは妨げないが（小山・前掲五九頁）、それでは仲裁の迅速性は失われてしまう。
(13) 小島武司「仲裁＝私設消費者裁判所への期待」時の法令八五二号一六頁・二一頁（昭四九）。
(14) ただ、アメリカにおいてさえ消費者・企業双方とも弁護士たる仲裁人を必ずしも好まない、との指摘もあり複雑、困難な問題を含んでいる。Detterman, The Arbitration of Small Claims, 10 Forum 831, 837 (1975).
(15) 小島・前掲時の法令一八頁。
(16) 裁判を通じて行われる政策形成一般については、田中成明・裁判をめぐる法と政治（昭五四）、棚瀬孝雄「裁判をめぐるインフルエンス活動」法社会学講座五、三〇六頁（昭四七）参照。

(17) 消費者仲裁の最大の問題点はいかにして企業の同意を得るかにあり、同意の得やすい制度が必要である。消費者も何も持たないより、「何か」を持つ方が得策である。

三 外国における消費者仲裁制度の試み

外国における最近の現象として、仲裁を消費者紛争の解決手段として組織的に利用しようとする動きが出て来つつある。未だ必ずしも定着したものとも言えず、実験段階を出ないもののようであるが、最もこの試みに熱心と思われるアメリカについてはかなりの文献が公にされている。他の諸国においても若干の試みがあるようである。そこで、わが国での可能性を検討する前に、これら諸外国における実績とその評価について簡単に紹介することにしたい。

(1) アメリカにおける試み

アメリカにおける消費者紛争の仲裁による解決として現に行われつつあると思われるものとしては、裁判所における仲裁、アメリカ仲裁協会による仲裁、およびＢＢＢと称せられる企業側組織による仲裁の三つがあるようである[1]。これを順次紹介することとする。

(a) 裁判所による仲裁

ニューヨーク市の少額裁判所で始められた制度で必ずしも消費者紛争解決のためではなく、少額事件はその多くが消費者により企業を相手に起こされるところから、実際上消費者紛争解決制度として作用しているものである。ニューヨーク市の少額裁判所は、第一審裁判所民事部の一部をなし、五〇〇ドル未満の請求について管轄をもつが、一年間に七万件くらいの消費者からの訴えを受けつけ、その約八〇％くらいが裁判官によらず仲裁人によって処理されているという。この裁判所による事件処理は次のように行われる。

五〇〇ドル以下の請求をもつ原告は一律二ドルの申立て費用と一ドル一三セントの被告への送達費用を払えば訴訟を起こすことができる。通常、訴訟提起後三〜四週間後に裁判所に呼び出される。裁判所は当事者の便宜のため午後六時三〇分から開かれ、順番が来て両当事者が呼ばれると、そこで裁判所職員から裁判官の裁判をうけるか仲裁人の裁定をうけるか選択すべきことを告げられ、仲裁を選ぶよう強力に説得される。ここで八〇%が仲裁に付されることが決まる。一定の手続を経て裁判所により選ばれた約一五人の弁護士が仲裁人となり分担してこれらの事件の処理にあたる。当事者は仲裁人を選ぶことはできず割当て式である。仲裁人の審理は裁判というよりは調停に近く、明確にどちらかの有利に決定することができないケースが多いため、両方の間をとったような仲裁判断を出すことが多いという。仲裁判断に対してはもちろん上訴できない。裁判官の裁判をうけた場合なら上訴も可能であるが、裁判官の審理を選んだ場合にはトライアルの順番待ちのためかなりの手続遅延を覚悟せねばならず、それが仲裁を選択させる動機となっている。このような迅速簡易性などの長所の反面、この手続の問題点として、不当に仲裁に同意せしめられる危険があり、また十分審理できないために、とくに敗訴者に対してはこの制度に対する根深い不信を植えつけることになりかねないと指摘されている。しかし、かの著名なラルフ・ネーダによる少額裁判所制度実態調査報告書は、この制度は「今まで見出した最も優れたもの」であるとしており、また連邦通商委員会（FTC）もこの制度を評価しているという。(2)

(b)　アメリカ仲裁協会による消費者紛争仲裁

AAAすなわちアメリカ仲裁協会（American Arbitration Association）は一九二九年に創立され商事仲裁や労働事件仲裁の分野で顕著な活動をしてきた私的な社団組織である。そのような活動の一環として、個別的に消費者紛争の仲裁に関与することもしばしばあった。たとえば、ニューヨーク市の洗濯業者協会は所属業者と顧客との紛争について仲裁を採用した。これは、洗濯物の引換証に仲裁条項を印刷しておき、苦情ある顧客はAAAが選任する仲裁人による審理、判断を求めることができるとするものである。[3]あらゆる紛争の適切な解決の必要が社会問題化するにともない、AAAは一九六八年にフォード財団の援助を受け、新しい分野の紛争の調停・仲裁および事実認定等についての新しいテクニックを開発する目的をもって「紛争解決全国センター」(National Center for Dispute Settlement または NCDS)を設立した。このセンターの目標の一つは消費者紛争仲裁制度の確立であり、全米の各地で試みが開始された。その中には次に述べるように失敗に終わったものもあり、ある程度の成功を収めたものもあるようである。

首都ワシントンDCにおける試みは失敗であった。NCDSは最初企業グループや個々の会社からあらかじめ、もし消費者との紛争が起こった場合にはNCDSによる仲裁に付託する旨の同意をとりつけようとしたが、大企業はともかくとくに商店経営者の反対のため失敗に終わった。そこで、消費者保護組織である「近隣消費者情報センター」(Neighborhood Consumer Information Center または NCIC)からそこで解決できなかった紛争をNCDSの仲裁に廻してもらうような手筈を備えたが、NCICがもっぱら消費者保護のための組織であることが禍して紛争の相手方たる商店経営者の同意を得ることができず、仲裁に廻された事件は一つもなかった。一九七〇年一〇月にNCDSは消費者仲裁諮問協議会(Consumer Arbitration Advisory Council)を設立しこれが地域の主要な商店に対し仲裁に応じるよう運動を開始し、他方NCDSも消費者仲裁サービスの機構を整備して二カ月間または一〇〇ケースが処理されるまで実験を試みることとなった。そのため作られた消費者仲裁規則によるその手続は次のとおりである。[4]

二五ドル以上の目的物に関する苦情がNCDSに持ち込まれると、同一の企業に対する苦情が他からも提起される可能性があるため、一週間待ったのち、NCDSは消費者側が仲裁を欲しかつ問題が仲裁に適していると認める場合には、相手方企業に対し仲裁に同意するよう求め、同意が得られると双方が「仲裁への付託書」と題する書面に署名する。そこでNCDSは直ちに仲裁人を選定するか、または双方当事者に仲裁人候補者のリストを渡し、希望しない仲裁人名を抹消させ残った者の中から仲裁人を選定する。弁護士の必要はない。仲裁人は一〇日以内で事件を審理し判断を下す。両当事者は請求額の一〇％（最低五ドル）の手数料を支払う。

以上のような構想の消費者仲裁制度も宣伝不足と仲裁への同意のとりつけのための交渉の困難により、実験期間たる二ヵ月間遂に一件の事件もないまま過ぎてしまい完全な失敗に終わった。(5)

また、一九六九年に開かれたペンシルバニア州フィラデルフィアのセンターでも結果は思わしくなかった。最初の九ヵ月間に一九八の事件が持ち込まれ、その三〇％は消費者紛争であったが、仲裁ができた事件は一つもなかったという。その主要な原因は企業側の仲裁への不同意であった。(6)もっとも、その後NCDSはペンシルバニア州小売業者組合とペンシルバニア消費者保護同盟との間でハリスバーグとフィラデルフィアで消費者仲裁の試験計画を実施する同意をとりつけたということであり、これに加入している小売業者にはシアーズやポメロイズなど有力な業者があるということであるから、(7)その後ある程度進展していることと思われる。

同じような計画がニューヨーク州オーバニーでもあって、有力な小売業者であるモンゴメリーワードが消費者からの苦情のうち、自己の苦情処理サービスで落着しないものについてNCDSの仲裁に服する旨を同意している。またオハイオ州クリーブランドーアクロンのセンターでもクライスラー自動車会社が製造者、ディーラー、顧客の間の紛争をNCDSの仲裁に付する旨を合意したし、各方面からの事件の付託が増加しつつあるということである。(8)このほか、NCDSは仲裁人たるべき者の教育のためのプログラムを各所で行っている。

これらNCDSとAAAによる仲裁制度の問題点として次の点が指摘されている。(9)まず三ドルから五〇ドルまで手数料の徴収が行われ特に少額事件において障害となっていること（但し、濫利用を防ぐためある程度の手数料を課する必要も認識されている）。企業からの協力は徐々に得られつつあるもののまだ不十分であること。消費者仲裁制度についての一般市民および企業への広報活動が十分行き届いていないこと。

(c)　BBBによる仲裁

ＢＢＢ（Better Business Bureau）は約六〇年前に、もともとは不正広告を自主規制する目的で業者によって設立された私的組織であるが、今日では全米にわたり一四〇の事務所をもち、その重要な業務の一つとして消費者の苦情処理を行っている。[(10)] この苦情処理活動の一環として最近全国一〇〇カ所のＢＢＢで試みられているものに仲裁による解決がある。その手続は次のように行われる。[(11)]

ＢＢＢに持ち込まれそこでの話合いによって解決しなかった紛争について、ＢＢＢは仲裁によることを勧め、双方当事者が書面で同意すると、ボランティアの仲裁人プールから選ばれた五名の仲裁人候補者のリストが示され、当事者はその中から望まない者の名を抹消し残った者に順位をつけて返還する。仲裁人候補者は弁護士だけでなく、年長の人望ある人、学者、技術専門家、実業家などが含まれており、リストには各自の経歴などが示されている。このような候補者の人選は他の消費者仲裁の試みにおけるよりも幅が広いが、これは、企業および顧客たる消費者ともしばしば弁護士たる仲裁人をあまり好まないことがわかったからであるという。なお企業側の仲裁への同意・協力については、ＢＢＢが企業側の組織であることもあってすでに約二〇、〇〇〇の企業がこの仲裁によることに事前同意を与えているという。このようにして、返還されたリストによりＢＢＢは一名の仲裁人を選定する。仲裁人は当事者の都合を聞いて審理の時と場所を定め、必要ある場合には審理に先立って当事者立会いのもとに係争の製品や建築現場などの検証を行う。審理の手続は非公開・非公式に行われ、証人・鑑定人の尋問も行われうるが、通常は三〇〜六〇分で終了する。当事者が互いに遠隔地に居る場合は会議電話で行われた例もあるという。仲裁判断は書面で行われ、仲裁への同意から書面による判断まで平均二一日間である。なお、消費者がこの手続を利用するについて費用は全くかからない。この制度はかなりの成果を挙げているものと思われるが、[(12)] 問題点としては、制度全体が企業側の資金によって維持されていることから、果たして消費者のための紛争解決ができるものかという疑問、それにもかかわらず企業側からの仲裁への同意獲得に困難があること、[(13)] が指摘されている。

なお、このようなBBB独自の仲裁制度のほか、BBBは前述のAAAのNCDSによる仲裁プログラムと提携して事件をNCDSに廻す場合もある。

以上三つの最も重要と思われる仲裁プロジェクトのほかに、[14]計画段階で大きなものとしては連邦議会に提出された「消費者紛争処理法案」がある。これによれば連邦政府が資金を出して全国津々浦々に消費者仲裁と少額裁判所制度を普及させることが企図されている。この立法に対しては組織的な反対ロビーもないと言われていたが、[15]徐々に規模が縮小されたうえ結局成就しなかったようである。

(2) 他の諸国における試み

アメリカ以外の諸国においても消費者仲裁ないしそれに似た制度が発達しつつあるように見受けられる。

(a) 仲裁制度

まず、スイスにおいては洗濯業者に対する顧客の損害賠償請求を解決するため、業者団体代表と消費者団体代表からなる仲裁機関が設けられている。一九七〇年には二八一件の苦情のうち一九九件が仲裁判断により解決された。このうち、五三件は顧客に有利に、一四六件は業者に有利となったが、この一四六件のうち六二件では目的物自体に製造上の瑕疵が発見されたためであり、五五件では目的物につけられている手入れ方法の指示が誤っていたためであった。これらの場合には請求を製造者に向けるよう消費者は告げられた。この制度は仲裁であるから業者・顧客の双方が同意した場合にだけ利用できるのは勿論である。顧客・業者とも手数料を支払わねばならないが、仲裁判断が顧客の有利に出た場合にはその償還を受けることができる。

イギリスにおける試みとしては一九七一年にマンチェスター法律協会がある財団の援助をえて実験的に開始した「マンチェスター仲裁計画」がある。一五〇ポンドまでの少額事件のみを扱い、仲裁人としてはボランティアの弁護士があたる。[16]

(b)　仲裁類似の制度

厳密には仲裁制度ではないが似た機能を果たしているものがある。一つはドイツにおける自動車修理苦情処理制度である[17]。一九七〇年にハンブルグにおいて自動車使用者の組織である全ドイツ自動車クラブ（Der allgemeine deutsche Automobil Club またはＡＤＡＣ）とハンブルグ自動車修理業者組合とによって自動車修理をめぐる紛争を廉価・迅速に解決するため、「ハンブルグ自動車修理紛争調停所」（Schlichtungsstelle für das Kraftfahrzeughandwerk Hamburg）なる機関が設立された。この機関運用の費用は上記両団体が負担し、利用者から手数料を徴収しない。一九七〇年五月から一九七二年末までに三、六四八件の苦情が持ち込まれたが、大多数は技術的な説明によって顧客の納得がえられたり、当事者間の話合いで解決したので、三八四件のみが調停手続が必要と認められた。このうち一九七二年末までに落着したのは三六一件であったがその内訳は次のとおりである。五〇件は審理前に当事者間の合意により解決、一四件は弁護士の介入または裁判所への提訴により取り下げられ、二七八件が調停委員会の審理を受けた。この委員会は委員長たる法律家（裁判官）とＡＤＡＣの代表一名および修理業者組合代表一名から成り、月二〜三回開かれる。結果は、一〇九件が委員会の裁決により顧客に有利に、一一三件は業者に有利に決定され、五六件では顧客の言い分が一部認められ、あるいは和解が成立した。四件では顧客が苦情を取り下げ、一五件は係属中であった。紛争の価額はおおむね一〇〇マルク以下である。委員会の裁決は実体法および衡平に照らして行われる。弁護士の関与は許されない。手続の期間は平均二〜三カ月で、多くの場合約三〇分の口頭査問が行われるだけで十分である。和解ができないときは審理終了後直ちに裁決が言い渡される。この裁決は仲裁判断と異なり法律上の拘束力を有するものではないが、修理業者組合はその決議により所属の業者は調停委員会の裁決に従うべきことを義務づけているので、裁決が出ると業者はこれに従って任意に履行するのが普通である。裁決に従わなかったために組合から除名された例が二件ある。このハンブルグの例にならいすでに四五の都市において同様の「調停所」が設立されて成功を収めており、自動車修理以外の分野にも広めていくべきことが提唱されているという。

これに似た制度がスウェーデンでも行われている。[18] 一九六八年に国、企業および消費者の三者の代表からなる公の苦情処理委員会が設立され、旅行、自動車、繊維、電気、クリーニング、保険、などの分野に分かれて活動している。委員会は法的拘束力ある裁決を下すことはできず、単なる「勧告」を行うにとどまるが、業者が勧告に従わないときはその旨を公表することになっているのでかなりの事実上の強制力がある。一九六八年から一九七〇年の間の実績をみると、委員会による消費者に有利な勧告の五〇％は完全に履行され、九％は部分的ながら履行された。履行されなかったのは業者が破産したり廃業したりした場合が多く、これを除くと八〇％の履行率となる。業界によっては業界団体の責任で勧告を全面的に受け入れることを決めているところがあり、このような場合は仲裁に非常に類似してくる。この制度の利用者は年々増加し、ここに持ち込まれる苦情は一九六八年に七、五〇〇件だったのが一九七一年には一五、〇〇〇件、一九七四年には書面による苦情二、七五〇件、電話による苦情二万件であった。もっとも、これら全部について委員会が裁決するわけではなく、事前に話合いの仲介が行われるので、裁決にまで至った事件は一九六八年に二〇一件、一九七一年には九六三件であり、これらのうち半数の事件において委員会は苦情を全部または一部理由のあるものと認めている。裁決には詳細な理由が付される。

（1）　これら三つに言及した最近の文献としては、Detterman, Arbitration of Small Claims, 10 Forum 831 (1975), 小島「アメリカ合衆国における仲裁法の現状と課題」判例タイムズ三五五号三四頁（昭五三）、大阪工業会・アメリカにおける消費者対応の現状（訪米消費者問題調査団報告書）一三九頁以下（昭五四）。
（2）　Detterman, 前掲注(1)10 Forum 833—835.
（3）　Lippman, Arbitration as an Alternative to Judicial Settlement, 24 Me. L. Rev. 215, 237 (1972).
（4）　McGonagle, Arbitration of Consumer Disputes, 27 Arb. J. 65, 74—75 (1972).

(5)　McGonagle，前掲注(4)27 Arb. J. 75.

(6)　Eovaldi & Gestrin, Justice for Consumers. The Mechanisms of Redress, 66 N. W. Univ. L. Rev. 281 310—311 (1971).

(7)　McGonagle，前掲注(4)27 Arb. J. 80, Detterman，前掲注(1)10 Forum 838.

(8)　これらにつき、Ibid.

(9)　Detterman，前掲注(1)10 Forum 839.

(10)　ＢＢＢのその他の業務としては、消費者教育、消費者からの業者信用照会に対する回答、広告の自主規制、行政と業界との仲介、などがある。Detterman, Sankei paper 1 (1975).［これはＢＢＢ副会長のデターマン氏が一九七五年秋、東京と大阪で開かれたサンケイ新聞主催の消費者問題セミナーで行った講演原稿である。］

(11)　Detterman，前掲注(1)10 Forum 835 et seq., Detterman，前掲注(10)Sankei paper 8 et seq.（同一人になることの両文献には若干数字に違いがあり、より最近の資料である後者によった。）

(12)　この制度があることを告げるだけで当事者間に和解が成立することが非常に多いという。Detterman，前掲注(10)Sankei paper 10.

(13)　消費者側は殆ど必ず仲裁に同意するのに、企業側は一〇中六しか同意しないという。Detterman，前掲注(1)10 Forum 837.

(14)　このほか目立つもので現実化した制度としては、全国住宅建設業者協会（National Association of Home Builders)による住宅一〇ヵ年保証に含まれる仲裁と、消費者保護法による訴訟における同意審決における仲裁条項の利用がある。前者は住宅建設をめぐる紛争が話合いで解決できない場合にＡＡＡその他の仲裁組織による仲裁を導入しようとするもので一九七五年から全国的に行われているが、その成否は未だ明らかでない。Detterman，前掲注(1)10 Forum 840. 後者はワシントン州に始まり連邦を含めて全国的に広がりつつあるもので、法務長官による業者に対する訴訟における同意審決（consent order）に仲裁条項を含め、個々の消費者の被害額等の認定をＡＡＡ等の選任する仲裁人によらしめようとする方式である。Wexler, Court-Ordered Consumer Arbitration, 28 Arb. L. J. 175

(1973), Detterman, 前掲注(1)10 Forum 841.
(15)　Detterman, 前掲注(1)10 Forum 840.
(16)　これらにつき、von Hippel, Verbraucherschutz 101 (1974). マンチェスター仲裁計画の詳細は、長尾治助「イギリスにおける消費者の権利救済制度の検討」法律時報一九七四年一一月号五九頁・六三頁以下（昭四九）にすでに紹介されている。
(17)　von Hippel, 前掲注(16)97—98. 同様の制度につき、Amtrup, Rechtsberatung, Handbuch des Verbraucherrecht Gruppe 10, 5. 4. 7. (1976). Bender & Strecker, Access to Justice in the Federal Republic of Germany, in Cappelletti ed., Access to Justice Vol. I book 2, 527, 563 (1978).
(18)　スウェーデンにおける消費者救済については、von Hippel, 前掲注(16)99—100. のほか、平松毅「スウェーデンにおける消費者被害の救済」民商法雑誌七九巻五号六六六頁（昭五四）に詳しい。

四　わが国における消費者仲裁制度導入の可能性

最後に、諸外国で行われているような消費者仲裁の制度をわが国でも採用することの可否およびその成功の可能性について検討しておかなければならない。わが国では諸外国におけるように仲裁制度そのものが伝統の根を下ろしていないから、一般大衆を利用者とする消費者仲裁制度はまず「親しみ」の点で抵抗を受けるであろう。アメリカにおいて仲裁が消費者紛争解決のために利用され推進されることになったのは、他の分野における長年の経験があったからであることはアメリカの識者も認めるところである。(1)このような伝統のないわが国では企業の側においてさえ仲裁への関心は高くないし、(2)今日のように消費者問題が盛んに論じられるようになっても消費者仲裁の可能性はまともにとりあげられないのが実情である。(3)また、他の類似分野ですでに導入されている仲裁制度も十分機能しているとは到底いえない状況にある。たとえば、建設業法により中央および都道府県に設けられている建設工事紛争審査会に付される仲裁事件は微々たるものであるし、(4) 公害紛争処理法による公害等調整委員会も殆どが調停を扱い、仲裁は全くと言ってよいくらい利用されていない。(5) 労働関係の分野でも同様である。(6)

これらはすべて消費者仲裁制度の導入に消極的な材料を提供しているように見える。しかし、そのように言い切ってしまうのは早計であろう。まず、係争額が高額にのぼる建築紛争や複雑な様相をもつ公害紛争では一発勝負となる仲裁を避ける傾向となるのはやむをえない。とくに訴訟と比較すれば、わが国では上訴率が高く上訴審での再審理がいわば慣習化しているから、上訴のできない仲裁には不安が感ぜられよう。有利な仲裁判断を確保できなければ仲裁は利用されないし、法律による判断でないだけに結果の予測にも不安が残る。この点は、消費者紛争の多くを占める比較的少額の紛争では事情が異なると思われる。消費者は諦めるか何らかの解決を得られるかの立場に立たされているわけであるから、利用し易くかつ中正な仲裁機関があればこれを利用することに抵抗を感じないはずである。とくに信頼できる第三者機関から仲裁を勧奨された場合にはそうである。個人消費者の紛争では個人の決断にかかっているから多数関係者がある公害紛争とも異なって、仲裁への付託を決めることも簡単である。問題は企業の側が仲裁に応じるかどうかであるが、わが国の特殊性として、世論の盛り上がりと適切な行政指導により業者団体等を説得し、所属業者と顧客との紛争について顧客が望むなら一定の仲裁機関による仲裁に応じる旨を同意させることは大いに可能ではないかと思われる。そのためには適切な常設的仲裁機関を作ることが必要であるが、わが国の実情からすれば、私的な機関を設立するよりも、裁判所の一部として設立し裁判所のもつ権威と公正のイメージを利用するとか、現に発展しつつある地方公共団体の消費者センターに付置して、消費者相談と直結させることなどが最も成功の可能性が高いと思われる。

次に、真の仲裁制度ではないがいわば調停と仲裁の中間をいく制度がわが国における現実的な提案としては考慮に価するであろう。つまり、前述のドイツの自動車修理紛争調停制度や、わが国で昭和五三年から財団法人として発足した交通事故紛争処理センター(7) のように、委員会の行う裁定は法律上の拘束力はないが、企業側はあらかじめこれに従うことを約束しているので消費者側がこれを受諾さえすれば紛争が解決するというものである。消費者は受諾しない自由を有するわけであるが、実際上他に現実的な解決手段をもたない消費者にとってはこれを受諾することは得であれ損ではないから、この種の手続は実質的には仲裁と同様に機能すると考えてよい。このようないわば片面的仲裁は紛争当事者の地位に互換性のない消費者紛争の特質に適したものであろう。仲裁に対するなじみが少なく、仲裁のもつある種のドラスティックな性格に反感が持たれるわが国の状況下においてはこれは一つの有力な可能性を指し示しているように思われる。

（1）　Eovaldi & Gestrin, Justice for Consumers : The Mechanisms of Redress, 66 N. W. Univ. L. Rev. 281, 307 (1971).

（2）　「わが国企業の仲裁意識に関する調査」ＪＣＡジャーナル一九巻九号二六頁（昭四七）。

（3）　北川善太郎「取引社会における紛争解決―消費者紛争を中心として―」民商法雑誌七五巻一号六頁・一一頁も仲裁について消極的である。

（4）　内山尚三「建設工事における紛争解決」法社会学講座六、二一六頁・二二三頁（昭四七）。

（5）　中央レベルでの仲裁申立てはなく、地方レベルでも昭和四五年の発足から昭和四八年末までに、和解の仲介一七件、調停五九件に対し仲裁の申立ては三件にすぎない。公害等調整委員会昭和四八年度年次報告一二頁・五三頁（昭四九）。菊井維大「仲裁雑感」時の法令九〇七号一八頁はわが国における各種の仲裁の利用状況を概観している。

（6）　昭和五三年中に全国の中央・地方の労働委員会に申し立てられた仲裁事件はわずか一件であるが、あっせん事件は一、一二六件である。中央労働時報号外昭和五四年版不当労働行為事件・労働争議調整事件の概況三頁（昭五四）。

（7）　長谷部茂吉「交通事故裁定センターの設立問題」ジュリスト六〇九号四七頁（昭五一）、下森定「交通事故と仲裁制度―交通事故裁定センターの設立をめぐって―」ジュリスト同号五五頁（昭五一）、二宮丑之助「交通事故紛争処理センターの開設と将来の展望」ジュリスト六六五号一〇三頁（昭五三）参照。

（法学論叢一〇五巻四号、昭和五四年）

二　イギリスにおける仲裁(1)

一　歴史的発展とその特徴(2)

(1)　概　史

イギリスにおける仲裁（arbitration）の歴史はイギリス法そのものと同様に古いといわれ（古くはarbitramentと呼ばれた）、ホルズワースのイギリス法制史によると一二九一年の仲裁事件が記録されているという。中世においては商人階級が独自の紛争解決機関をもっていたことが知られているが、イギリスの仲裁が世界的に指導的な地位を占めるようになり、ロンドンが世界における仲裁の一大中心地となったのは一九世紀の産業・通商の飛躍的発展に伴ってのことと思われる。

イギリスにおける判例法の主導性については言うまでもないが、仲裁に関しては制定法も重要な役割を果たしてきた。王の裁判所の記録に仲裁が登場するのは一四六八年のイヤーブックで、すでに仲裁判断（award）の効力が裁判所によって承認されており、また一六七〇年頃に出版された商事法に関する著作には仲裁の要素についての明確な定義がなされていたとのことである。最初の制定法は一六九八年の仲裁法であった。その後仲裁法と名のついた制定法が現われたのは約二世紀を経た一八八九年になってからである。これは一八五四年のコモンロー訴訟法、一八三三年の民事訴訟法および一六九八年の仲裁法、ならびに当時までに確立していた慣行を統合してできたものであった。同法は、イギリスが仲裁条項に関するジュネーブ議定書（一九二三年）および外国仲裁判断の承認および執行に関するジュネーブ条約（一九二七年）に加入したことに伴う一九二四年法および一九三〇年法により修正をうけ、さらに一九三四年法によってかなりの改正を経た。これらすべてが一九五〇年仲裁法において再統合され、これが今日のイギリス仲裁法の根幹をなしている。一九五〇年法は、外国仲裁判断の承認と執行に関するニューヨーク条約（一九五八年）への加入に伴う一九七五年法、および一九七九年仲裁法による改正を経て今日に至っている。とくに一九七九年法はイギリス仲裁法の伝統的な特徴に変革をもたらした画期的なものである。

(2)　伝統的特徴

イギリス仲裁法の伝統的な特徴の最大のものは国王(家)の裁判所による仲裁への監督的介入である。[3]仲裁が国家法のもとにおいて存在を許されているものであるかぎり、裁判所を通じて行われる国家的コントロールは避けることのできないものであろう。たとえば、わが民訴法八〇一条に規定される仲裁判断の取消しはこのようなコントロールにほかならない。イギリス法にもこのようなコントロールがあるのは当然であるが、さらに進んで、王の裁判所で行われている法が仲裁の場でも行われることを保障しようとする制度が発達したことが大きな特徴となっている。わが国で説かれているところと異なり、仲裁においても法が適用さるべきであるというのは多くの国で行われている考え方であるが、[4]イギリス法はこれを制度的にもできるだけ保障しようとしたのであった。

このような特徴は具体的には次のような制度ないし原則にあらわれている。第一は、仲裁判断そのものに明白な法律点の誤り（error on the face）がある場合には裁判所は仲裁判断を取り消し（set aside）、ないし差し戻す(remit）ことができるという判例法上の原則であり（そのため仲裁判断には理由を付さないという慣行が一般化した）、第二は、仲裁手続において生起した法律問題については仲裁人から任意に、あるいは裁判所の命令によって、裁判所の判断にゆだねるという特別事件（special case）と呼ばれる制定法上の制度であり、さらに第三は、これら裁判所による介入を保障するためのものとして、当事者の合意によって仲裁に対する裁判所の介入権を排除すること（ouster）はできないとの判例法上の原則である。(5)

これらの制度・原則の成立史を辿ってみると、第一の原則は初めての仲裁法が作られた一七世紀には全く存在しなかったといわれている。一八世紀に入り、法律問題について裁判所の介入を求める試みが現われるが、この原則は確立するに至らず、ようやく一九世紀に入って、一八〇二年の Ken *v.* Elstob および、一八五七年の Hodgkinson *v.* Fernie によって確立することとなった。特別事件の制度についてはすでに一八五八年のコモンロー訴訟法がこれを採用していたが、確立されたのは一八八九年仲裁法においてである。最後に、第三の判例法上の原則は一八世紀末までには確立されていたとされる。何故このような原則と制度が成立したかについてはいろいろな見解があるようであるが、やはり最も根本的な理由としては、時あたかもイギリスの経済が飛躍的に発展を遂げた時代にあたり、商業活動の拡大に伴う仲裁の盛行を目の前にして、王の裁判所が仲裁を通じて商事に関する別の法体系が生み出されるのではないかと危惧したことがしばしば指摘されるところである。

(3)　最近の新展開

右に述べたところが最近までのイギリス仲裁法の伝統的特徴と考えられてきたところであったが、一九七〇年代に入ってからこれを揺るがす改革が行われることとなった。

まず、一九七五年法による改正はニューヨーク条約加入に伴うもので、非国内仲裁合意に反する訴訟の必要的停止および外国仲裁判断の承認と執行に関する。しかし、これらは後に述べるように旧法を一歩進めた程度のものにすぎない。

より画期的な改革は一九七九年仲裁法によってもたらされた。詳細は後述するが、この改正は先にイギリス仲裁法の特徴として挙げた三つの点を変更するものである。裁判所による仲裁の法適用の面へのコントロールは、一面で統一ある商事法の発展を可能とし、仲裁判断の客観性、したがってイギリスの仲裁の信用を高める効果があったが、他面において、仲裁手続に遅延をもたらし、手続の引延しの画策に口実を与え、また近時増えている一方当事者を国家またはその機関とする事件が他国の司法裁判所に服することを嫌ってイギリスの仲裁を回避する傾向がみられたという(6)。

このような改革気運の中で、仲裁に関する事件を担当する商事裁判所（Commercial Court 高等法院の一部）の運営に関する「商事裁判所委員会」が一九七八年に主として特別事件制度に関する改革意見を提出し(7)、これに基づいて一九七九年法が制定された(8)。同法は、国際商事仲裁のメッカとしてのイギリスの地位の回復を目指し、国際的要素のある仲裁事件においては当事者の合意によって完全に裁判所の介入を遮断する可能性を認めているほか、一般に従来の特別事件手続を廃止し、これに代えて法律点に関する制限された上訴および中間的な申立ての制度を設けた。また明白な誤りによる仲裁判断取消しの権限は否定され、これに伴って仲裁判断に理由を付させる可能性が開かれた。これらの詳細については後述する。なお、一九七九年仲裁法は一九八一年最高法院法（Supreme Court Act 1981）一四八条により若干の修正を経たが実質的な変更はない(9)。

（1）　イギリスの仲裁法に関する基本的文献として次のものがある。Russel (by Walton), Arbitration 19th ed. (1979), Gill, The Law of Arbitration 2nd ed. (1975), Parris, The Law and Practice of Arbitration (1974), Lawrance & Williams, The Law and Practice of Arbitration & Awards (1965?), Halsbury's Law of England, Arbitration (by Walton) Vol. 2, paras. 501—700 (4th ed. 1973), Macassey, England, in Union International des Avocats (Sanders ed.), International Commercial Arbitration Vol. 1, 60 (196?), Gill, United Kingdom, in Yearbook: Commercial Arbitration Vol. 2 90 (1977), Wall, United Kingdom: the London Court of Arbitration, in Cohn, Domke, Eisemann, eds., Handbook of Institutional Arbitration in International Trade 225 (1977).（以後これら

は原則として著者名のみで引用する。）雑誌として、Chartered Institute of Arbitrators の機関誌 Arbitration (quarterly). 邦語のものとしては、国際商事仲裁協会・仲裁法規集（加除式）に仲裁法および仲裁規則の原文と翻訳が収められている。一般的解説としては、関口猛夫「イギリスの仲裁手続」（付一九五〇年仲裁法翻訳）商事仲裁一巻三号三頁（昭二九）、小杉丈夫＝蓑原建次「英国仲裁法―一九七九年改正法を中心として(1)～(3)完」ＪＣＡジャーナル一九八〇年七・八・九月号（国際商事仲裁協会・別冊・昭五五）ほか、法律時報一九八一年二月号の仲裁邦語文献目録参照。

（2）沿革については前記基本文献の該当箇所のほか、とくに、Schmitthoff, Commercial Law in a Changing Economic Climate 34 (1977), Parker, The Development of Commercial Arbitration,〔1959〕J. of Bus. Law 213. 依田信太郎「英国における商事仲裁制度の史的考察」貿易クレームと仲裁四巻五号八頁（昭三二）。

（3）Schmitthoff, Arbitration : The Supervisory Jurisdiction of the Courts,〔1967〕J. of Bus. Law 318, Lloyd, Judical Control of Arbitration, 47 Arbitration No. 1 53 (1981).

（4）高桑昭「一九七九年英国仲裁法における裁判所の審査権」ジュリスト七六六号八六頁、九〇頁（昭五七）。

（5）しばしば引用される著名なケースとして、Czarnikow *v.* Roth, Schmidt & Co.〔1922〕2 K.B. 478. ここでスクラットン裁判官曰く、「イングランド内に王の令状が及ばないアルサティア（逃げ場所）があってはならない。」

（6）Schmitthoff, The Reform of the English Law of Arbitration〔1977〕J. of Bus. Law 305（邦訳・海事法研究会誌二三号一頁）。

（7）Commercial Court Committee, Report on Arbitration (Her Majesty's Stationery Office 1978).

（8）一九七九年仲裁法はすでにわが国にもひろく紹介されている。小杉＝蓑田・前掲注（1）、高桑・前掲注（4）のほか、高桑昭「英国における一九七九年仲裁法について」ジュリスト七三九号七四頁（昭五六）、岩崎一生「国際商事仲裁の最近の動向―英国仲裁法の改正を中心として」国際商事法務七巻一一号五三九頁（昭五四）、小杉丈夫＝蓑原建次（訳）・一九七九年英国仲裁法とその商事紛争への影響（国際商事仲裁協会・昭五七）、Gibson-Jarvie & Hawker, A Guide to Commercial Arbitration under the 1979 Act (1980), Kerr, The Arbitration Act 1979, 43 Modern L. Rev. 45 (1980), Donaldson, The 1979 Arbitration Act, 45 Arbitration No. 3 147 (1979).

(9)　高桑・前掲注(4)八七頁注(5)。

二　制定法上の仲裁（Statutory Arbitration）

もともとコモンローの一部として発達し、後に制定法によっても規律されるようになった仲裁の一般法に対し、もっぱら特別分野の紛争解決のために制定法が特別の仲裁制度を創出することがある。このような仲裁を制定法上の仲裁と呼んでいる。わが国でいえば、建設業法に規定される建設工事紛争審査会による仲裁がこれにあたるが、イギリスではこの種の特別仲裁制度は非常に多く、また益々増加しつつあると言われている。(1)ただ、arbitrationと名付けられていても必ずしも本来の仲裁の要素をすべて備えていない場合もあり、また、仲裁的なものから準司法機関による裁判に変質したと見られるものもある。たとえば、カウンティー・コートの裁判官(registrar)が行う少額事件のarbitrationは実質は裁判であるし、(2)一九一九年の土地収用補償法（The Aquisition of Land (Assessment of Compensation) Act）では補償額について合意ができないときは当事者が仲裁人を選べる可能性もあったが、一九五〇年の改正により必ず土地審判所（Land Tribunal）と呼ばれる機関の裁定に服さねばならなくなったから仲裁の色彩を失ったとされる。(3)イギリスには特定の問題を処理するために設立されたtribunalと呼ばれる公的機関は数多く、(4)その性格もいろいろである。土地審判所は仲裁機関ではないが、一定限度で一九五〇年仲裁法の適用も受けている。

制定法上の仲裁については、各制定法がそれぞれの手続について規定しているため、一般法たる仲裁法がどの限度で適用されるかが問題となる。一九五〇年仲裁法自身一定の条文は制定法上の仲裁に適用しない旨を定めており、(5)また特別の仲裁手続を定める制定法の側で仲裁法の適用の全面的排除を規定することが最近はよく行われるという。(6)制定法上の仲裁に服する紛争の若干を例示すると、農地法（Agricultural Holdings Act 1948）による地主と小作人との紛争、住宅金融共済組合法（Building Society Act 1874）による組合員と組合との紛争、国有地法（Crown Estate Act 1961）による国有林についての争い、等々があり、一定の紛争は当該仲裁機関による仲裁に付さねばならない場合と、任意的な場合とがある。前者の場合は仲裁としての性格が希薄となる。また、任意の場合でも、双方の合意が必要な場合と一方当事者の意思で決まる場合がある。(7)

（1） Halsbury's（1前掲注(1)）261.
（2） 谷口安平「ヨーロッパの仲裁とワルシャワの世界仲裁会議」ＪＣＡジャーナル一九八〇年一〇月号一〇頁・一三頁。
（3） Lawrance（1前掲注(1)）132.
（4） Russel（1前掲注(1)）21.
（5） 一九五一年仲裁法三一条二項によると、死亡による仲裁合意の失効（二条一項）、破産の場合の規定（三条）等、九つの条文の適用を排除する。
（6） Russel 10.
（7） 具体例の詳細については、Russel, 14～Halsbury's 260～.

三　仲裁合意とその効力

(1)　概　説

制定法の仲裁の一部には前述のように法律上当然に仲裁に付される紛争もあり（このような場合をも仲裁と呼べるかどうかは問題であるが）、また例外的な場合には裁判所の命令によって紛争が仲裁に付されることもあるが、(1)通常および本来は当事者間の合意に基づくことは言うまでもない。現行法はこれを仲裁合意（arbitration agreement）と呼ぶ。かつては（一八八九年法）仲裁付託合意（submission）と称していたので今日でもこの語が用いられることもある。なお、ある事項を仲裁による解決に付すること、ないし仲裁手続全体のことを事件付託(reference)という。仲裁合意ができる時期について、紛争の発生の前後による区別はない。将来の紛争に備えて契約の中に挿入される仲裁条項（arbitration clause）も当然仲裁合意である。仲裁に付しうる事項についてはとくに規定はないが、当事者が和解によって解決しうる紛争であるかどうかが通常の判断基準であるとされているから、わが国におけると大差ないと考えてよいと思われる。(2)

(2)　仲裁合意の形式・拘束力

仲裁合意は口頭でしても無効ではないが、その場合は一九五〇年仲裁法のもとでの仲裁合意ではないので同法による効力が与えられない。たとえば、同法に基づいて仲裁人の選定を裁判所に求めることはできず、仲裁判断も判決と同様に執行することはできないので改めて訴訟を起こさねばならない。(3)本稿では書面による仲裁合意（一九五〇年法三二条）を前提とする。

書面は独立のものである必要はなく、契約書の一条項として仲裁条項の形をとることが多い。このような場合に、仲裁条項を含む契約が何らかの理由により不成立または無効であるとの主張について仲裁人に判断する権限があるかという問題がある（いわゆる separability または autonomy の問題）。イギリスの判例は、契約が無効なら仲裁条項も無効であるとしてその権限を否定している。(4)しかし、仲裁条項は契約の他の部分から独立したものと扱うべきだとの見解も有力で、仲裁条項の中に主契約の効力問題も仲裁事項である旨を明規しておけばよいとの指摘もある。(5)ロンドン仲裁裁判法の一九七八年の規則では当事者に異議があるかぎり仲裁合意の効力を最終的に決定する権限は仲裁人にはないとしているが、一九八一年の国際仲裁規則はこれを肯定している。(6)

仲裁合意はその成立後も当事者の合意によって変更できるのは当然であるが、一方的な取消し（revocation）は許されない（一条）。一九三四年法までは一方当事者の死亡は取消しと見なされたが、現行法では承継人に効力が及ぶ(二条(1))。当事者破産の場合は、破産管財人の選択により、あるいは裁判所の命令により仲裁が行われる(三条(1)(2))。

裁判所は一定の要件のもとで当事者一方の申立てにより仲裁合意を取り消すことができる。裁判所による監督的介入の一つの場合と考えられるが、たとえば、将来の紛争を仲裁に付する旨の仲裁合意がある場合において、生じた紛争が当事者に詐欺(fraud)の責があるかどうかの争点を含んでいるときは、高等法院は仲裁合意の効力を失わしめ、これに伴ってすでに選定された仲裁人の権限をも取り消すことができる(二四条(2))。なお、仲裁合意とは別に、仲裁人の権限のみの取消しが問題となる。これについては次項で扱う。

(3)　仲裁人と審判人

イギリス法には伝統的に仲裁人(arbitrator)と審判人(umpire)の区別がある。審判人とは二人の仲裁人の意見が一致しないときに裁断を下す者で、仲裁人が一人である場合には必要ない。原則的な形は、当事者がそれぞれ仲裁人を選び、選ばれた仲裁人が審判人を選ぶというものである。審判人は手続の最初からは関与せず、仲裁人が合意に達しえない場合にはじめて介入することができる(八条)。このような場合の仲裁人は仲裁人というよりは当事者の利益代表者となりやすく、実質的には審判人によって事が決せられる傾向がある。審判人に対して、第三の仲裁人(third arbitrator)という概念がある。第三の仲裁人は仲裁人として他の二人の仲裁人と合議体を構成し、最初から手続に関与する。仲裁判断も多数決によって行われる。これらの事項に関しては一九七九年法で若干の改正がなされた。

仲裁合意において反対の定めがないときは唯一の仲裁人に付託さるべき旨の合意がなされたものと見なされる(六条)。二人の仲裁人に付託さるべき旨が定められている場合においては、その合意は二人の仲裁人による審判人の選定を定めたものとみなされ、選定された二人の仲裁人が合意に達しえないときには直ちに審判人を選任せねばならない(改正法六条)。これは一九七九年法の改正点の一つで、それまでは二人の仲裁人は選定されると直ちに審判人をあらかじめ選んでおかなければならなかった(旧八条)。しかし、これでは二人の仲裁人が結論につき合意できたときは審判人は不要となるわけである。次に、仲裁合意により三名の仲裁人への付託が定められているときは、その三名の選び方を問わず、三名は合議体を構成し三名とも最初から手続に関与し、多数決(二名)によって仲裁判断を下す(改正法六条(2))。これも一九七九年法の改正点である。従来は、各当事者が各一名の仲裁人を、かくして選ばれた二人の仲裁人が第三人目を選ぶべきこととなっている場合は、三人目は第三の仲裁人でなく審判人と見なされることとなっていた(旧九条(1))。実務界から要望のあった点である。[7]

仲裁人の選定については、具体的な仲裁人を仲裁合意の中で決めておくことも可能であるが、選定の方法のみを決めておく場合が多い。たとえば、当事者による選定または第三者(同業組合の長など)による選定などが定められている。この場合に、紛争が発生して一方当事者が仲裁人を選定したのに相手方が選定しなかったり、唯一の仲裁人について合意ができなかったり、選定を依頼さるべき第三者が選定してくれなかったり、あるいは選定された者が職務を行うことを拒絶した場合等においては、申立てにより高等法院が選定のため介入し、仲裁を可能ならしめる(一〇条)。従来、第三者による仲裁人の選定を定めているにかかわらずその第三者が選定してくれない場合についての規定が欠けていたので、一九七九年法はこの場合について明文を置いた(一九七九年法六条(4))。常設の仲裁機関(たとえばロンドン仲裁裁判所)による仲裁を合意する場合には、その機関の規則に従って仲裁人が選任される。

(4)　訴訟の停止

仲裁合意があるにかかわらず、一方当事者がこれを無視して訴訟を提起した場合に相手方はいかになしうるか。一九五〇年仲裁法(四条)によると、被告が異議なく応訴したときは裁判所からこれを問題とすることはない。被告が出頭(appear)後、プリーディングの提出その他の手続を行う前に訴訟の停止を申し立てた場合には、裁判所は、当該事項が仲裁に付すべきでないとする十分な理由がなく、また申立人が仲裁手続を進行する意思と用意があると認めれば訴訟手続を停止することができる(may stay)。停止はあくまで裁判所の裁量事項とされているため停止の基準が問題となる。多くの判例があり仲裁と裁判権との微妙な関係を示している。たとえば、争点がもっぱら法律問題である場合、外国での仲裁が約束されている場合、仲裁人が適任でない場合、訴訟物が仲裁合意の範囲を超えている場合、などが問題となっている。(8) 逆に、仲裁手続を進行すべきでない場合には仲裁差止めのインジャンクションが認められることがある。たとえば、仲裁合意を含む契約の効力が訴訟で争われている場合である。(9)

以上の一般原則に対し、国際条約によって仲裁の優先が義務づけられている場合は、停止するかどうかの裁量権はなく必ず停止すべきものとされる(shall stay)。すでに一九二三年の仲裁条項に関するジュネーブ議定書への加入により一九二四年法(後に一九五〇年法四条(2)となった)が、必要的停止を規定していたが、一九五八年ニューヨーク条約への加入にともない、一九七五年法はこれを一般に国内仲裁合意(domestic arbitration agreement)でない仲裁合意の場合に拡張するとともに、一九五〇年法四条(2)を廃止した(一九七五年法八条)。

国内仲裁合意とは、イギリス以外の国で行われる仲裁以外の仲裁を合意し、かつ、手続開始時において、イギリス国民またはイギリスに常住する者でない個人、あるいはイギリス以外の国で設立された法人または管理支配がイギリス以外の国で行われている法人が当事者でない仲裁合意を指す(一九七五年法一条(4))。二重否定によって定義しているので解りにくいが、要するに、外国が仲裁地になっている場合はもちろん、イギリスが仲裁地であっても当事者の一方または双方が外国人や外国法人などであれば非国内仲裁合意である。いわゆる国際商事仲裁はロンドンを仲裁地とする場合でもすべてこれに入る。

この国内仲裁と非国内仲裁の区別は一九七九年の仲裁法に引き継がれ、次に述べるように重要な役割を与えられることとなった。

(1) Lawrance（Ⅰ前掲注(1)）110～.
(2) Gill, Yearbook（Ⅰ前掲注(1)）95, Russel（Ⅰ前掲注(1)）24 に問題となる場合が個別的に検討されている。たとえば、法律問題のみの仲裁は可能とされる。
(3) Lawrance 18.
(4) Russel 92. Gill, Yearbook 96.
(5) Schmitthoff Commercial Law（Ⅰ前掲注(1)）43, Lord Wright in Heyman *v*. Darwins Ltd.〔1942〕A.C. 356, Russel 178.
(6) London Court of Arbitration (LCA) Rules, Rule 10―11 (d), LCA International Arb. Rules, Schedule of Jurisdiction and Powers of Arbitrator B (1) (6), Sieghart, International Arbitration Bules of the London Court of Arbitration, 47 Arbitration No. 2 130, 132 (1981). これは、仲裁条項中に明示しておけばよいとの見解に従っているのではなかろうか。
(7) Commission Report（Ⅰ前掲注(1)）15.
(8) Lawrance 32～35.
(9) Halsbury's（Ⅰ前掲注(1)）266.

四　仲裁における国家法適用の保障

(1)　仲裁の準拠法

仲裁の手続が仲裁地国の仲裁法によって規制されることは当然であるが、これと仲裁における実体的判断の基準となる規範とは別問題である。イギリスにはフランス等に見られる友誼仲裁（amiable compositeur）の観念がなく、仲裁も法によって判断されるべきものと考えられている。そして、かつてはイギリスを仲裁地とした場合は実体的にもイギリス法を準拠法と指定したものと当然に推定することが行われていたが、一九七一年の貴族院の判決以来、仲裁地の合意は準拠法の決定にあたって考慮されるべき一要素にすぎないことが確立された。かくて、仲裁においてもイギリスの国際私法によって準拠法が決定されるわけである。

(1)(2)

ともあれ、国際私法を含めてイギリス法の適用を確保するため裁判所が仲裁に介入する伝統が一九世紀以来確立したことは前に述べた。介入のための具体的方法であった特別事件の制度について概観し、一九七九年法によってこれがどのように改革されたかを見てみよう。

(2) 特別事件の制度

これは少なくとも一世紀にわたってイギリス仲裁法を特色づけてきたもので、仲裁判断において適用すべき法について裁判所の見解を求めるため、仲裁人（または審判人、以下同じ）が裁判所（高等法院 High Court）に対して特別事件を陳述する（state a special case）という形をとる（一九五〇年法二一条）。具体的には、仲裁手続中の場合と、仲裁判断を一応出した形にしたうえでこれについて裁判所の見解を求める場合とがある。

まず、仲裁手続の途中で法律上の問題が生じたときは仲裁人はいつでも高等法院に対して特別事件を陳述し、これに対する判決あるまで仲裁手続を停止することができる。当事者も法律問題があると考えるときは仲裁人に対し事件陳述をするよう求め、拒絶されたときは高等法院に申し立てて、事件陳述を命じてもらうことができる。このように手続途中の事件陳述を諮問事件（consultative case）と称し、これに対する判決に対しては上訴ができない。

これに対して、「特別事件の形式による仲裁判断の陳述」（stating the award in the form of a special case）と呼ばれるやり方があり、これは、法律問題がある場合に、事実関係を明らかにしたうえで、一方の見解によればこの結論、他の見解によればこの結論というふうに、法律上の見解によって異なる複数の結論を示して裁判所に選択してもらうというものである。裁判所がそのうちの一つを選択すると、それが最終的仲裁判断としての効力を生じるに至る。[3] この場合も、仲裁人が自発的にする場合と裁判所の命令による場合とがある。裁判所が法律問題について判決で見解を示すと仲裁判断の内容が自動的に決定されることになるのでこれは通常の判決と異ならないと考えられ、それに対して控訴院および貴族院への上訴が可能である。

以上のような特別事件の手続をとらない旨の当事者の合意は裁判所の介入権限を排除するもの（ouster）として無効とされたことは前述した。特別事件手続の由来は、法適用を誤っているとして裁判所が仲裁判断を取り消すやり方によると、また最初から仲裁手続をやり直さねばならなかったので、これを回避するためであったと言われているが[4]、時とともに、真の法律上の争点があるかぎり、係争額が少ないときや、そう重大な問題でないときでも、また答えがはっきりしているときでも、仲裁人は特別事件を陳述すべきであるとの判例が確立した。[5] この制度が引延しのために利用されることは昔からあったであろうか。特に今日のようなインフレーションと高金利の時代にあってその弊害が顕著となった。また外国政府がこの制度を忌避することが明らかとなった。なるほど、特別事件はイギリス法の問題のみに適用があるが、外国法が適用さるべき事件においても何らかのイギリス法上の問題を見つけることはできるものだと言われている。[6]

(3)　一九七九年法による司法審査

前にも触れたように、一九七九年法は特別事件手続を廃止し、また明白な法律上の誤りによる仲裁判断の取消しないし差戻しの制度を廃止したが(一九七九年法一条(1)、以下条文のみ引用)、裁判所による仲裁判断への介入を全廃したわけでは決してない。その詳細はすでに紹介されているので、[7] その要点を述べれば次のとおりである。

(a)　仲裁判断に対する上訴

特別事件の形式による仲裁判断の陳述という一風変わった方式をやめ、通常の上訴を許すこととした。ただそうなると仲裁判断の法律上の根拠を知らないことには上訴も、それに対する判断もできないので、仲裁判断に理由を付させるための一定の方策が採用された。すなわち、当事者はあらかじめ理由を付した仲裁判断を求める旨を仲裁人（または審判人、以下同じ）に申し出ることができる（一条(6)(a)）。それにもかかわらず従来の慣行どおり理由なしに仲裁判断がなされたときは、裁判所は当事者の申立てにより仲裁判断に含まれた法律問題を検討するに必要な程度の理由を述べるよう仲裁人に命ずることができる（一条(5)）。この申立てをするには全当事者の同意があるか裁判所の許可が必要である（一条(5)(a)(b)）。最初から理由が付せられていた場合、および右の手続により理由が付せられた場合、上訴が可能となるが、上訴は全当事者の同意があるか、裁判所の許可がある場合のみ許される（一条(3)(a)(b)）。裁判所は、当該法律問題の決定が当事者の権利に重大な影響を及ぼす場合でなければ上訴の許可を与えてはならない（一条(4)）。

上訴を受けた高等法院は審理のうえ、原仲裁判断を許可、変更、取り消すか、法律上の意見をつけて仲裁人に差し戻し、差し戻された場合は、原則として三ヵ月以内に新たな仲裁判断をしなければならない（一条(2)）。この高等法院の判決に対しては、高等法院または控訴院が許可し、かつ、問題が一般的重要性を帯びるか、他の理由により控訴院の審査がなされるべき旨が高等法院によって公認された場合にのみ、控訴院への再上訴ができる（一条(7)）。なお、上訴不許可の裁判および理由を付すべき申立てに対する裁判に対する不服申立てについても制限がある（一条(6)A、一九八一年改正）。

(b) 手続中の法律問題の諮問

次に、諮問事件に当たる制度は一応維持されているが、これにも厳しい制限が課されている。すなわち、仲裁人の同意または全当事者の同意ある場合にかぎり、当事者の申立てにより高等法院は仲裁手続の途中で生じた法律問題について決定することができる（二条(1)）。ただし、仲裁人が同意しても、このような決定が当事者にとって費用の節約となり、当該法律問題審査のために仲裁判断に対する上訴が認められるであろう場合にかぎる（二条(2)）。この申立てに対する判決に対する控訴院への再上訴につき、仲裁判断に対する上訴判決に対する再上訴と同様の制限がある（二条(3)）。

(c)　排除合意

(a)(b)で述べたように改正法のもとでも裁判所は制限されたとはいえなお審査権をもつが、一定の場合、当事者が書面による排除合意（exclusion agreement）をすることによって、裁判所が上訴を許可する権限、理由を付すべく命令する権限、および手続中の法律問題の諮問に関する仲裁人の同意権、を排除することができる（三条(1)）。一定の場合とは、仲裁合意が国内仲裁合意でない場合、および国内仲裁合意については、仲裁手続が開始されて後に排除合意がなされた場合である（三条(6)）。ここでいう、国内仲裁合意の意義は先に訴訟の停止に関して述べたところとほぼ同一であるが、「仲裁手続開始の時」でなく「仲裁合意の時」にイギリス国民・法人であるかどうかが基準となっている（三条(7)）。非国内仲裁における排除合意は、詐欺の主張のある事件を裁判所に取り上げる権限（一九五〇年法二四条(2)）をも奪う効力がある（三条(3)）。特別事件の手続は各種の制定法上の仲裁にも規定されているところであるが、排除合意はこれには適用されない（三条(5)）。また、非国内仲裁合意であっても、海事、保険、およびイギリスの商品取引所で扱われる物品で一定の物の売買に関する場合には、排除合意は仲裁手続が開始されてからなされる場合を除き効力がない（四条(1)(2)）。これは実務界からの要請による特別措置であるが、時期をみて廃止が予定されている（四条(3)）。排除合意の最大の眼目が、非国内仲裁、すなわち国際商事仲裁において合意により司法審査をあらかじめ排除しうるようにしようとする点にあることは明らかである。

以上のような一九七九年改正法のその後の経過は、立法者の意図したとおり、例外的な場合のみ上訴を許す実務を確立する方向に向かいつつあるように見受けられるが、他方においては中途半端との批判もあり、これによってロンドンの国際商事仲裁が往時の盛況を回復するかどうかは今後の問題である。[9]

(1) Wall（一前掲注(1)）243, Macassey（一前掲注(1)）61, Gill, Yearbook（一前掲注(1)）107, Bischoff, Amiable Composition in English Arbitration Law, 44 Arbitration No. 2 60.
(2) Compagnie d'Armement Maritime S.A. *v.* Compagnie Tunisienne de Navigation [1971] A.C. 572.
(3) Commission Report（一前掲注(7)）5.
(4) Gibson-Jarvie & Hawker（一前掲注(8)）2.
(5) Commission Report（一前掲注(7)）6.
(6) Id. 5.
(7) 高桑・前掲ジュリスト七三九号七四頁ほか、前掲一注(8)引用の諸文献参照。
(8) このように、新法のもとでも理由を付することは一般的には要求されていないので、新法施行後二年後も理由付判断は多くないようである。Steyn, Reasoned Awards under the Arbitration Act 1979, 47 Arbitration No. 4 264.
(9) 高桑・前掲一注(4)ジュリスト七六六号八七頁以下。小杉＝蓑原（訳）・前掲一注(8)掲載の諸論稿参照。

五　仲裁判断とその効力

(1) 仲裁判断の形式と要件

仲裁合意において仲裁判断（award）をなすべき期間が決められていないときは、いつなされてもよい（一九五〇年法一三条(1)、以下条文のみ引用）。期間が決められているときも、当事者の合意または裁判所の命令により延長できる（一三条(2)）。仲裁判断の形式については規定がなく、口頭でもよいとされるが、実際は書面でなされている。通常は、付託の趣旨や紛争の内容、仲裁人・審判人選定の事情などを書く部分（recitals）と判断を書く部分（operative part）から成る。[1] 理由を書かず、後刻に別紙で交付するならわしであったが、一九七九年改正法以後の実務の動向が注目されるところである。仲裁判断の内容は判決と同様に直ちに執行しうる程度に確定的でなければならない。仲裁判断書は当事者に交付されるべきであるが、仲裁人は報酬の支払まで交付しないことができる。仲裁は非公開手続であるから、仲裁判断は公表されない。(2) また、仲裁判断書の裁判所への寄託の制度はない。

(2)　仲裁判断の取消しと差戻し

裁判所が仲裁判断をなすに当たって行われた法適用について監督権をもつこととは別に、手続上の理由によって仲裁判断に対する救済を与えうることはわが国の場合と異ならない。一九五〇年法は、高等法院は仲裁人・審判人に再考させるため事件を差し戻す（remit）ことができるものとし（二二条⑴）、また仲裁人・審判人が非行を犯し（misconducted）あるいは手続を誤った場合、または仲裁判断が不正に取得された場合には、高等法院は仲裁判断を取り消し（set aside）うるものとしている（二三条⑵）。差し戻された場合は三カ月内に新たな仲裁判断をせねばならない（二二条⑵）。取り消された場合は仲裁手続を最初からやり直さねばならない。(3)

法律は差戻しのための理由を挙げていないので、概ね取消理由と同様に解され、ただ瑕疵の程度が軽く、是正可能な場合に差し戻すべきものとされる。取消しないし差戻しの理由としては、仲裁判断の形式的瑕疵、新証拠の発見、仲裁人の非行（広く解され、公正さを疑わしめるような行為があったことなど）、詐欺によって仲裁合意がなされたこと、証拠の偽造など、があげられる。(4)

(3)　仲裁判断の執行

仲裁判断は高等法院の許可をえて判決と同様に執行できる（二六条）。ただし、仲裁判断の効力について疑問がある場合には許可がなされないので、その場合には仲裁判断に基づく判決を求めるため訴えを提起し、その判決によって執行せねばならない。(5)

外国仲裁判断については、一九二七年ジュネーブ条約の適用ある仲裁判断(Foreign award)、および一九五八年ニューヨーク条約の適用ある仲裁判断(Convention award)につき、一九五〇年法三五条以下、一九七五年法一条以下の規定に従い執行することができる。[6] 両条約ともに適用ある仲裁条約には一九七五年法のみが適用される(一九七五年法二条)。

(1) Lawrance（I前掲注(1)）74.
(2) これらにつき、Gill, Yearbook（I前掲注(1)）105〜, Russel（I前掲注(1)）328〜.
(3) Gill, Yearbook 111.
(4) Lawrance 95〜, Russel 425〜.
(5) Lawrance 100〜, Russel 388〜.
(6) Russel 409〜.

六　仲裁の実務——機関仲裁

(1) 機関仲裁の発達

イギリスにはいろいろな分野において、一定の組織を備えた仲裁機関が発達しており、これらの仲裁機関の制定した仲裁規則にのっとり、またその人的・物的施設を利用して行われる仲裁（いわゆる institutional arbitration, administered arbitration）が実際上は重要な役割を果たしている。そのような機関としては各種の同業組合や各地の商業会議所、また伝統あるロンドン海事仲裁協会などがあり、また仲裁人の組織として仲裁人協会(The Institute of Arbitrators) などがある。[1] 仲裁機関として最も著名でかつ一般的なのはロンドン仲裁裁判所であるので、これを紹介して本稿を閉じることにしたい。

裁判所と名がつけられているが私的な機関である。一八九二年に設立され、変遷を経て今日ではロンドン市、ロンドン商工会議所、および仲裁人協会の三者により運営されている。大規模な国際商事仲裁事件を扱うのみならず近時は公正取引庁と提携して小規模な消費者少額仲裁にも進出している。仲裁人のプールとして仲裁人協会の会員四、〇〇〇人のうちの三〇〇人を擁し、[3]仲裁人教育・訓練のプログラムを行っている。仲裁人は法律家のほか、工学、海運、建設、金融保険、計理、財政等々の専門分野を網羅し、かつ世界各国にわたっている。もっとも、ロンドンで開催される仲裁にイギリス人以外が仲裁人となることはないようである。[4]

(2)　ロンドン仲裁裁判所[2]（London Court of Arbitration）

ロンドン仲裁裁判所は独自の仲裁規則を制定して仲裁手続を定めており、当事者は仲裁条項において、同規則による仲裁に付する旨を合意するだけでよい。一九七八年に新規則が作られたが、その後一九七九年の法改正が行われたので、これによる規則改正があるものと思われる。[5]国際仲裁に関しては一九八一年に「ロンドン仲裁裁判所国際仲裁規則」が新たに作られ面目を一新した。[6]また、一九八一年に新法に従った仲裁人協会の仲裁規則（協会規則と略称）が作られている。[7]これと、ロンドン仲裁裁判所仲裁規則との関係は明らかでないが、その構成は右の国際仲裁規則と酷似している。これら両規則には改正法を反映して、特別事件に関する規定がなく（一九七八年規則一二条(9)、一九条参照）、また仲裁判断には原則として理由を付すべきことが定められ（両規則八条(1)、複数の仲裁人があるときは多数決によるべきことが明示された（両規則九条）。また、両規則とも手続に関する部分と別に「仲裁人の管轄権、権限に関する規程」（Schedule of Jurisdiction and Powers of the Arbitrator）なる部分を設け仲裁人のなしうる事項を詳細に規定する。前述のように、仲裁人は自分自身の権限を決する権限を有するものとされ（国際規則・権限規程B(6)、協会規則・同B(4)）、職権による証拠調べなど職権主義的な色彩を導入している（同規程B）。また両規則に付された注によると、仲裁人の報酬は国際仲裁の場合一日二五〇—一、〇〇〇ポンド、一時間五〇—二〇〇ポンド、国内仲裁の場合一日二五〇—七五〇ポンド、一時間三〇—一〇〇ポンドである。なお、一九七八年規則には少額仲裁に関する一章があったが、協会規則にはとくに別章は設けられておらず、五、〇〇〇ポンド以下の事件について簡易な手続を定める一条があるにすぎない。また、一九七八年規則は、UNCITRAL規則の適用を一般的に定めているが（二条⑻⑼⑽）、協会規則にはこれに関する言及がない（国際規則一三条参照）。

（1）Gill, Yearbook（I前掲注（1））92にこれらの組織・団体のリストがある。個別分野の仲裁実務については、Mackie, Arbitration and the Commodity Trades, 44 Arbitration No. 1 13 (1977), Mildred, Arbitration as Applied to the Construction Industry, 47 Arbitration No. 4 281 (1982), Gibson-Jarvie, Arbitration on the Metal Exchange, 44 Arbitration No. 1 25 (1977).

（2）Wall（I前掲注（1））, Vigrass, Arbitration in London, 45 Arbitration No. 2 104 (1979), Vigrass, Arbitrators-Selection and Training, 47 Arbitration No. 2 112 (1981), 谷口安平・前掲（I注（2））等参照。

（3）この人数は比較的最近に急増したことが窺われる。一九七七年の文献には協会の員数は一〇〇名とある。*Compare*, Vigrass, Arbitration in London 注（2）, 113 and Wall, 注（1）, 229.

（4）Wall, 229.

（5）Schmitthoff, The 1978 Rules of Arbitration of the London Court of Arbitration and the Arbitration Act 1979, 46 Arbitration No. 1 18 (1980).

（6）Sieghart, International Arbitration Rules of the London Court of Arbitration, 47 Arbitration No. 2 130 (1981), 服部弘「ロンドン仲裁裁判所の国際仲裁規則について⑴⑵」JCAジャーナル一九八一年一一月号二〇頁、一二月号二〇頁に解説と翻訳がある。

（7）The Chartered Institute of Arbitrators, Arbitration Rules (1 March 1981). この規則は国内的仲裁に関するものので、国際仲裁についてはLCA国際仲裁規則によるとの注記がある。

（法律時報五四巻八号、昭和五七年）

三　スウェーデンおよびデンマークにおける仲裁の実態

一　序

仲裁法をもたない国はほとんどないと思われるが、ある国において仲裁がどの程度かつどのように利用されているかについてはこれを知りうる資料が極端に少ないのが現状である。これはもともと仲裁が非公開の私的手続であることをもってその特徴としていることからすれば当然かも知れない。常設的な仲裁機関の関与のもとに行なわれるいわゆる機関仲裁については手続ルールもはっきりしており、その利用の状況もある程度知られるところであるが、このような仲裁が行なわれている分野は限られているし（たとえば国際商取引の分野）、いわゆるアドホック仲裁については全く知られていない。機関仲裁についてもその実態については必ずしも外部者にはよく知られているわけではないし、評価もいろいろである。筆者の経験でも、有名なパリのICC (International Chamber of Commerce) の職員からは大いに自画自賛を聞いたが、利用者側の弁護士からは高価で長期とのひどい悪評を聞いたことがある。この体験からもわかるように、仲裁の行なわれ具合やその実態に迫る一つの有効な手段は仲裁手続への関与者の口から自らの体験を語ってもらったものを集めて整理、分析することであろう。

ここに紹介しようとするものは、一九六七年から一九六九年にかけて行なわれ、一九七三年に成果が公表された、スウェーデンおよびデンマークにおける実態調査である。北欧の仲裁や仲裁法がわが国において有する実務的な価値はさほど大きくないと思われるか、同地域の仲裁法はもちろんその実態についてほとんど知られていないことでもあり、(1)また、このような実態調査は例が少ないので我々の今後の仲裁研究にも参考となるのではないかと思われる。この研究の成果は単行本、Blegvad, Britt-Mori, Bolding, P.O. & Lando, Ole, in cooporation with Gamst-Nielsen, Kirsten, Arbitration as a Means of Solving Conflicts (New Social Science Monographs E6) として一九七三年にコペンハーゲンで出版されたもののようである。出版社の記載はなく、New Social Science Monographs は社会科学分野の成果を刊行する non profit institution である旨の注記があり、タイプライターで打ったものをそのままオフセット印刷したものの如くである。これは筆者が一九八〇年にワルシャワで開かれたＩＣＣＡ会議に出席の途上各地の仲裁制度を調査したときに、ロンドンのロンドン大学高等法学研究所 (Institute of Advanced Legal Studies) の書庫内で偶然見つけてコピーしたもので、同書には Prof. A.G. Guest の寄贈書である旨が示されている。そんな訳で、本書はあまり広く流布された文献ではないと思われる。なお、これは成果発表の第一段階でより詳細な分析が後日第二巻として発表される予定である旨の記述があるが、続巻は刊行されていない模様である。

本書は本文一二一頁および付表（一九一頁まで）から成っている。以下では本書の構成に従ってその概要を紹介するとともに、資料として価値あると思われる部分については日本語訳を試みる。

（1）　わが国において、北欧の仲裁制度に触れた文献としては、古賀正義＝鈴木五十三「スウェーデンの仲裁制度」国際商事仲裁協会発行資料、小島武司「スウェーデンにおける仲裁の法理と実際」比較法務誌一三巻二号（一九七九）、倉地圭二「日本、スウェーデン貿易仲裁協定成立の意義とその背景について―国際商事仲裁の現状」財経詳版四五六号（一九六二）、関口猛夫「スウェーデンの仲裁手続」商事仲裁一巻四号（一九五四）、小杉丈夫「ギリス・ヴェッター著『公法上並びに私法上の国際仲裁手続』」ＪＣＡジャーナル二六巻一一号があるとされている。菊井維大＝松浦馨「仲裁邦語文献目録」法時五二巻一一号一七五頁（昭五六）による。なお、法時五四巻八号一八九頁（昭五七）の続編には北欧関係の文献は見当らない。

二　本実態調査の方針と方法

(1)　目的・方針の樹立と準備

序文によると、この研究の目的は二つあり、第一は紛争研究の一方法としての商事仲裁の役割についてよりよき知識を得ることであり、第二には、現行仲裁法の有効性と妥当性を明らかにし、この後の紛争解決手段にかかわっている法律家や技術者の役割と態度を明らかにすることである。発端は、訴訟に代わる法についての調査の任務を負っていたスウェーデン手続法委員会が商事仲裁について情報を求め委員でありウプサラ大学教授エケロフが一九六六年にこのような研究の必要を説いたことに始まる。一九六七年初頭に研究グループが組織され、労働仲裁、職業団体内仲裁、家畜紛争仲裁を除き、商事仲裁のみを対象とすることが決められた。ここにいう商事仲裁とは、建築・建設契約紛争、国内・国外当事者間のビジネス紛争および借地・借家紛争に関するものを指す。

研究グループは異なる分野と国の専門家から成る。Bolding と Lando は法律家であり、Bol ding(1) はスウェーデン人で手続法の専門（Lund・大学教授）、Lando はデンマーク人で国際法、比較法の専門、Blegrad はデンマークに帰化した法社会学者で、デンマークで法学教育を受け、スウェーデンで法律学の学位も社会学のトレーニングも受けた。

研究グループはスウェーデン銀行三〇〇年記念財団およびデンマーク社会科学研究協議会に研究補助金を申請し、仲裁利用の頻度、仲裁人の出身、仲裁利用の理由、スカンディナビアの民事訴訟にビジネス界の人々をして仲裁を選ばせる原因があるか、といった点についての事実調査を提言した。仲裁の実態が知られていないのは、これが公の監督や登録に服さないことによる。若干の同業団体（スウェーデン建築業組合やデンマーク建築技師協会）

は記録を保存しているが組織的な分析の対象とされたことはない。

従来、仲裁は訴訟に比して迅速で安価な紛争解決手段であり、決定過程においても訴訟にない可能性を有し、手続非公開の利点を有すると言われてきた。研究グループはこれらの見方が仲裁に関わった人々の間でも広く賛同を得ているかどうかを確かめるため若干の「中心人物」に面接調査をなし、これらの見方がビジネス界における支配的なイデオロギーを指し示しており、他の方法よりも仲裁を好む原因となっているとの結論を得た。

研究グループが抱いた紛争解決の一般的モデルは以下のとおりである。人々は取引関係について意見を互いに異にするとき、これによって生じた緊張関係を無視しようと努力するか、交渉するか、一方当事者が他方に意思を押しつけるかする。このようにして自分らで緊張を解決できない、これを紛争と認識して第三者を導入する。その場合当事者は異なった手続が選択できる。すなわち、あっせん、調停、仲裁そして訴訟がある。あっせん、調停は最も強制力が少なく、解決は足して二で割る式になりがちである。訴訟は最も強制力があり、オール・オア・ナッシング的になりがちである。仲裁はこの二つの中間に位置づけされる。

(2)　方法の選択

A　スウェーデンとデンマークの比較研究グループの構成から両国でのデータを比較する方法を採用することになった。両国の社会的状況は紛争解決手続に関して比較を可能とする程度に十分類似していることが了解された。

B　データ収集の方法　まず内外の文献によって問題点の点検が行なわれた。グループの一員であるBold-ingは彼自身仲裁法に関する著書を二冊（一九五六年、一九六二年、いずれもスウェーデン語）著していたし、いずれもこの方面の専門家であったが、更に本格的調査のための基礎資料を得るため商事仲裁に関する専門家と目されている若干の重要人物（Key-persons）に面接調査を行なった。まず初めは、仲裁について何らかの著作のある人達が選ばれ、面接調査の過程でこの人達からまた他の専門家を紹介されるというように広がり、結局スウェーデンで二〇名、デンマークで一三名が面接された。面接は一九六七から六八年にかけて行なわれ、本研究が対象とする各種仲裁分野における専門的な問題をカバーした。

資金上の問題もあり、また面接調査では多数の人々を調査対象とできないので、アンケートを郵送することによって本調査を行なうこととなった。重要人物の面接によって得られた資料を基礎として、この二種のアンケート票が作られた。一つは建築家、技術者、工人等の各種の職業団体向けのもの、他は過去において仲裁に関与したことがあると思われる人々に向けたものである。そして、団体向けのものよりは個人向けのものの方が情報が得易いとの理由により、差しあたりは個人向けのアンケート調査のみを行なうこととなった。この案は一九六八年内にストックホルムで仲裁専門弁護士のパネルの討議にかけられ、また研究グループはアメリカに視察旅行を行ない、同種の調査をしたことがあるメンチュフ教授を中心とするシカゴ大学の研究者グループとも同案について意見を交換した。

面接調査のときには自ら事業者として、あるいは法律顧問、経営顧問として携わる者が対象に選ばれたが、アンケートは法律家のみを対象とすることになった。これは、法律家が紛争解決過程に最も深くかかわっていることが面接調査から判明したからであり、また、法律家が弁護士であれ、裁判官であれ研究グループにとって接触がし易いとの理による。

(1)　ボールディング教授については、P・O・ボールディング・福山達夫訳「権威による解決か、市民による解決か、紛争処理の二つの方式―スウェーデンの裁判制度について―」判タ三四八号七八頁中〈訳者まえがき〉に紹介があり、本仲裁研究についても言及されている。

三　アンケート調査の実施

(1)　調査対象

前述のようにアンケートの送付先は法律家に限られたが、その背後にはアメリカと異なってスカンディナビアには当事者本人から御協力が得られないとの予想があったという。しかしその理由は説明されていない。ビジネス世界の閉鎖性にあるのではないかと思われる。

ここで、スウェーデン・デンマークにおける法律家養成と職業団体について言及がある。両国とも一二年の学校教育ののち四年ないし六年の大学における法学教育の課程をもつ。カリキュラムや試験制度も同様で、教育方法についても相違はない。但し、スウェーデンでの手続法科目は仲裁に関する若干の知識が授与される。しかしデンマークではそのようなことはない。弁護士志望者とその他法律職志望者の間に教育上の区別はない。

スウェーデン訴訟法典は弁護士がスウェーデン弁護士会を形成することを要求し、その会員のみが弁護士 advokat のタイトルを称し得るものとする。会員になるためには、jur Kand (juris Kandidat, 弁護士補としておく) と呼ばれる大学法学部卒にあたる学士号を有し、かつ五年間実務に従事せねばならない。デンマークでも同様であるが、スウェーデンでは advokat は弁護士会会員と同義であるのに対し、デンマークの advakat とは法務省から法律実務を認可された者、と定義されている。そのためには cand jur. (juris Kandidat) の学位を有し、三年の実務経験を必要とする。(1)

スウェーデンの裁判官は法律学の学位をもち三年間の行政府内での法律事務ののち試験を経て採用される。あとは主として年功により昇進するか、途中で法作業等に携わることがある。裁判官が仲裁人となるためには公務員給与法が一定の制限を設けている。最高行政裁判所の裁判官は仲裁人となれない。下級裁判所裁判官は単独仲裁人または主仲裁人のみなれる。高等裁判所裁判官には制限がない。デンマーク裁判官も法律院試験で上位を得た者で、中央官庁の法律職員、検察官として、または法律事務所で最低三年の実務を経た者から採用される。(2) 最高裁判事について別に特別の要件がある。デンマークでは裁判官が仲裁人になるについて何ら制限はない。

(2)　予備的アンケート調査

一九六八年にスウェーデン弁護士会会員の八％に当る一〇〇名の無差別抽出した会員および科学者たる八名の専門家にアンケート案を送付して、案が適当かどうかのテストが行なわれた。回収率は五三％であったが、その結果、事実の調査については案がよくできていることがわかったが、主観的な見解（態度）の測定のためには必ずしも一義的な回答を得られないことも判明した。以上について若干の修正が行なわれたが、最も主な修正は正確性を期するため、過去一〇年間の調査を五年間に短縮したことである。五年以上も前のことは思い出せないとの回答がかなりあったからである。

(3)　アンケートの配布

スウェーデン：アンケートは一九六八年一一月、スウェーデン弁護士会の全会員一三〇〇名に送られた。これらの弁護士は法律事務所または法律扶助事務所の弁護士、若干の引退弁護士および一三〇名のアソシエート弁護士（いわゆるイソ弁に当ると思われる）、いずれかである。さらにスウェーデン裁判官協会会員の半数に当る二一三名の裁判官を全国各地から満遍なく選ばれた。すなわち、一〇二名の下級都市判事(rädmän)、九六名の下級地方判事(häradshövdinger)、九名の水法裁判官(vattenrättsdomare)および六名の退職裁判官である。加えて、会社弁護士協会の全会員に送付された。この場合、名簿によると一六〇名のいろいろな地位の人々が会員となっている。すなわち、会社経営者、社内弁護士、jur. Kand 等である。(3) 回答がない者には催促状が送られた。

デンマーク：弁護士会名簿に登録された二一七九名の弁護士およびデンマーク裁判官協会の全裁判官二二四名にアンケートが送られた。

いずれも、回答の表紙には氏名を記してもらったがこれは回答と上記の名簿とを照合するためので、照合が済めば表示は廃棄されたので調査そのものは無記名である。

(4) 収集資料の質の問題

回収された回答から得られた情報の質について詳細な分析が行なわれている。アンケートは事実を確かめる部分と意見ないし態度を聞く部分とがあるが、この区別を明確にするため後者については「あなたの意見によれば……」といった文言を質問に必ず入れるなどしてできるだけ意思した回答が得られるよう努力が払われたとのことである。回答は選一式であるので回答のコード化にはあまり困難はなく、コードの間違い率は抜取り検査では〇・八%であったという。分析にコンピューターが用いられたかどうかなど明らかではないが、回答はパンチのカードによって処理されたとの言及がある。回答の質に関する個別的問題点の分析は次のとおりである。

A　代表性 (representativeness)　対象別、地域別回答率からみて、回答が調査対象をよく代表しているかどうかが検討される。

スウェーデン：スウェーデンでの回答率は、弁護士五七%、裁判官七三%、会社弁護士六八%、平均六六%であり、それぞれをさらに区分すると、弁護士のうち、通常弁護士五四%、協力弁護士六六%、法律扶助弁護士六七%、引退弁護士三三%、弁護士補 (jur. Kand) 七四%、裁判官は退職判事三三%、下級裁判所裁判官のうち都市判事 (rädman) 七六%、地方判事 (häradshördinger) 七一%、水利権裁判官六七%、会社弁護士については、経営管理者 (manager) 五八%、社内弁護士七三%、弁護士補八六%、その他五七%、となっている。弁護士が全対象の七九%を占め、裁判官は一二%、全記弁護士は九%であった。仲裁について経験が多いと見られる者、す[4]

なわち独立弁護士、協力弁護士、都市・地方判事、経営者、社内弁護士、から満足すべき率の回答が得られたとしている。

次に、地方別、年齢別の回答率について詳しい分析があるが省略する。

デンマーク：デンマークでは会社弁護士は別グループとされておらず、弁護士と裁判官のみである。回答率は弁護士五〇%、裁判官八五%であり、内訳は、弁護士についてはその資格に応じ地裁のみで弁論できる者、高裁でもできる者、最高裁でもできる者の三種に分かれ、それぞれ四八%、四八%、五三%の回答率、裁判官は、最高裁、高裁、海事・商事裁判所と下級裁判所（各地区ごと）に分けて集計されている。概ね八〇%以上である。仲裁に経験があると思われる高裁・最高裁で弁論できる弁護士は全弁護士中、前者が四三%、後者が三〇%を占める。弁護士の全体としての回答率はあまり良くないが、地方では仲裁への関与の機会が少ないことを考慮すれば、さして問題がないとされている。

次に、地方別、階層別、年齢別の分析があるが省略する。

結局、スウェーデンとデンマークでは若干の相違があるものの全体として得られた資料は十分に代表性があると結論づけられる。

B　信頼性（reliability）　信頼性とは同じ主題について同じ方法をとった場合同じ結果が得られるとき高い訳であるが、そのためには偶然の要素を排除せねばならない。アンケート内容について質問の趣旨不明とのコメントがなされていたり、明らかな質問の取り違えがあったことなどから、信頼性に問題がないわけではないが、事前に行なった内容を殆ど同じくする予備アンケート調査（対象一〇〇名、回答五五名、うち仲裁経験者三一名）の結果と本調査の結果と比較すると酷似しており、これによって信頼性が確かめられたものとされている。

C　有効性（validity）　得られた資料から有効な推論がなしうる性質のものかどうか、測定しようと意図したものが測定できているか、の問題である。これをチェックする手段は確立されていないとされる。事実を問う部分は問題が少ないが、記憶の問題や態度による回答などがある。同種の問いに対する回答をつき合わせて検討できるが、矛盾するときには困難な解釈問題を生じさせる。結論としては、意見・態度を問う部分についても十分に有効性があるとされている。

D　正確性　調査手段がある調査対象につき、他の調査対象との関係において正確にその位置づけをなし得るかどうかの問題である。この点については、このアンケートが採用した三種の回答方式について検討が行なわれた。たとえば、Yes, No, No Opinion の選択では意見の強さが反映されないなどの問題が指摘されているが、結論としては、本調査がそれ自体予備的(exploratory)なもので高度の正確性は期し難いこと、何らかのデータを得ないことには次のより高度な技法の採用もできないことが指摘されている。

(1)　スウェーデンの弁護士制度については、萩原金美「北欧法律事情(2)」判タ二六五号五五頁(昭四六)、同「スウェーデン民事訴訟の素描」判タ二六〇号二頁(とくに九頁)(昭四六)、菱木昭八朗「スウェーデンにおける法学教育と法律専門職」専修法学論集七号三七頁(昭四四)。スウェーデンでは弁護士会会員でないエリス・インディダートでなくても弁護士業務ができ、また、司法試験にあたる juris Kandi tateramen に通らなくてもできるということである。デンマークの弁護士制度については、萩原金美「北欧法律事情(13)」判タ二七八号三九頁(昭四七)。

(2)　スウェーデンの裁判官制度につき、萩原・前掲(14)判タ二七九号五八頁、菱木・前掲、武田竜夫「スウェーデンの司法制度」法時三一巻一三号二〇頁(昭三四)。アンケートについては、萩原・前掲(13)。両国とも裁判官になるのはなかなか困難なようで、いろいろな職場で体験を積んでのち四〇歳ぐらいで正式に位官するようである。両国とも、都市判事と地方判事の区別があって、成績優秀者でないと前者にはなれないという。

(3)　ここで会社弁護士というのは company lawyer の訳であるが、法律家の資格において企業で従事する者の総称であると思われる。このうち社内弁護士というのは house lawyer の訳で、言わば、法務専門職を指すようである。jur. Kand はその補助者として働いているのではないかと思われる。これら会社法務の実情について知りうる資料は見当らなかった。デンマークについてはこのカテゴリーがとくに挙げられていないので、会社法務のあり方につき両国にかなりの差のあることが推定できる。

（4）スウェーデンにおける法律扶助制度については、西迪雄「英国および北欧諸国における法律扶助制度」（在外研究報告五号）、萩原金美「スウェーデン法律扶助制度の研究」法学新報七八巻一・二・三号二七頁、菱木昭八朗「スウェーデンにおける新しい法律扶助法と訴訟保険」専修法学論集一八号五九頁（昭四九）。

四　スウェーデンとデンマークの仲裁法

アンケート結果の分析に入る前に両国の仲裁法の内容が紹介されている。スウェーデン仲裁法については、すでにわが国にも紹介があるが、(1) デンマーク仲裁法については知られていない。ここでは本書に従って両国仲裁法を素述し、全文が引用されている両国仲裁法のうちわが国に紹介されていないデンマークの一九七二年仲裁法の全訳を試みたい。

(1)　スウェーデンの仲裁法

現行の制度法としては「仲裁人に関する法律」と題される一九二九年の仲裁法およびジュネーブ条約に応じて作られた。やはり一九二九年の「外国仲裁合意および仲裁判断に関する法律」の二つがある。数次の改正を経ているようであるが基本的な変更はないものと見受けられる。(2)

仲裁合意：仲裁合意は既発生の紛争あるいは将来発生しうべき紛争に関してなされうるが、要式については規定はない。契約の一条項とされるのが通常である。仲裁合意の存否について争われた最高裁判例が紹介されている。ある機械の注文を受けた会社が、この請書に「機械業会の一般引渡規定により引き渡す」旨のゴム印が押してあり、そして、その規定には仲裁条項が含まれていた、というケースで最高裁は買主は仲裁条項に拘束されないとした。仲裁に付しうる紛争は民事に関し和解ができる事項ならば何でもよい。仲裁人は当事者の申立と主張事実に拘束されるが、これが守られなかったとして問題となることがしばしばある。国も公共団体も仲裁合意ができる。手続開始のためには一方が他方に仲裁要求書を送りつけ、他方が一四日以内に自分側の仲裁人を選任しないと、最高執行当局（Overexek utor）(3)に申し立てて選任してもらう。従って、相手方が協力しないときも一方的に手続が進められる。

手　続：仲裁人の選任方法および審理手続については当事者の合意によるが、機関仲裁ではその規則による。当事者間の合意がないときは、双方が一人の仲裁人を選び、その仲裁人らが長たる第三の仲裁人を選ぶ。仲裁人は証人に宣誓させることができない。証言が拒絶されたときは裁判所に送る方法がある。当事者の攻撃防御の権利は保障されねばならない。

仲裁判断：仲裁判断は手続開始後六カ月以内に行なわれねばならない。理由および日付は示さなくてよいことになっているが、仲裁人の署名ある書面によりなすことを要する。署名を拒む仲裁人があるときは過半数仲裁人の署名で足る。仲裁判断の取消を求めうる場合は極く限られているが、一定の場合には当然無効とされる。仲裁人が法に拘束されるかどうかがしばしば問題とされるが、法適用の有無は仲裁判断の効力を左右しない。

仲裁判断の執行のためには「上級執行官」に申立てをなし、上級執行官は要件を審査して執行判決（exekvatur）をなす。

費　用：仲裁人が自らの報酬を決め、当事者が定めないときは、当事者間の費用の分担を決める。報酬決定は申立により裁判所で審査されうる。

外国仲裁合意と判断：外国で行なうべき仲裁を合意しているのが外国仲裁合意で、この合意に反して国内・外の裁判所に訴訟を起こすことは許されない。外国仲裁判断は一定の要件のもとに執行可能であるが、執行判決はストックホルムの高等裁判所が与える。スウェーデンは一九七二年に一九五八年ニューヨーク条約を批准した。

このあとに一九二九年の仲裁二法のＩＣＣから出ている英訳が掲載されているが国際商事仲裁協会による翻訳があるので省略する。(4)

(2) デンマークの仲裁法

一八六三年のデンマーク法典（Danske Lov）には仲裁に関する一条があり、また一九三〇年の保険契約法には約款中に規定される仲裁に関して保険契約者を保護する規定が存在したが、このほかには制定法がなく、仲裁法は判例法にとどまっていた。

一九六二年に法務省は仲裁法制定のための委員会に設立した。一九六五年に委員会は報告書を提出し、必要な部分についてのみ立法を提案し、他の部分については現存の判例法に任せるべきものとした。そして、この委員会の提案に基づく仲裁法が一九七二年に発効した。これは一三条のみからなる法律である（翻訳後掲）。なお、デンマークは次の条約に加盟している。一九二三年の仲裁条項に関する議定書、一九二七年の外国仲裁判断の執行に関するジュネーブ条約、一九六五年の国家と他国国民との間の投資紛争の解決に関する世界銀行条約、もともと、新しい仲裁法ができれば、一九五八年ニューヨーク条約と、一九六一年ヨーロッパ条約を批准する予定とあるから、新仲裁立法が企画中のようである。

以下にデンマーク仲裁法の概略が紹介される。

Ａ　仲裁合意　要式はない。口頭でもよい。一九七二年法は仲裁合意あるに拘らず起こされた訴訟は却下するべきものとする。合意が付合契約中とある場合には仲裁条項が明白に書かれていなければならない。しかし、商人間のビジネス取引ではこのルールは適用しない。将来の紛争は特定の法律関係から生じたものにかぎり仲裁に付することができる。一方が仲裁人を選任しないとき、他方が裁判所に選任を申し立てうるかどうかは明らかでなく、最高裁が他方に選任を命じたケースにおいても、その判決の執行方法につき問題があった。しかし、一九七二年法は一定の場合に裁判所が仲裁人を選任しうることを明定した(三条)。

当事者が仲裁地について合意しないと裁判所が決めることになるが(三条)、相手方の住所地となる可能性が大きい。仲裁人の数や選任方法について合意ないときも裁判所が決める。判例はかねて、合意による仲裁人選任方法が公正に反するものがあるときは仲裁合意の効力を否定してきた。たとえば、同業組合とその一組合員との間の紛争が大多数の仲裁人が組合員である場合である。一九七二年法はこの趣旨を制度化した(一条二項)。しかし、一般的には、第三仲裁人を除き厳格な中立性は要求されていない。しかし、当事者選任の仲裁人といえども、当事者の事件を受任したことのある弁護士とか、経済的に当事者に依存している者は資格ないものとされる。中立性の争いは遅滞なく裁判所に申し立てるべきである(四条)。

仲裁に付しうる事項については明確な規定はないが概ね他国と同様と考えてよく、独禁法関係の事項について政府機関が仲裁の当事者となることを許している。仲裁合意の無効・取消や紛争が仲裁事項に関しないなどの理由により仲裁人の権限を攻撃することはかつては直接に裁判所に持ち出すことができたが、一九七二年法はこれを変更し、原則として、この種の問題は仲裁人自身によって任せられるべきものとした。なお、契約の効力とその中に含まれる仲裁条項の効力は分離して考えられている。仲裁人の権限に関する仲裁人の判断を最終的なものとする旨の合意(competence-competence)の効力については規定がないが、裁判所はその効力をおそらく認めないであろうとされる。

B　仲裁の手続

手続については当事者の合意に任せられるが基本的なデュープロセスの要請は満足させられねばならない。この要請の具体化については一九七二年法は規定を置いていないので、従来の判例法がなお妥当する。たとえば、仲裁判断の前の合議の必要性、当事者の平等取扱いなどである。但し、多くの仲裁事件を占める商品品質に関する事件では仲裁人は当事者を立ち会せないで商品を検査できる。

C　仲裁判断　仲裁判断をなすべき時期について明文規定はない。また書面によるべき旨の規定もない。但し、一九七二年法によると、当事者が執行を申し立てるときは書面による仲裁判断を裁判所に提出せねばならない。理由を付する必要もないが、アンケート調査から知られるとおり通常は理由が付されている。

仲裁人が法によって判断すべきか善と衡平によって判断することもできるかにつき、デンマーク法は後者を禁じてはいないとする。但し、一九七二年法は公序に反する仲裁判断は執行できないものとするし、明白に誤った根拠に基づくと思われるものもおそらく取消しの対象となる。たとえば契約違反による賠償請求において違反は故意によらず過去によるにすぎないからとの理由で請求を棄却する仲裁判断。

仲裁人は自分の報酬や手続費用について、規定できる。一九七二年法はこれに関する仲裁人の決定は裁判所により再審査しうるものとする。

裁判所による仲裁判断の取消しとは、手続違反、明白な誤り（前述のような理由の不備を含む）等の理由により可能である。単なる証拠の評価の誤りは含まれない。取り消された場合、申立人は訴訟を起こすべきか、仲裁手続を再び開始すべきかについては明白ではないが、取消しの理由によって任せられるべきであるとされる。

D　仲裁判断の執行　一九七二年改正まで、執行のためには裁判所に訴えを起こし、仲裁判断に基づく判決を得なければならないことなっており、批判の対象であった。一九七二年法は通常の判決と同様の方法で執行できる旨を定める。これによると執行機関（下級裁判所裁判官）が申立てを受けると異議があれば、これについて略式審理で決定する。複雑な問題については通常訴訟で争うよう命令する。外国仲裁判断についてもかつては同様であったが、一九七二年法（一〇条）によれば、法務省がこれに関して規則を作ることになっており、一九七二年秋には施行される予定である。

《一九七二年デンマーク仲裁法》

第一条　当事者間の合意によれば仲裁によって決せらるべき紛争についての訴訟は、申立てにより却下されなければならない。
仲裁合意は、紛争が性質上仲裁に付しえないものであるとき、あるいは、当事者またはその一人にとって不利益な仲裁人構成あるいは手続を定めているときは無効である。
第二条　仲裁手続開始後に起こされる訴訟においては、裁判所は紛争の全部または一部が仲裁人の権限に屈するものであるかどうかにつき裁判することができない。本条は仲裁人が判断し示す以前についてのみ適用がある。但し、十分な理由がある場合は、裁判所は訴訟による審理を進めることができる。
一方当事者が仲裁人選任要請をなしたとき、あるいは予め仲裁人が選ばれているときは、一方当事者が申立てをしたとき、仲裁手続が開始したものとする。
第三条　裁判所は申立により次の事項につき仲裁手続を援助する：
(1)　仲裁人の数、仲裁人選定の手続または仲裁地につき合意がないときは、裁判所はできるかぎり当該事項に関する一般の実務にのっとり、必要な合意を形成する。
(2)　当事者が仲裁人の選定を怠るときは裁判所が代わって選定する。合意ができないため仲裁人ないし主任仲裁人が選定できないときも同様である。
第四条　仲裁人の中立性に関する異議は当事者の申立により、仲裁人選定後遅滞なく裁判所により決せられる。
第五条　裁判所は仲裁裁判所から要請があったときは訴訟法典の改定に従い。証拠調べの援助を与えることができる。
第六条　仲裁裁判所による自らの報酬の決定は当事者の申立により裁判所により審査されることができる。
第七条　仲裁裁判所は次の場合、全部または一部無効である。
(1)　仲裁合意が無効なとき
(2)　仲裁裁判所の構成あるいは事件の取扱いが全部または一部の当事者の利益に反し、あるいは当該仲裁裁判所が服する規制に反し、かつその規制違反が決定に対して決定的重要性を有したとき
(3)　仲裁裁判所がその権限を逸脱したとき、または、

(4)　仲裁判断が法の基本原則に反するとき

第八条　三条、四条および六条による決定は、仲裁が合意されなければ管轄を有したであろう裁判所により、あるいは、そのようなデンマーク裁判所が存しないときは、コペンハーゲンの海事・商事裁判所によりなされる。

三条、四条および六条による申立は書面により裁判所に提出されなければならない。申立当事者は同時に申立書の写しを相手方当事者に交付し、さらに仲裁裁判所、仲裁裁判所がまだ成立していないかあるいはすでに解散してしまっているときは、仲裁人にも送付しなければならない。第四条に規定する場合には、写しは当該仲裁人を選定した機関または個人に対しても送付しなければならない。

仲裁裁判所は、相手方当事者あるいは場合により他の者が書面による答弁を提出すべき期間を定めなければならない。

仲裁裁判所は口頭手続のため協力することができる。決定は裁判所の命令による。第三条に規定される場合には、決定は最終的である。

第四条および六条による申立は、仲裁人が選定された後、あるいは仲裁裁判所が報酬額を決定した後直ちになされなければならない。

第九条　デンマーク仲裁判断は判決の執行に関する訴訟法典の規定に従って執行されることができる。執行期間は仲裁判断の通知が当事者に送達された日から数えられる。(1)

執行の申立は執行官に提出されなければならない。申立は書面により、かつ、仲裁判断の写しおよび仲裁合意が書面によるときはその写しとともに提出されなければならない。

仲裁判断の有効性に関する異議が執行手続中に提出されたときは執行官により受理される。執行官はこれを裁判所に送付することができる。

仲裁判断がその効力の審査のため他の仲裁裁判所または裁判所に付託されているときは、第七条参照、執行官は執行を続行すべきか停止すべきか、およびこれと関連して、執行の続行または停止か担保の提供にかからしめられるべきか否かを決めなければならない。

註(1)　デンマークの執行官は裁判官である。(原註)

第一〇条　法務大臣は外国仲裁判断にデンマークにおける効力を認めるための条件に関し、規則を制定することができる。法務大臣はさらに外国仲裁判断執行のための規則を制定することができる。法務大臣は国際仲裁に関する規則を制定することができる。

第一一条　この法律は労働協約によりあるいは労働法一七条四項に従って、一九〇八年八月一七日の「労働紛争取扱規則」、あるいは労働協約中の同様の規定によって処理されるべき紛争には適用されない。

　この法律はさらに、家畜売買に関する仲裁裁判所、徒弟と親方に関する仲裁裁判所、その他特別の紛争の処理のため法律によって設立された仲裁裁判所により扱わるべき紛争にも適用されない。

第一二条　この法律は一九七二年七月一日に発効する。

一六八三年デンマーク法典一―六―一、および保険契約に関する一九三〇年四月一五日一二九号法三二条三項の規定を削除する。

第一三条　この法律はファロー島とグリーンランドには適用されない。但し、勅命により、これら領土の状況が必要とする修正を加えてこれらの地域にも適用するものとされることができる。

(1)　小島武司「スウェーデンにおける仲裁の法理と実際―Stockholm Chamber of Commerce, Arbitration in Sweden (1977) の紹介を中心として―」比較法雑誌一三巻二号六一頁(昭五四)が詳細である。このほか、国際商事仲裁協会、『仲裁法規集』にスウェーデン仲裁二法の原文と翻訳がある。

(2)　小島・前掲によると最高の仲裁法は一八八七年制定、一九一九年改正。これをもとにして一九二九年現行法が作られたが一九七七年まで重要な改正は一九七一年ニューヨーク条約の承認に伴って行なわれた改正以外にないようである。前掲翻訳は一九七六年改正のものとされているがどのような改正であったのか明らかでない。

(3)　国際商事仲裁協会の訳による。小島・前掲は上級執行機関とする。荏原「北欧法律事情(3)」判タ二六五号三五頁は上級執行官と訳し、通常の執行官に対して外国の執行裁判所にあたるものとする。

（4）　前掲(1)、もっとも、この訳に付されている英訳は本書掲載のものとかなり異なっている。

五　アンケートの内容と回答の結果

本書の巻末にアンケートの全文と各質問に対する回答数がスウェーデンとデンマークに分けて掲載されている。スウェーデンとデンマークでは若干異なる質問がなされている場合がある。以下ではスウェーデンのアンケートを訳出し、デンマークのアンケートの内容がこれと異なる場合にはこれをも示す。回答結果は詳細に数字で示されているが、ここでは特徴的な傾向を指摘するにとどめる。

まず対象者、回答者、うち仲裁に関与経験のある者の数は（地方別区分は省略）。

		対象者	回答者	経験者	
スウェーデンでは、	弁護士	一、二八六	八二五	三〇五	
	裁判官	四五四	一四九	四四	であり、
デンマークでは、	弁護士	二、二二四	一、〇七一	二四四	
	裁判官	二一七	一八九	六〇	である。

アンケートI部：あなたの立場

1　あなたはどの町で仕事をしていますか。

(1)　ストックホルム
(2)　ゴーテンブルグ
(3)　マルモ
(4)　その他の人口三万以上の町
(5)　人口三万以下の町

デンマークについては、コペンハーゲン、オルフス、オルボルグ、オデッセ等になっている。結果は、仲裁経験者と非経験者に分けて集計されているが、いずれも首都が多く、次いで三万以上の都市という傾向を示している。

2
(a)　あなたが法律家である場合、次のいずれに属しますか。
(1)　弁護士
(2)　裁判官
(3)　私企業の会社弁護士（製造、商事、金融、保険、業者団体等）
(4)　その他
(b)　あなたが法律家でない場合、次のいずれに属しますか。
(1)　独立事業者（製造、商事）
(2)　技術者、経営管理者、監査役、その他（独立事業者でない）
(3)　その他

法律家対象の調査であるのに何故(b)があるのか不明であるが、回答も(b)はなく、スウェーデンで法律家のうち「その他」が若干ある程度である。スウェーデンについては会社弁護士が独立に集計されているが、デンマークについては独立項目とされず弁護士の中に含められている。デンマークでは会社弁護士が非常に少数であるからと説明されている。その割合は二〜三％である。

3　あなたの生年

—一八九九
一九〇〇—一九〇九
一九一〇—一九一九
一九二〇—一九二九
一九三〇—
回答なし

両国とも、弁護士は一九〇〇—一九三〇以降が平均に分布するが裁判官は一九二九どまり（一般に四〇歳以上）、スウェーデンの会社弁護士は一九〇九年以前は殆どない（一般に五〇歳以下）。

4　あなたが契約書を作る場合どの程度仲裁条項を挿入しますか。

(1)　しない
(2)　適当な場合例外的に
(3)　適当な場合非常にしばしば

(4)　適法ならばルティーンとして
(5)　その他
(6)　回答なし

これについて若干の裁判官から肯定的回答があるのは任官前の体験か、個人的体験か。弁護士について(2)、(3)が多いが、仲裁経験者だけをみると(3)が多い(とくにデンマーク)。スウェーデンの会社弁護士は圧倒的に(3)である(とくに仲裁経験者)。

5　あなたが過去五年間に何回仲裁手続に関与したかを知りたく思います。仲裁手続は仲裁判断に至ったケースだけでなく、和解で終了したものも含みます。但し、単なる準備的作業(たとえば仲裁条項の起草や仲裁人の選定)への関与は除きます。
注：スウェーデン弁護士会規則三三条による仲裁を除く。
過去五年間に仲裁手続に関与しましたか。
(1)　はい
(2)　いいえ
もし、あなたの答えが「いいえ」であれば、以後の質問に答えていただく必要はありません。ご協力有難うございました。アンケート用紙を同封の封筒に入れてご返送下さい。

デンマーク調査は文言が変わっているが趣旨は同じである。弁護士会規則による仲裁とは弁護士会内部の苦情処理制度ではないかと思われる。

回答は、スウェーデン

	回答数	経験あり
弁護士	八二五	三〇五（三七％）
裁判官	一四九	四四（三〇％）
会社弁護士	一〇八	二一（二一％）
デンマーク		
弁護士	一、〇七一	二四四（二三％）
裁判官	一八八	六〇（三二％）

（5につづき）あなたの回答が「はい」である場合は引き続いてお答え下さい。

何回くらい次のうちのいずれかの資格で仲裁に関与されましたか（記録を調べていただく必要はありません。大体の記憶でお答え下さい）。
(1)　当事者として
(2)　当事者の代理人として
(3)　仲裁人として
(4)　その他の資格で（鑑定人・証人として）

弁護士は代理人としての関与が一回から一〇回くらいまで平均しているが、仲裁人としての関与は一〜二回に限られている。裁判官は仲裁人としての関与に限られているが、回数は三回くらいまでが多いものの、二〇回というのも少なくない。以上両国とも傾向は同じである。スウェーデン会社弁護士は代理人としての関与二〜三回くらいまでで、当事者としてが若干、他に仲裁人として一回だけ関与した者がかなりある。

6　この質問は当事者または代理人として関与したことのある人だけ答えて下さい。
関与した事件の種類は何でしたか。それぞれの種類ごとにおよその回数を答えて下さい。
(1)　建築・建設契約事件で一〇〇、〇〇〇S. kr. 以上
(2)　同じく一〇〇、〇〇〇S. kr. 以下
(3)　スウェーデンの当事者のみの商事契約事件
(4)　少なくとも一外国当事者を含む商事契約事件
(5)　借地・借家事件
(6)　その他

弁護士の回答では、事件の種類は(1)、(2)、(3)が多く、建築紛争仲裁が多いこと、国内仲裁がむしろ多いことを示している。経験一回が断然多いが、とくに(3)について多数経験者が目立つ。スウェーデン会社弁護士になると、(1)、(2)、(3)に加えて(4)および(6)が多くなる。裁判官が当事者や代理人として関与することは原則としてないと思われるがスウェーデンで少しあるのは個人の事件であろうか。デンマークでは調査事項から除外されている。

7　この質問は仲裁人として関与したことがある人だけ答えて下さい。
関与した事件の種類と回数を答えて下さい。(選択肢は6と同じ)

弁護士の場合、多いのは両国とも(3)で、スウェーデン裁判官は(2)、(3)、(5)、(6)、デンマーク裁判官は(3)、(5)、

(6)となっている。スウェーデン会社弁護士も(3)で、いずれも回数はせいぜい二回までが圧倒的である。但し、裁判官についてはそれ以上の回数の経験者がかなりある。

アンケートII部：仲裁合意と仲裁裁判所の構成

回答を単純化するため以下の多くの質問では四つの選択肢の中から選んでいただきます。「決して」は一〇%、「時々」は二〇%、「しばしば」は六〇%、「しょっちゅう」は八〇%くらいと考えて下さい。

1　あなたの経験では、紛争が起ってから仲裁合意ができた例はどのくらいありますか。

回答は両国および回答者を通じて圧倒的に「決して」と「時々」に集中しているが、とくに「決して」の比率が高い。

2　仲裁人はどのように選ばれましたか。選び方でその事件数を書いて下さい。

(1)　スウェーデン仲裁法により（各当事者が一人を選び、それらの者が第三の仲裁人を選ぶ）

(2)　仲裁合意中の条項に従って

(3)　仲裁機関の規則または業者団体の規則によって

(4)　その他

この質問形態はスウェーデンでのみ用いられている。各回答者を通じて、(1)が最も多く、次が(2)となっている。他もないわけではない。

この項目はデンマークでは次のような違う形で二項目（2と3）にわけて質問されている。前述のように一九七二年まで仲裁法がなかったためと思われる。

2　仲裁人選定方法に関するとり決めはどこにありましたか。
1°　仲裁合意の中に
2°　仲裁機関ないし業者団体の規則の中に
3°　仲裁合意の中に仲裁人選定について条項がないことがありましたか。
もしあった場合、何名の仲裁人が選ばれましたか。

1°と2°は「決して」〜「しょっちゅう」で選ばせるものであるが、1°については弁護士は「しょっちゅう」が圧倒的に多く、裁判官は「しょっちゅう」も多いが無回答も多い。2°は回答が分散している。3°では「あった」とする者が若干あるが、その場合の仲裁人数は二〜三名が多いようである。

3　複数の仲裁人が選ばれた場合その選定方法はどうでしたか。
1°　各当事者が一名を選び、それらの者が第三の仲裁人を選んだ。
2°　各当事者が各一名を選んだのみ。

1°については「しょっちゅう」が弁護士では圧倒的に多く、裁判官でもこれは多いがむしろ無回答が多い。2°では無回答が圧倒的で、弁護士では「決して」と「時々」が比較的多く、裁判官では「しょっちゅう」が多い。

3　（デンマーク版では4）
関与された事件における仲裁人の数と事件数を書いて下さい。

両国とも三名が圧倒的に多く、スウェーデンでは次に一名、二名、三名以上と続くが、デンマークでは次位は二名であり、一名と三名以上は同じくらいである。但し、デンマークの裁判官の回答では二名は非常に少ない。

4　（デンマーク版では5）
二名以上の仲裁人がいる場合その組合せはどうでしたか。
(1)　法律家のみ
(2)　法律家と非法律家
(3)　非法律家のみ

すべてを通じて(2)の組合せが圧倒的に多いが、スウェーデンでは(1)がデンマークに較べてかなり多い。

5　（デンマーク版では6）
どのような組合せが最も望ましいと思いますか。
（選択肢4と同じ）

(2)が望ましいとする者が圧倒的に多い。次いで(1)であるが、デンマークでは(2)に較べて極端に少ない。

6　関与された事件の訴訟額はおよそどのくらいでしたか。（デンマーク版では7）

(1)　一、〇〇〇 Sw. kr. まで

(2)　一、〇〇一—四、〇〇〇 Sw. kr.

…　………

(6)　一、〇〇〇、〇〇〇 Sw. kr. 以上

デンマークでは一、五〇〇 D. kr. まで、から一、五〇〇、〇〇〇 D. kr. 以上の六段階に分かれている。スウェーデンでは、四、〇〇一〜一、〇〇〇、〇〇〇 Sw. kr. の三段階に満遍なく回答が分布している。デンマークではもう一段階低いところまでかなりの回答がある。なお Sw. kr. の最近のレートは約三〇円である。

7　最後まで行なわれたいちばん最近の仲裁事件は典型的な事例でしたか。（デンマーク版では8）

回答が「いいえ」である場合は理由を述べて下さい。

8　（デンマーク版では9）

圧倒的多数は「はい」と答えている。ただ、スウェーデンの会社弁護士だけは「いいえ」がかなり多い。後半部の回答については後述。

この質問は当事者または代理人として関与したことのある人のみ答えて下さい。いちばん最近の事件についてお尋ねします。

仲裁合意をするにあたって影響があったと思われる事項を列挙してあります。積極的な影響力があったと思うときは「はい」、消極的影響力があったときは「いいえ」、影響がないときは「影響なし」、意見が見えないときは「D.K.」、あるいは「その他」にマークして下さい。

a）当事者が対等
b）当事者が経済的に健全
c）当事者が同じ組織に属する
d）紛争が政府や公共団体と市民の間に生じた
e）当事者が長い間の取引仲間である
f）紛争が長びいていること
g）紛争が原理的問題にかかわる
h）紛争が主として経済的利益にかかわる
i）紛争が決定的に技術的に性格のものである

デンマーク版では「はい」「いいえ」でなく、「大きな影響」「いくらかの影響」「影響なし」「D. K.」に分かれる。趣旨は同じであろうが、両国で回答に若干の差がある。

スウェーデンでは、(a)は「はい」がかなり多く、次いで「影響なし」、(b)は「はい」が半分以上、(c)は「いいえ」が一番多くて三分の一、次が「影響なし」、(d)も同じ傾向、(e)は「はい」と「いいえ」が伯仲するが「その他」も多い。(f)も同様、(g)は「いいえ」が多く、(h)は「はい」が圧倒的。(i)は「はい」が約半数。

デンマークをみると、(a)では「いくらか」と「無」合わせて半数、(b)も同傾向、(c)は影響なしが一番多く三分の一、(d)は「その他」が半数近い。(e)も「その他」が多い。(f)も同様、(g)は「影響なし」と「その他」が同じく多い。(h)は「影響大」と「その他」が各三〇%、(i)は「影響大」が他を引き離す。

アンケートⅢ部：仲裁の手続

1　あなたが関与した仲裁手続は、全体としてみた場合、スウェーデン（デンマーク版ではデンマーク）裁判手続法典にのっとって行なわれましたか。

回答が「決して」ないし「時々」である場合、どのような点で裁判手続と違いましたか。

a）　もっぱら書面手続であった。

b）　準備手続と審理とが分離されていなかった。

c）　請求の原因が手続の最初に陳述されなかった。

デンマーク版では後半の選択肢は次のように変えられている。

a）　（スウェーデン版と同じ）

b）　もっぱら口頭手続であった（申立書は書面）。

c）　手続の初めの段階で請求と防御が陳述されなかった。

d）　その他の違いがあれば説明して下さい。

まず、前半部分についてはスウェーデンで六一%、デンマークで五〇%が「しょっちゅう」と答え、裁判手続との類似を示している。

後半についてはは両国ともさして顕著な結果がでていないが、デンマークのb)が多いのが目立つ。

2　主仲裁人は手続の開始にあたって、
a)　争点をせばめるよう示唆する（小請求の取下げなど）。
b)　手続の進め方について議論する。
c)　結論の出し方について議論する（厳格に法によるか、その他の方法によるか）。

両国ともa)、b)についてはよく行なわれ、c)は行なわれていない。

3　仲裁人が鑑定意見を求めたことがありますか。

両国とも、求めないのが普通のようである。

4　当事者は代理人と共に出頭しますか。

両国とも「しょっちゅう」が非常に多い。次は「しばしば」。

5　当事者および証人の尋問は記録が作られますか。

デンマーク版では質問が細分されている。

5　次の事項について記録が作られますか。
a)　手続の進行
b)　当事者の証言
c)　証人の証言

スウェーデンでは「しょっちゅう」が断然多い。次が「しばしば」。デンマークではa)、b)、c)とも分散していろいろなケースのあることを示している。

6　和解が試みられることがありますか。
回答が「しばしば」ないし「しょっちゅう」である場合、どの段階で試みられるかを示して下さい。
a)　手続開始直後
b)　証拠調べが終わってから
c)　弁論が終わってから

まず和解の試みの有無については両国とも活発のようであるが、デンマークの方が「しょっちゅう」の回答が多い。

次に段階は、スウェーデンでは全体に分散しており、デンマークでは手続のあとの方に行なわれる傾向がある。

7　和解を進めるのは誰ですか。

a）当事者が選定した仲裁人
b）主仲裁人
c）当事者
d）代理人

回答は比較的分散しているが、和解に積極的なのは、両国とも主仲裁人と代理人、消極的なのは当事者選任の仲裁人および当事者である。

8　仲裁人が次のようなことをしたことがありますか。

a）自らのイニシャティブで和解するよう勧告
b）詳細な和解案を提示
c）自ら和解に参加

デンマークではこのうちb)、c)のみが尋ねられている。a)はよくあるとの答えが多数。b)は両国とも否定的。c)はスウェーデンでは否定的であるが、デンマークでは肯定的と対照となっている。もっとも、c)の意味は必ずしもはっきりしない（Arbitrators join the parties in conciliation.）。

9　和解は仲裁手続の終了をもたらしましたか。

両国とも「時々」が中心で、「決して」も多い。これも意味不明である。

10　主仲裁人は通常当事者または代理人が争点を明らかにするよう助言しますか。

釈明についての質問である。一般に否定的な回答が多い。

11　上記の釈明のほかに、代理人のついていない当事者に特別の援助を与えることがありますか。

これも否定的である。

12　和解は訴訟におけると較べてよりひんぱんに起こると思いますか。あるいはその逆ですか。

一般的傾向としては、スウェーデンでは訴訟の方が和解が起こり易いと見られているに対して、デンマークでは仲裁の方が和解が多いとしている。

13　仲裁に要した時間を調べたいと思います。主仲裁人または単独仲裁人が手続のために、即ち書面を読み、審理し、仲裁判断を書く等のため費したおよその日数を書いて下さい。

(1) 一日以下
(2) 一日～六日
(3) 一週間～一ケ月
(4) 一ケ月以上

全体に一日～一ケ月の間が多い。一日以下も若干あるが、一ケ月以上は殆どない。

アンケートⅣ部：仲裁判断

1　早急な判断を求めるため、両当事者が不完全ながら現時点での主張・立証によって判断を下すよう求めることがありますか。

圧倒的に「決して」が多いが「時々」もかなりある。

2　仲裁裁判所は通常の裁判所よりも衡平によって裁く傾向がありますか。

両国とも弁護士は「時々」「しばしば」と答え、裁判官は「決して」「時々」と答えている。

3　あなたの意見では、次のような場合仲裁人は裁判官と同じように法による拘束を感じていますか。

a)　争点についての法律が明確であるとき

b）明確な判例法があるとき
c）公序の考慮が必要となるとき

デンマークではさらにd）慣習法があるとき、が選択肢として加えられている。a）、b）およびd）については問題なく肯定的に回答されている。c）についてはかなり回答が分散している。

4　あなたの意見では、仲裁裁判所も通常裁判所も同じように法の厳格な適用を目指すべきでしょうか。

両国とも法を適用すべしとの回答が圧倒的である。

5　a）あなたの意見では、法律の訓練を受けていない仲裁人は法律家仲裁人より法規についてリベラルな態度をとりますか。
b）法律家たる仲裁人を三種（弁護士、裁判官、私企業の会社弁護士）に分けた場合、リベラルの程度によって順位をつけて下さい。

c）三種の非法律家（独立事業者、技術者・管理職、監査員等の専門職、その他）について同様に順位をつけて下さい。


a）につき、「決して」は極く少ないが、スウェーデンでは肯定が多く、デンマークは否定的である。

b）では、両国とも会社弁護士が最もリベラル、次に弁護士、裁判官が最もリベラルでない、となっている。

c）では、両国とも独立事業者が最もリベラル、あとは分散している。

6　仲裁裁判所が証拠を通常裁判所と異なる方法で処遇したことがありますか。

両国とも否定的な回答が圧倒的。

7　あなたの意見では、仲裁人は通常裁判所よりも衡平を重視して、厳格な決定を避けるべきでしょうか。

両国とも圧倒的に肯定意見が多数を占める。

8　仲裁判断には理由が付せられていますか。
回答が「しばしば」「しょっちゅう」である場合、その理由は、
a）通常裁判所のものより詳細。
b）通常裁判所のものより詳細でない。
c）通常裁判所のものより日常用語的に書かれている。

両国とも「決して」は極めて少ない。「しょっちゅう」が圧倒的に多い。もっとも、デンマーク弁護士の回答には「時々」もかなりある。
理由の詳細さについては、回答が分散している。日常用語的かどうかについても同様である。

9　少数意見は表示されますか。

両国とも「決して」と「時々」に集中している。少数意見の表示はかなりあるようである。

アンケートV部：費用

1　仲裁人が当事者から報酬の前払いを要求することがありますか。

一般的に否定的回答が圧倒的であるが、肯定もある。

2　費用（仲裁人報酬を含む）は通常どのように当事者に振り分けられますか。

a)　各自負担
b)　敗者負担
c)　他の分配

スウェーデンでは敗訴者負担が多く、デンマークでは各自負担が多い傾向がある。しかし、かなり分散している。

3　代理人の報酬額は訴訟の場合に較べてどうですか。

a） 訴訟より低い
b） 大体同じ
c） 訴訟より高い

両国とも同じとの回答が多いほかは、かなり分散している。

4　仲裁人の報酬は代理人の報酬と較べてどうですか。
a） 代理人報酬より低い
b） 同じくらい
c） 代理人報酬より高い

一般に代理人報酬より低いとする回答が多いがその他の回答も多い。

5　あなたの意見では、費用の点からみて仲裁は訴訟より好ましいですか。

この質問はデンマーク版では表現法が異なっているが趣旨は同じである。これに対する回答は両国ともかなり分散しているが、同じか仲裁の方が低いとする回答の方が多い。おそらく事件の種類によるのであろう。

アンケートVI部：一般的見解

1　あなたの意見では、商事紛争は公的機関の関与なしに解決されるべきと思いますか。

スウェーデンの弁護士は「はい」「いいえ」が伯仲するが、裁判官は「いいえ」が勝り、デンマークでは弁護士、裁判官とも「いいえ」が断然多い。

2　訴訟と仲裁を較べた場合一般的にはどちらが迅速ですか。

仲裁がより速いとの回答が圧倒的に多い。但し、デンマークの裁判官では「同じ」と「仲裁が早い」が同数である。

3　仲裁にも法律扶助を可能とする必要があると思いますか。

否定的見解が圧倒的である。

4　スウェーデン（デンマーク版ではデンマーク）裁判手続法に一定の改正を加えることにより、

a)　仲裁は余計なものとなる、あるいは

b)　仲裁の必要性が減じる、と思いますか。

a)、b)いずれかに「はい」と答えた方に伺います。次のどのような改革が特に意味あるとお考えですか。

c）　非公開審理の可能性
d）　商事事件を直接高等裁判所へ提起できる可能性
e）　特別の商事裁判所の設立
f）　技術専門家を裁判官として任用
g）　紛争生起前に不控訴の合意を当事者間で結ぶ可能性

両国ともa)については否定が圧倒的。b)になるとかなりの肯定意見が出されている。c)以下についてはデンマーク版は内容を変えており、次のとおりである。

c）　（スウェーデン版と同じ）
d）　技術的専門家の第一審裁判官への任用を増やす可能性
e）　（スウェーデン版g)と同じ）
f）　その他の変革

スウェーデン版a)、g)については肯定が多く、裁判官はd)、e)を否定して弁護士と対照的である。f)は意見が分かれている。デンマーク版c)、d)、e)はいずれも肯定されている。

5　当事者の間の友好的関係は訴訟におけるよりも仲裁においてよりよく保持されると思いますか。

両国とも弁護士は肯定意見の方がかなり多いが裁判官は伯仲している。

6　仲裁は、訴訟に較べて当事者が「面目を失する」ことがないようにするに適していると思いますか。

圧倒的に肯定する回答が多い。

7　あなたが、もしある事件を裁判官として裁判するか、仲裁人として判断するか選択できるとしたら、むしろ裁判官となる方を選びますか。

デンマーク版は質問形式が違っているが趣旨は同じである。両国とも弁護士は圧倒的に仲裁人の方を選び、裁判官はあまり差はないが、やはり裁判官の方を選んでいる。

8　紛争を公開のものにしたくないとの希望が仲裁を選択する場合においてかなり重要であると思いますか。

スウェーデンの裁判官を除き、肯定する回答が圧倒的である。スウェーデン裁判官の意見は伯仲している。

9　純粋に法律的な争点についてよりも、技術的な争点(たとえば、建築技術、簿記、分配方法)についての方が仲裁合意ができ易いですか

弁護士は圧倒的に肯定意見である。これに対し裁判官は「意見なし」が多い。当然であろう。

六　仲裁の現実

以上紹介したアンケート結果と予備調査として行なわれた面接調査の結果に基づいて両国における仲裁制度の実態が分析されている。もっとも、より詳細な分析結果は改めて発表するとのことであるが、それが発表されていないらしいこと前述のとおりである。

(1)　仲裁合意について

A　機関仲裁とアド・ホック仲裁

紛争当事者が業者団体の規則に拘束され、あるいはそうでなくともこれに従う場合がある。建築請負契約の例についてみると、デンマーク建設業中央組織の規程六章三二条には、「この章（申込みの勧誘と仕事の受任）中の規定の解釈に関する紛争は仲裁によって解決されねばならない」とある。また他の組織にも次のような規則がある。「建設のための施主と建築業者の間の紛争は争点が全くないし主として法律上の性質をもつ場合以外は仲裁により最終的に解決されねばならない」との規則がデンマーク建築家中央組織、デンマーク技術者協会、デンマーク非営利建築協会連盟、手工業協会、デンマーク弁護士会等により採用されており、同様の規則はスウェーデン建築・道路・水力技術業者のための一般規則にもある。しかしこのような組織による仲裁に付託しないアド・ホック仲裁も多い。機関仲裁とアド・ホック仲裁の割合がどのくらいであるかは全く知る手段がないとされている。

B　紛争発生前の仲裁合意・仲裁条項

仲裁条項は「この契約から起こるすべての紛争」というものから、特定の問題（材料や作業の質）に限定するものまでいろいろであるが、両国とも標準契約書の中に含まれていることが多い。仲裁条項利用頻度に関する調査

S I4（スウェーデン調査第I部第四項目）とD（デンマーク調査）I4を見ると、両国の間に意味のある相違は見出されず、また仲裁経験のある弁護士の方がより頻繁に仲裁条項を利用していることがわかる。

C　紛争発生後の仲裁合意

S III1、D III1の結果から紛争発生後の仲裁合意は滅多にないことがわかる。したがって、契約段階で良い法的助言が必要であるとしている。そして、一般人は仲裁がどのようなものかについて十分知識をもっていないと指摘している。

(2) 各種の紛争解決手段に関するデータ

A　仲裁の利用

商事紛争がどの程度利用されているか、が関心事であるが、これはいろいろな機関によって扱われた事件数を足してみるだけではわからない。本調査は弁護士と裁判官を対象としているが、職業上の守秘義務のため仲裁事件の数と内容を具体的詳細に聞き出すことができなかったし、また記憶の消失による過少記述もありうる。これに反し、意見の表明には職業倫理は関係ないが、やはり個々の事件への言及はできないので、その情報の正確さをチェックする方法もない。したがって、せいぜい頻度のみを知りうるに止った。しかし、これとて過大評価のおそれがある。というのは、一裁判官と二弁護士が仲裁人として、それに二弁護士が代理人として一事件に関与しうるから、複数の回答者が実は同じ事件のことをいっている可能性がある。さらに、調査の対象とされたのが、建築・建設、商事契約、借地・借家などの事件にかぎられていることもデータの意味を限定している。

係争額の調査（S II6, D II7）によると、仲裁での係争額は一般にかなり大きい。スウェーデン弁護士のほとんど半数、デンマーク弁護士の約半数が少なくとも一回二万ドルから二〇万ドルの事件に関与していることになる。なお、デンマーク弁護士会のためになされたギャロップ調査によると、一般人は売買、建築、抵当について弁護士に相談し、全人口の一〇%、および売買契約をした人の三〇%が一九六八年〜一九七〇年の間に実際に相談した、とされるが、このことと関連があるように思われる。

問題があるにせよ、集まったデータによって推計してみる。まず、一回、二回、三回と仲裁に関与した回答者数をとり、それぞれ掛け合わせた。回答者のほとんどは一回ないし二回しか一九六三〜一九六七年の調査対象期間に仲裁関与をしていない。これに反し、二五%の回答者は五回以上関与している。このようにしてスウェーデンについては一七九〇という関与合計回数が得られた(S I 6, 7)。デンマークについては同様にして一〇〇〇が得られる(D I 6, 7)。これをもとにして、前述のように五名の関与があったものとして割り算をするとスウェーデンは三六〇件、デンマークは二〇〇件となる。なお、この点につき、ボールディングはスウェーデンの基礎数を一七九〇でなく割引いて一〇〇〇にしてスウェーデン手続法委員会報告の中で用いている。これらの事件のうち、三分の一が建築・建設、三分の一が商取引のうち国内事件、残る三分の一がその他となる。なお、人口の分布と仲裁事件の頻度を比較して、デンマークよりスウェーデンの方が仲裁がより頻繁に用いられているとの当然の前提にも問題とする余地が出てきたと言う。

B　仲裁手続中の和解

仲裁という状況が和解にどのような影響を与えるかとの関心のもとに、S III6とD III6はなされている。手続中和解が試みられたかどうかの質問に対する回答のそれぞれにウェイトを与えて回答数と掛け合わせて平均値を出すとスウェーデンは〇・四三、デンマークは〇・六〇となり、明白にデンマーク弁護士の方がスウェーデン弁護士より和解に入ることが多いことを示している。裁判官についても同じ傾向があるが、差は統計的に意味があるほどでないという。

次に、和解工作が仲裁手続の終了に至ったかどうかを問うS III, D III9を同じように分析すると、平均値はスウェーデン弁護士〇・二二、デンマーク弁護士〇・三二で、デンマーク弁護士の方が和解で終了した仲裁により数多く参加したことになる。裁判官についても同じである。
結局、デンマーク法律家の方が仲裁中の和解により経験があり、かつより成功していると結論される。

C　裁判所における訴訟と和解の利用

仲裁の相対的な重要性を測定するため、公表されている司法統計を用い分析が試みられた。まずスウェーデン・デンマークの比較研究という目的から両国の司法統計の比較可能性が検討されて、両国の制度の違いと統計のとり方の違いがいろいろ指摘される。たとえば、金銭請求の大部分はスウェーデンでは特別の略式手続（督促手続のようなものかと思われる）で行なわれ民事訴訟件数に含められていないのに、デンマークではすべてが民事事件に数えられている。和解率の大きな違い（デンマークでは極端に多い）はこれによって説明されるとする。またスウェーデンでは離婚・別居事件が六五％を占めるが、デンマークでは争いある場合のみ裁判所が関与するのでこのような事件は少ないという。またデンマークでは一八六一年以来海事商事裁判所なる裁判所があり高額の事件を扱っている。結局、仲裁と競争関係にある事件のデータということで、スウェーデンでは第一審裁判所のデータ、デンマークでは高等裁判所の海事商事裁判所のデータが取り上げられた。

裁判所で解決された商事事件数：両国における民事事件数の動向を一九三〇年〜一九六九年を五年間隔でとって比較している。その間制度の変更などがあるため評価が困難であるとしながら、人口増を考慮すると最近二〇年間くらいは民事件数は実質的には増加していないと結論されている。

訴訟と和解：両国において一九六三年から一九六七年まで、各年度毎の提起された訴訟事件数、終局判決に至った事件数、取り下げられた事件数、およびデンマークについては和解事件数が示されている。スウェーデン統計では和解は取下げの中に含まれている。一般的にスウェーデンよりデンマークで取下げ、和解の率が高い。デンマークでは和解が三七％で一定しているが、スウェーデンでは和解と取下げを合わせて二七％となっている。

裁判所内外における和解：和解が行なわれる理由について予備面接調査に得られた諸見解が紹介され、労力の節約、上訴回避、将来にわたる良好な関係の維持などが指摘される。
係争額の比較：仲裁事件における係争額はスウェーデンにおける方が断然大きい。おそらく訴訟でも同じだろうとされ、両国の経済規模の差に理由が求められる。

(3)　仲裁人の選定、仲裁裁判所の構成、仲裁手続

両国の法律や規則の違いにかかわらず、調査の結果によると仲裁人選定手続は同様である。すなわち、仲裁人は三名で、二名が各当事者により選ばれ、二名の仲裁人が第三の仲裁人を選ぶ。当事者によって選定された仲裁人の立場については、予備面接調査の際、あまりに当事者的であるとの批判と、むしろそうあるべきであるとの意見が対立していた。この問題はとくに非法律家仲裁人の場合に顕著であるので、業者団体の中には仲裁人として適切者のリストを用意している。たとえば、穀物業界仲裁協会。他の組織には常設の仲裁裁判所をもつところもある。たとえば、公認会計士協会。しかし、このような例はむしろ少なく、団体や組織が必要に応じてアド・ホックに仲裁裁判所を選定している。鑑定仲裁においては仲裁人を仲裁合意の中で特定することもままあることがわかった（S. 16）。

仲裁人の構成の最も普通の型は法律家一名と二名の非法律家の組合わせであるが、他の組合わせもあり、両国に違いはない。混合型では法律家が主仲裁人となる例が多い。その理由は、主仲裁人が手続を主導し、また仲裁判断を起案せねばならないからであろうとされる。両当事者が法律家を選んだとき、主仲裁人として技術者が選ばれる例もある（S. 17）。当事者選定による仲裁人の一方が非法律家で他方が法律家、主仲裁人も法律家となると法律家同士が「同じ言葉」をしゃべるとして他方に不利と感ぜられた例があるという。そして、一方が法律家を選んだときは必ず他方も法律家を選ぶ傾向があるとされる（S. 18）。

審理手続については、法律が予定するところに反して民事訴訟法の手続が行なわれているとの回答が両国とも

多い。とくにスウェーデンで顕著である。デンマーク調査の回答に付されたコメントでは、仲裁手続は訴訟より非常にインフォーマルであるとか、仲裁人が裁判官よりも争点整理に積極的だとかの指摘がある。もっとも、初期段階での争点整理についてはスウェーデンが熱心のようで(S III2a, D III2a)、民訴手続を反映しているといわれる。

当事者に代理人が付く率の平均値はスウェーデン〇・七二、デンマーク〇・六一でスウェーデンが高い。両国とも仲裁裁判所は代理人をもたない側に手助けをしている。しかし、デンマークの方がその傾向が大きい。記録についてはスウェーデンが半数、デンマークが三分の一と差が出ている。仲裁事件がしばしば複雑な内容をもつことから考えると、この結果は意外であるが、面接調査では、主仲裁人が審理中メモをとりこれを仲裁判断に利用するとの説明があった。アンケート回答者はこのメモを記録とは理解しなかったのであろうとしている。

(4)　仲裁裁判所による法の適用

かねて、国家の裁判所が創造的な方法で取引の実情に応じた法規を発展させるには限界のあることが指摘され、仲裁を通じての新たな法規の展開の可能性が示唆されてきた。そのような観点から、アンケート調査でも仲裁における法適用の実情を知るためいくつかの質問が用意された。裁判所に較べて仲裁裁判所がより衡平による裁判を心懸けるかという質問に対し、両国の弁護士は六〇%の事件ではそうだったと答えている。面接調査でも、「かつては権利に執着したが、今日では両方の立場をよく見て妥協点を探すようになった。衡平の配慮がより頻繁に行なわれるようになった」と述べている。しかし、他方ではリベラルな解釈は危険であるとの指摘もある。

法律の厳格な適用を目指すべきか否かについて、デンマーク弁護士はスウェーデン弁護士より多く肯定的答えをしている（平均値はデンマーク〇・七五に対しスウェーデン〇・六二）(S IV4, D IV4)。もっとも、この質問では両国で異なる回答肢が用いられているので、そのことによる差異かも知れないとされる。なぜ異なる回答肢が用いられたのかは説明されていない。

次に反対に、仲裁裁判所が通常裁判所よりももっと衡平に留意して裁定を行なうべきかどうか、との質問には、デンマーク弁護士はスウェーデンよりかなり高い肯定率を示している(デンマーク平均値〇・八四に対しスウェーデン平均値〇・六七)。そして、面接調査で、農民が通常裁判所のやり方に疑問をもっており、裁判所では本当に正しいことをわかってもらえないと思っているので、農業協同組合は同組合による仲裁の条項を全員に推薦しているとの指摘があった。

最後に、非法律家仲裁人の法に対する態度が質問されているが(S IV5, D IV5)、デンマークよりスウェーデンの弁護士が、非法律家はより法に対してリベラルであると答えている（スウェーデン平均値〇・五二、デンマーク〇・三七)。しかし、アンケートに書かれたコメントには非法律家は法律家以上にリーガリスティックであるとの指摘もある。これにつき、面接調査でみた非法律家は次のように述べているのが興味深い。「ときに起こることですが、法律家たる主仲裁人が結論を出しあぐねるときは、我々に意見を求め、それを正義の要求に合うように文章にしましょう、と言います」。

さて、手続に関する結論的考察として、スウェーデンの弁護士がデンマークの弁護士より民事訴訟手続に忠実であることがわかったが、これはスウェーデンでは仲裁法が一九二九年からあったことによるのではないかと推測されている。また両国における仲裁手続実務の違いは両国の民事訴訟手続の違いを反映しているのではないかとされる。

次に法の適用については、スウェーデンの弁護士がよりリベラルな態度をとりながら、他方では衡平を用いることにはより消極的で評価が難しい。これは、両国の経済的・社会的条件の違いにより、スウェーデンではより迅速で柔軟な紛争解決が求められることになっているのではないか、と推測されている。

(5) 研究者の役割

しめくくりとして、若干の基本問題について言及がある。法律家と社会学者が異なる点に重点を置きがちであるため、問題の作り上げ (problem formulation) の段階で困難が生じた。法律家はプラグマティックで、法とは何かという観点から一般化を試みようとするのに対し、社会学者はもっと一般化された社会的要因に向けられた展望を得ようとする。もっとも、近時は社会科学者の関心が「価値自由的」ないし「純粋」研究から行動的研究 (action research) に移りつつあり、その点では法律家のプラグマティックな態度は多くの社会学者によっても共有されていることになる。

他方、政治的世界観の問題が、法律家と社会科学者との間の研究目的、問題形成、研究方法についての見解の相違を生んでいたが、今日では重要でなくなった。むしろ、どのようなテーマの研究がなされるべきか、そしてそれを決めるのは誰か、研究者自身か、あるいは他の者か、という点にある。

七　あとがき

以上で本書の紹介を終わる。続編が予定されていたために、肝心のアンケート分析の部分が手薄であり、準備的な部分や方法論的な部分が大きいように思われる。これは、この種の法律学者と社会学者協同による研究にあたって方法論的な問題点が多かったことを推測させる。実態調査は周到に準備されたものでなければ役に立たないから、これは当然であろう。もっといろいろにクロスさせた統計結果が示されると面白かったのではなかろうかと思われるが、以上に紹介したアンケート結果の中にも我々の興味を引くものはかなりある。

それにしても、わが国ではこの種の調査をすることはおそらく不可能であろう。弁護士の中で仲裁事件にかかわったことのある者の比率は極めて微々たるものに違いない。差し当りはこれら他国の経験を生かしつつ、わが国における仲裁の可能性について模索するほかない。

（『スウェーデンおよびデンマークにおける仲裁実態調査』（国際商事仲裁協会・委託研究叢書）、昭和五九年）

四　イギリスの仲裁制度

一　歴史的発展とその特徴

(1)　概　史

イギリスにおける仲裁（arbitration）の歴史はイギリス法そのものと同様に古いといわれ（古くはarbitramentと呼ばれた）、ホルズワースのイギリス法制史による一二九一年の仲裁事件が記録されているという。中世においては商人階級が独自の紛争解決機関をもっていたことが知られているが、イギリスの仲裁が世界的な地位を占めるようになり、ロンドンが世界における仲裁の一大中心地となったのは一九世紀の産業・通商の飛躍的発展に伴ってのことと思われる（沿革については後掲基本文献の該当箇所のほか、とくに、Schmitthoff, Commercial Law in a Changing Economic Climate 34〔1977〕, Parker, The Development of Commercial Arbitration,〔1959〕J. of Bus. Law 213, 依田信太郎「英国における商事仲裁制度の史的考察」貿易クレームと仲裁四巻五号八頁（昭三二））。

イギリスにおける判例法の主導性については言うまでもないが、仲裁に関しては制定法も重要な役割を果たしてきた。王の裁判所の記録に仲裁が登場するのは一四六八年のイヤーブックで、すでに仲裁判断（award）の効力が裁判所によって承認されており、また一六七〇年頃に出版された商事法に関する著作には仲裁の要素についての明確な定義がなされていたとのことである。最初の制定法は一六九八年の仲裁法であった。その後仲裁法と名のついた制定法が現われたのは約二世紀を経た一八八九年になってからである。これは一八五四年のコモン・ロー訴訟法、一八三三年の民事訴訟法および一六九八年の仲裁法、ならびに当時までに確立していた慣行を統合してできたものであった。同法は、イギリスが仲裁条項に関するジュネーヴ議定書（一九二三年）および外国仲裁判断の承認および執行に関するジュネーヴ条約（一九二七年）に加入したことに伴う一九二四年法および一九三〇年法により修正をうけ、さらに一九三四年法によってかなりの改正を経た。これらすべてが一九五〇年仲裁法において再統合され、これが今日のイギリス仲裁法の根幹をなしている。一九五〇年法は、外国仲裁判断の承認と執行に関するニューヨーク条約（一九五八年）への加入に伴う一九七五年法、および一九七九年仲裁法による改正を経て今日に至っている。とくに一九七九年法はイギリス仲裁法の伝統的な特徴に変革をもたらした画期的なものである。

(2)　伝統的特徴

イギリス仲裁法の伝統的な特徴の最大のものは国王（国家）の裁判所による仲裁への監督的介入である（Schmitthoff, Arbitration, The Supervisory Jurisdiction of the Courts,〔1967〕J. of Bus. Law 318, Lloyd, Judical Control of Arbitration, 47 Arbitration No.1 53, 1981）。仲裁が国家法のもとにおいて存在を許されているものであるかぎり、裁判所を通じて行なわれる国家的コントロールは避けることのできないものであろう。たとえば、わが民訴法八〇一条に規定される仲裁判断の取消しはこのようなコントロールにほかならない。イギリス法にもこのようなコントロールがあるのは当然であるが、さらに進んで、王の裁判所で行なわれている法が仲裁の場でも行なわれることを保障しようとする制度が発達したことが大きな特徴となっている。わが国で説かれているところと異なり、仲裁法においても法が適用さるべきであるというのは多くの国で行なわれている考え方であるが（高桑昭「一九七九年英国仲裁法における裁判所の審査権」ジュリ七六六号八六頁、九〇頁）。イギリス法はこれを制度的にもできるだけ保障しようとしたのであった。

このような特徴は具体的には次のような制度ないし原則にあらわれている。第一は、仲裁判断そのものに明白な法律点の誤り（error on the face）がある場合には裁判所は仲裁判断を取り消し（set aside）、ないし差し戻す（remit）ことができるという判例法上の原則であり（そのため仲裁判断には理由を付さないという慣行が一般化した）、第二は、仲裁手続において生起した法律問題については仲裁人から任意に、あるいは裁判所の命令によって、裁判所にゆだねるという特別事件（special case）と呼ばれる制定法上の制度であり、さらに第三は、これら裁判所による介入権を保障するためのものとして、当事者の合意によって仲裁に対する裁判所の介入を排除すること（ouster）はできないとの判例法上の原則（しばしば引用される著名なケースとして、Czarnikow v. Roth, Schmidt & Co.〔1922〕2 K. B. 478. ここでスクラットン裁判官曰く、「イングランド内に王の令状が及ばないアルサティア（逃げ場所）があってはならない」）である。

これらの制度・原則の成立史を辿ってみると、第一の原則は初めての仲裁法が作られた一七世紀には全く存在しなかったといわれている。一八世紀に入り、法律問題についての裁判所の介入を求める試みが現われるが、この原則は確立するに至らず、ようやく一九世紀に入って、一八〇二年の Ken v. Elstob および、一八五七年の Hodgkinson v. Fernie によって確立することになった。特別事件の制度についてはすでに一八五八年のコモン・ロー訴訟法がこれを採用していたが、確立されたのは一八八九年仲裁法においてである。最後に、第三の判例法上の原則は一八世紀末までには確立されていたとされる。何故このような原則と制度が成立したかについてはいろいろな見解があるが、やはり最も根本的な理由としては、時あたかもイギリスの経済が飛躍的に発展を遂げた時代にあたり、商業活動の拡大に伴う仲裁の盛行を目の前にして、王の裁判所が仲裁を通じて商事に関する別の法体系が生み出されるのではないかと危惧したことがしばしば指摘されるところである（たとえば、Tersons Ltd. v. Stevenage Developmet Corp.〔1965〕1 Q. B. 37 at p. 55）。

(3)　最近の新展開

上に述べたところが一九六〇年代までのイギリス仲裁法の伝統的特徴と考えられてきたところであったが、一九七〇年代に入ってからこれを揺るがす改革が行なわれることとなった。

まず、一九七五年法による改正はニューヨーク条約加入に伴うもので、非国内仲裁合意に反する訴訟の必要的停止および外国仲裁判断の承認と執行に関する。しかし、これらは後に述べるように旧法を一歩進めた程度のものにすぎない。

より画期的な改革は一九七九年仲裁法によってもたらされた。詳細は後述するが、この改正は先にイギリス仲裁法の特徴として挙げた三つの点を変更するものである。裁判所による仲裁の法適用の面へのコントロールは、一面で統一ある商事法の発展を可能とし、仲裁判断の客観性、したがってイギリスの仲裁の信用を高める効果があったが、他面において、仲裁手続に遅延をもたらし、手続の引延しの画策に口実を与え、また近時増えている一方当事者を国家またはその機関とする事件が他国の司法裁判所に服することを嫌ってイギリスの仲裁を回避する傾向がみられたという (Schmitthoff, The Reform of the English Law of Arbitration〔1977〕J. of Bus. Law 305. 邦訳・海事法研究会誌二三号一頁)。

このような改革気運の中で、仲裁に関する事件を担当する商事裁判所 (Commercial Court 高等法院の一部) の運営に関する「商事裁判所委員会」が一九七八年に主として特別事件制度に関する改革意見 (Commercial Court Committee, Report on Arbitration (Her Majesty's Stationery Office Commd. No. 7284, 1978)) を提出し、これに基づいて一九七九年法が制定された (一九七九年仲裁法はすでにわが国にもひろく紹介されている。小杉丈夫＝蓑原建次「英国仲裁法—一九七九年改正法を中心として(1)〜(3)完」ＪＣＡジャーナル一九八〇年七・八・九月号、高桑・前掲のほか、高桑昭「英国における一九七九年仲裁法について」ジュリ七三九号七四頁、岩崎一生「国際商事仲裁の最近の動向—英国仲裁法の改正を中心として」国際商事法務七巻一一号五三九頁、同「英国一九七九年仲裁法概説」愛媛大学法文学部論集法学論一三号四一頁、小杉丈夫＝蓑原建次（訳）・一九七九年英国仲裁法とその商事紛争への影響、Gibson-Jarvie & Hawker, A Guide to Commercial Arbitration under the 1979 Act〔1980〕, Kerr, The Arbitration Act 1979, 43 Modern L. Rev. 45〔1980〕, Donaldson, The 1979 Arbitration Act, 45 Arbitration No. 3 147〔1979〕, Littman, England Reconsiders "The Stated Cose", 13 Int'l Law 253〔1979〕。同法は、国際商事仲裁のメッカとしてのイギリスの地位の回復を目指し、国際的要素のある仲裁事件においては当事者の合意によって完全に裁判所の介入を遮断する可能性を認めているほか、一般に従来の特別事件手続を廃止し、これに代えて法律点に関する制限された上訴および中間的な申立ての制度を設けた。また明白な誤りによる仲裁判断取消しの権限は否定され、これに伴って仲裁判断に理由を付させる可能性が開かれた。これらの詳細については後述する。なお、一九七九年仲裁法は一九八一年最高法院法（Supreme Court Act 1981）一四八条により若干の修正を経たが実質的な変更はない（高桑・前掲ジュリ七六六号八七頁）。

二　制定法上の仲裁

もともとコモン・ローの一部として発達し、後の制定法によっても規律されるようになった仲裁の一般法に対し、もっぱら特別分野の紛争解決のために制定法が特別の仲裁制度を創出することがある。このような仲裁を制定法上の仲裁（statutory arbitration）と呼んでいる。わが国でいえば、建設業法に規定される建設工事紛争審査会による仲裁がこれにあたるが、イギリスではこの種の特別仲裁制度は非常に多く、また益〻増加しつつあると言われている（Halsbury 261）。ただ、arbitration と名付けられていても必ずしも本来の仲裁の要素をすべて具えていない場合もあり、また、仲裁的なものから準司法機関による裁判に変質したと見られるものもある。たとえば、カウンティー・コートの裁判官（registrar）が行なう少額事件の arbitration は実質は裁判であるし（谷口安平「ヨーロッパの仲裁とワルシャワの世界仲裁会議」ＪＣＡジャーナル一九八〇年一〇月号一〇頁、一三頁)、一九一九年の土地収用補償法（The Aquisition of Land（Assessment of Compensation）Act）では補償額について合意ができないときは当事者が仲裁人を選べる可能性もあったが、一九五〇年の改正により必ず土地審判所（Land Tribunal）と呼ばれる機関の制定に服さねばならなくなったから仲裁の色彩を失ったとされる（Lawrance 132)。イギリスには特定の問題を処理するために設立された tribunal と呼ばれる公的機関は数多く、その性格もいろいろである。土地審判所は仲裁機関ではないが、一定限度で一九五〇年仲裁法の適用も受けている（Russel 19)。

制定法上の仲裁については、各制定法がそれぞれの手続がそれぞれの手続について規定しているため、一般法たる仲裁法がどの限度で適用されるかが問題となる。一九五〇年仲裁法自身一定の条文は制定法上仲裁に適用しない旨を定めており（一九五〇年仲裁法三一条二項によると、死亡による仲裁合意の失効（二条一項)、破産の場合の規定(三条)等、九つの条文の適用を排除する)、また特別の仲裁手続を定める制定法の側で仲裁法の適用の全面的排除を規定することが最近よく行なわれるという(Russel 10)。制定法上の仲裁に服する紛争の若干を例示すると、農地法（Agricultural Holdings Act 1948）による地主と小作人との紛争、住宅金融共済組合法（Building Society Act 1874）による組合員との紛争、国有地法（Crown Estate Act 1961）による国有林についての争い、等々があり、一定の紛争は当該仲裁機関による仲裁に付さねばならない場合と、任意的な場合とがある。前者の場合は仲裁としての性格が希薄となる。また、任意の場合でも、双方の合意が必要な場合と一方当事者の意思で決まる場合がある（具体例の詳細については、Russel 14～, Halsbury 260～)。

三　仲裁合意（仲裁契約）

(1) **概　説**

制定法上の仲裁の一部には前述のように法律上当然に付される紛争もあるが（このような場合をも仲裁と呼べるかどうかは問題であるが）、通常および本来は当事者間の合意に基づくことは言うまでもない。現行法はこれを仲裁合意（arbitration agreement）と呼ぶ。わが国でいう仲裁契約にあたる。かつては（一八八九年法）仲裁付託合意（submission）と称していたので今日でもこの語が用いられることもある。なお、ある事項を仲裁による解決に付すること、ないし仲裁手続全体のことを事件付託（reference）という（reference と submission の関係につき、岩崎・前掲愛媛大法文論集（法）一三号四六頁参照）。仲裁合意ができる時期について、紛争の発生の前後による区別はない。一九七五年仲裁法第二条は仲裁合意を定義して、「現在又は将来の紛争を仲裁に付託しようとする書面による合意をいう」としている。将来の紛争に備えて契約の中に挿入される仲裁条項（arbitration clause）も当然仲裁合意である。

(2) **仲裁に付しうる事項**

仲裁に付しうる事項の範囲についてはとくに規定がないが、一般的にはわが国におけると同時に、当事者が和解によって解決しうる紛争は仲裁に付しうるものとされる（Halsbury 256）。したがって、身分関係に関わる紛争（たとえば離婚）、刑事事件、対物訴訟事項（モーゲジの実行など）は仲裁に親しまない。違法な内容の契約（たとえば統制法違反）から生じる紛争も仲裁に付することは許されない。これに対して、法律問題のみを仲裁に付することは許されているが、結局法律問題は特別事件として裁判所による再審査に服することになるので意義は小さいといわれていた（Halsbury 256）、もっとも、特別事件が制限された現行法のもとではそうもいえないと思われる。遺言の解釈を仲裁に付して決めてもらうことも差支えない。契約内容の一部の補充を仲裁人に求めること（fulling gaps in a contact）も当然に許される。ただし仲裁契約がそのことを定めない場合にそのような仲裁が許されるか否かについては疑問があり、裁判所はそのような合意が黙示的に含まれているものと解釈してこれを許している（Yearbook 10）。事情変更に伴う契約内容の変更についても同様である（ib 11）。

仲裁に親しまない事項についてなされた仲裁裁判は裁判所による取消しの対象となる。

(3)　仲裁合意の当事者

仲裁合意をなしうる能力は一般的には契約をなしうる能力と同一である。未成年者・無能力者は仲裁合意の能力も制限される。破産者は仲裁合意ができるが債権者の利益を害することはできない。破産管財人が仲裁合意をなしうることは破産法が明文で定める（Bankruptcy Act §56）。遺言執行者（executor）や相続財産管理人（administrator）もその権限の範囲内で仲裁合意ができる。事務弁護士（ソリシタ）は受件によって当然に仲裁合意をなしうるものではない。仲裁合意は当事者の承継人（assignee）にも及ぶ。当事者の死亡は一九三四年法までは仲裁合意の撤回と見なされていたが、今日では一身専属的な事項に関する場合でないかぎり死者の財産管理人（personal representative）にも及ぶ（二条(1)）。当事者が破産した場合は破産管財人の選択により、あるいは裁判所の命令により仲裁が行なわれる（三条(1)(2)）。

(4)　仲裁合意の形式・内容および拘束力

仲裁合意は口頭でしてもコモン・ロー上の効力があり無効ではないが、その場合は一九五〇年仲裁法のもとでの仲裁合意ではないので同法による効力が与えられない。たとえば、同法に基づいて仲裁人の選定を裁判所に求めることはできず、仲裁判断も判決と同様に執行することはできないので改めて訴訟を起こさねばならない（Lawrance 18）。本稿では書面による仲裁合意（一九五〇年法三二条）を前提とする。

書面は独立のものである必要はなく、契約書の一条項として仲裁条項の形をとることが多い。このような場合に、仲裁条項を含む契約が何らかの理由により不成立または無効であるとの主張について仲裁人に判断する権限があるかという問題がある（いわゆる separability または autonomy の問題）。伝統的にはイギリスの判例は、契約が無効なら仲裁条項も無効であるとしてその権限を否定している（Russel 85, Yearbook 11）。しかし、仲裁条項の契約の他の部分から独立したものと扱うべきだとの見解も有力で、仲裁条項の中に主契約の効力問題も仲裁事項である旨を明規しておけばよいとの指摘もある（Schmittoff Commercial Law 43, *per* Lord Wright, Heyman v. Darwins Ltd.〔1942〕A. C. 356, at p. 385, Russel 168）。ロンドン仲裁裁判所の一九七八年の規則では当事者に異議があるかぎり仲裁合意の効力を最終的に決定する権限は仲裁人にはないとしているが、一九八五年の国際仲裁規則はこれを肯定している（London Court of International Arbitration（LCIA）Rules, 14. なお、一九八一年仲裁人協会仲裁規則 CIA Arb. Rules, Schedule of Jurisdiction and Powers of the Arbitrator B(1)(4), Sieghart, International Arbitration Rules of the London Court of Arbitration, 47 Arbitration No. 2 130（1981）。これは、仲裁条項中に明示しておけばよいとの見解に従っているのではなかろうか）。仲裁合意文書には当事者の署名は原則として必要ないが、パートナーシップ契約のように仲裁の対象たるべき法律関係が捺印証書によらねばならない場合には仲裁合意が別の文書でなされるかぎり捺印証書であることを要する。仲裁合意は他の仲裁契約を引用（incorporation by reference）することによってもなされている。たとえば、船荷証券の中で傭船契約上の仲裁条項を明確に引用（The Annefield〔1971〕P. 168）することによって、仲裁合意をすることも可能である。

仲裁合意はその成立後も当事者の合意によって変更できるのは当然であるが、一方的な撤回（revocation）は許されない（一条）。仲裁合意の効力に争いがある場合には当事者の申立てにより裁判所が仲裁手続を差し止めることができる（Russel 99)。

裁判所は一定の要件のもとで当事者一方の申立てにより仲裁合意を取り消すことができる。裁判所による監督的介入の一つの場合と考えられるが、たとえば、将来の紛争を仲裁に付する旨の仲裁合意がある場合において、生じた紛争が当事者に詐欺（fraud）の責があるかどうかの争点を含んでいるときは、高等法院は仲裁合意の効力を失わしめ、これに伴ってすでに選定された仲裁人の権限をも取り消すことができる（二四条(2)）。なお、仲裁合意とは別に、仲裁人の権限のみの取消しが問題となるが、これについては次項で扱う。

四　仲裁人と審判人

(1)　仲裁人・審判人・第三の仲裁人

イギリス法には伝統的に仲裁人（arbitrator）と審判人（umpire）の区別がある。審判人とは二人の仲裁人の意見が一致しないときに裁断を下す者で、仲裁人が一人である場合には必要ない。原則的な形は、当事者がそれぞれ仲裁人を選び、選ばれた仲裁人が審判人を選ぶというものである。審判人は手続の最初からは関与せず、仲裁人が合意に達しえない場合にはじめて介入することができる（八条)。このような場合の仲裁人は仲裁人というよりは当事者の利益代表者となりやすく、実質的には審判人によって事が決せられる傾向がある。審判人に対して、第三の仲裁人（third arbitrator）という概念がある。第三の仲裁人は仲裁人として他の二人の仲裁人と合議体を構成し、最初から手続に関与する。仲裁判断も多数決によって行なわれる。これらの事項に関しては一九七九年法で若干の改正がなされた。

(2)　**仲裁人・審判人の選定と解任（忌避）**

仲裁合意において反対の定めがないときは唯一の仲裁人に付託さるべき旨の合意がなされたものと見なされる。(六条)。二人の仲裁人に付託されるべき旨が定められている場合においては、その合意は二人の仲裁人による審判人の選定をも定めたものとみなされ、選定された二人の仲裁人が合意に達しえないときには直ちに審判人を選任せねばならない(改正法六条)。これは一九七九年の改正点の一つで、それまでは二人の仲裁人は選定されると直ちに審判人をあらかじめ選んでおかなければならなかった(旧八条)。しかし、これでは二人の仲裁人が結論につき合意できたときは審判人は不要となるわけである。次に、仲裁合意により三名の仲裁人への付託が定められているときは、その三名の選び方を問わず、三名は合議体を構成し三名とも最初から手続に関与し、多数決(二名)によって仲裁判断を下す(改正法六条(2))。これも一九七九年の改正点である。従来は、各当事者が各一名の仲裁人を、かくして選ばれた二人の仲裁人が第三人目を選ぶこととなっている場合は、三人目は第三の仲裁人でなく審判人と見なされることとなっていた(旧九条(1))。実務界から要望のあった点である(前掲 Commercial Court Committee Report 15)。

仲裁人の選定については、具体的な仲裁人を仲裁合意の中で決めておくことも可能であるが、選定の方法のみを決めておく場合が多い。たとえば、当事者による選定または第三者(同業組合の長など)による選定などが定められている。この場合に、紛争が発生して一方当事者が仲裁人を選定したのに相手方が選定しなかったり、唯一の仲裁人について合意ができなかったり、選定を依頼さるべき第三者が選定してくれなかったり、あるいは選定された者が職務を行なうことを拒絶した場合においては、申立てにより高等法院が選定のため介入し、仲裁を可能ならしめる(一〇条)。従来、第三者による仲裁人の選定を定めているにかかわらずその第三者が選定してくれない場合についての規定が欠けていたので、一九七九年法はこの場合について明文を置いた(一九七九年法六条(4))。

常設の仲裁機関（たとえば後述のロンドン国際仲裁裁判所）による仲裁を合意する場合には、その機関の規則に従って仲裁人が選任される。

選定された仲裁人や審判人を途中で解任すること（removal）は、全当事者の合意によるかぎり自由であるが、合意が得られない場合には一定の欠格事由や忌避事由に基づいて裁判所に解任を求めることができる。事件に利害関係をもつことがその事由となるが、そのような具体的事情を知りながら選任した場合には解任を求めることはできない（Russel 143）。

(3)　仲裁人の報酬

仲裁人の選定は報酬について明示の約束がない場合でも報酬約束を当然に含むものと解され、仲裁人は報酬支払いがあるまで仲裁判断の言渡しを差し控えることができる。当事者は請求報酬額が過大であると思うときは裁判所に決定を求めることができる（Russel 115）。

五　訴訟の停止

仲裁合意があるにかかわらず、一方当事者がこれを無視して訴訟を提起した場合に相手方はいかになしうるか。一九五〇年仲裁法(四条)によると、被告が異議なく応訴したときは裁判所からこれを問題とすることはない。被告が出頭(appear)後、プリーディングの提出その他の手続を行なう前に訴訟の停止を申し立てた場合には、裁判所は、当該事項が仲裁に付すべきでないとする十分な理由がなく、また申立人が仲裁手続を進行する意思と用意があると認めれば訴訟手続を停止することができる（may stay）。停止はあくまで裁判所の裁量事項とされているため停止の基準が問題となる。多くの判例があり仲裁と裁判権との微妙な関係を示している。たとえば、争点がもっぱら法律問題である場合、外国での仲裁が約束されている場合、仲裁人が適任でない場合、訴訟物が仲裁合意の範囲を超えている場合などが問題になっている（Mustill 452）。逆に、仲裁手続を進行すべきでない場合には仲裁差止めのインジャンクションが認められることがある。たとえば、仲裁合意を含む契約の効力が訴訟で争われている場合である（Halsbury 266）。

以上の一般原則に対し、国際条約によって仲裁の優先が義務づけられている場合は、停止するかどうかの裁量権はなく必ず停止すべきものとされる（shall stay）。すでに一九二三年の仲裁条項に関するジュネーヴ議定書への加入により一九二四年法（後に一九五〇年法四条(2)となった）が必要的停止を規定していたが、一九五八年ニューヨーク条約への加入にともない、一九七五年法はこれを一般に国内仲裁合意（domestic arbitration agreement）でない仲裁合意の場合に拡張するとともに（一九七五年法一条(1)(2)、一九五〇年法四条(2)を廃止した（一九七五年法八条）。

国内仲裁合意とは、イギリス以外の国で行なわれる仲裁を合意せず、かつ、手続開始時において、イギリス国民またはイギリスに常住する者でない個人、あるいはイギリス以外の国で設立された法人または管理支配がイギリス以外の国で行なわれている法人が当事者でない仲裁合意を指す（一九七五年法一条(4)）。二重否定によって定義しているので解りにくいが、要するに、外国が仲裁地になっている場合はもちろん、イギリスが仲裁地であっても当事者の一方または双方が外国人や外国法人などであれば非国内仲裁合意である。いわゆる国際商事仲裁はロンドンを仲裁地とする場合でもすべてこれに入る。

この国内仲裁と非国内仲裁の区別は一九七九年の仲裁法に引き継がれ、次に述べるように重要な役割を与えられることとなった。

六　仲裁における国家法適用の保障

(1)　仲裁の準拠法

仲裁の手続が仲裁地国の仲裁法によって規制されることは当然であるが、これと仲裁における実体的判断の基準となる規範とは別問題である。イギリスにはフランス等に見られる友誼仲裁人(amiable compositeur)の観念がなく(Wal 243, Macassey 61, Yearbook 25, Bischoff, Amiable Composition in English Arbitration Law, 44 Arbitration No. 2, 60)、仲裁も法によって判断されるべきものと考えられている(最近これを問題とする動きもある。Mustill 605)。そして、かつてはイギリスを仲裁地とした場合は実体的にもイギリス法を準拠法としたものと当然に推定することが行なわれていたが、一九七一年の貴族院の判決以来(Compagnie d'Armement Maritime S. A. v. Compagnie Tunisienne de Navigation〔1971〕A. C. 572.)、仲裁地の合意は準拠法の決定にあたって考慮されるべき一要素にすぎないことが確立された。かくて、準拠法について合意がないときは仲裁法においてもイギリスの国際私法によって準拠法が決定されるわけである。

ともあれ、国際私法を含めてイギリス法の適用を確保するため裁判所が仲裁に介入する伝統が一九世紀以来確立したことは前に述べた。介入のための具体的方法であった特別事件の制度について概観し、一九七九年法によってこれがどのように改革されたかを見てみよう。

(2)　特別事件の制度

これは少なくとも一世紀にわたってイギリス仲裁法を特色づけてきたもので、仲裁判断において適用すべき法について裁判所の見解を求めるため、仲裁人(または審判人、以下同じ)が裁判所(高等法院 High Court)に対して特別事件を陳述する（state a special case）という形をとる（一九五〇年法二一条）。具体的には、仲裁手続中の場合と、仲裁判断を一応出した形にしたうえでこれについて裁判所の見解を求める場合とがある。

まず、仲裁手続の途中で法律上の問題が生じたときは仲裁人はいつでも高等法院に対して特別事件を陳述し、これに対する判決あるまで仲裁手続を停止することができる。当事者も法律問題があると考えるときは仲裁人に対し事件陳述をするよう求め、拒絶されたときは高等法院に申し立てて、事件陳述を命じてもらうことができる。このように手続途中の事件陳述を諮問事件（consultative case）と称し、これに対する判決に対しては上訴ができない。

これに対して、「特別事件の形式による仲裁判断の陳述」（stating the award in the form of a special case）と呼ばれるやり方があり、これは、法律問題がある場合に、事実関係を明らかにしたうえで、一方の見解によればこの結論、他の見解によればこの結論というふうに、法律上の見解によって異なる複数の結論を示して裁判所に選択してもらうというものである。裁判所がそのうちの一つを選択すると、それが最終的仲裁判断としての効力を生じるに至る（Commercial Court Committee Report, 5）。この場合も、仲裁人が自発的にする場合と裁判所の命令による場合とがある。裁判所が法律問題について判決で見解を示すと仲裁判断の内容が自動的に決定されることになるのでこれは通常の判決と異ならないと考えられ、それに対して控訴院および貴族院への上訴が可能である。

以上のような特別事件の手続をとらない旨の当事者の合意は裁判所の介入権限を排除するもの（ouster）として無効とされたことは前述した。特別事件手続の由来は、法適用を誤っているとして裁判所が仲裁判断を取り消すやり方によると、また最初から仲裁手続をやり直さねばならなかったので、これを回避するためであったと言われているが（Gibson-Jarvie 2）、時とともに、真の法律上の争点があるかぎり、係争額が少ないときや、そう重大な問題でないときでも、また答えがはっきりしているときでも、仲裁人は特別事件を陳述すべきであるとの判例が確立した（Commercial Court Committee Report, 6）。この制度が引延しのために利用されることは昔からあったであろうが、特にインフレーションと高金利の時代にあってその弊害が顕著となった。また外国政府がこの制度を忌避することが明らかとなった。なるほど、特別事件はイギリス法の問題のみに適用があるが、外国法が適用さるべき事件においても何らかのイギリス法上の問題を見つけることはできるものだと言われている（ib. 5.）。

(3)　一九七九年法による司法審査

前にも触れたように、一九七九年法は特別事件手続を廃止し、また明白な法律上の誤りによる仲裁判断の取消しないし差戻しの制度を廃止したが(一九七九年法一条(1)、以下条文のみ引用)、裁判所による仲裁判断への介入を全廃したわけでは決してない。その詳細はすでに紹介されているので（高桑・前掲ジュリ七三九号七四頁ほか、前述一(3)に引用の諸文献参照）、その要点を述べれば次のとおりである。

(a)　仲裁判断に対する上訴　　特別事件の形式による仲裁判断の陳述という一風変わった方式をやめ、通常の上訴を許すこととした。ただそうなると仲裁判断の法律上の根拠を知らないことには上訴も、それに対する判断もできないので、仲裁判断に理由を付させるための一定の方策が採用された。すなわち、当事者はあらかじめ理由を付した仲裁判断を求める旨を仲裁人（または審判人、以下同じ）に申し出ることができる（一条(6)(a)）。それにもかかわらず従来の慣行どおり理由なしに仲裁判断がなされたときは(このように、新法のもとでも理由を付することは一般的には要求されていないので、新法施行後二年後も理由付判断は多くないようである。Steyn, Reasoned Awards under the Arbitration Act 1979, 47 Arbitration No. 4 264)。裁判所は当事者の申立てにより仲裁判断に含まれた法律問題を検討するに必要な程度の理由を述べるよう仲裁人に命ずることができる（一条(5)）。この申立てをするには全当事者の同意があるか裁判所の許可が必要である（一条(5)(a)(b)）。最初から理由が付せられていた場合、および右の手続により理由が付せられた場合、上訴が可能となるが、上訴は全当事者の同意があるか、裁判所の許可がある場合のみ許される(一条(3)(a)(b))。裁判所は、当該法律問題の決定が当事者の権利に重大な影響を及ぼす場合でなければ上訴の許可を与えてはならない（一条(4)）。

上訴を受けた高等法院は審理のうえ、原仲裁判断を認可、変更、取り消すか、法律上の意見をつけて仲裁人に差し戻し、差し戻された場合は、原則として三カ月以内に新たな仲裁判断をしなければならない（一条(2)）。この高等法院の判決に対しては、高等法院または控訴院が許可し、かつ、問題が一般的重要性を帯びるか、他の理由により控訴院の審査がなされるべき旨が高等法院によって公認された場合にのみ、控訴院への再上訴ができる(一条(7))。なお、上訴不許可の裁判および理由を付すべき申立てに対する裁判に対する不服申立てについても制限がある（一条(6)A、一九八一年改正）。

(b)　手続中の法律問題の諮問　次に、諮問事件に当たる制度は一応維持されているが、これにも厳しい制限が課せられている。すなわち、仲裁人の同意または全当事者の同意ある場合にかぎり、当事者の申立てにより高等法院は仲裁手続の途中で生じた法律問題について決定することができる（二条(1)）。ただし、仲裁人が同意しても、このような決定が当事者にとって費用の節約となり、当該法律問題審査のために仲裁判断に対する上訴が認められるであろう場合にかぎる（二条(2)）。この申立てに対する判決に対する控訴院への再上訴につき、仲裁判断に対する上訴判決に対する再上訴と同様の制限がある（二条(3)）。

(c)　排除合意　(a)(b)で述べたように改正法のもとでも裁判所は制限されたとはいえなお審査権をもつが、一定の場合、当事者が書面による排除合意（exclusion agreement）をすることによって、裁判所が上訴を許可する権限、理由を付すべく命令する権限、および手続中の法律問題の諮問に関する仲裁人の同意権、を排除することができる（三条(1)）。一定の場合とは、仲裁合意が国内仲裁合意でない場合、および国内仲裁合意については、仲裁手続が開始されて後に排除合意がなされた場合である（三条(6)）。ここでいう、国内仲裁合意の意義は先に訴訟の停止に関して述べたところとほぼ同一であるが、「仲裁手続開始の時」でなく「仲裁合意の時」にイギリス国民・法人であるかどうかが基準となっている（三条(7)）。非国内仲裁における排除合意は、詐欺の主張のある事件を裁判所に取り上げる権限（一九五〇年法二四条(4)）をも奪う効力がある（三条(3)）。特別事件の手続は各種の制定法上の仲裁にも規定されているところであるが、排除合意はこれに適用されない（三条(5)）。また、非国内仲裁であっても、海事、保険、およびイギリスの商品取引所で扱われる物品で一定の物の売買に関する場合には、排除合意は仲裁手続が開始されてからなされる場合を除き効力がない（四条(1)(2)）。これは実務界からの要請による特別措置であるが、時期をみて廃止が予定されている（四条(3)）。排除合意の最大の眼目が、非国内仲裁、すなわち国際商事仲裁において合意により司法審査をあらかじめ排除しうるようにしようとする点にあることは明らかである。

以上のような一九七九年改正法のその後の経過は、立法者の意図したとおり、例外的な場合のみ上訴を許す実務を確立する方向に向いつつあるように見受けられるが、他方においては中途半端との批判もあり、これによってロンドンの国際商事仲裁が往時の盛況を回復するかどうかは今後の問題である（高桑・前掲ジュリ七六六号八七頁以下。小杉＝蓑原（訳）・前掲等参照）。法改正後の仲裁事件の動向については明確な資料はないが、一九七九年当時のロンドンを中心に海事と商品取引で約一万件の国際商事仲裁事件があり、改正後他の分野でも事件が増えつつあると言われている（Yearbook 5）。

七　仲裁判断とその効力

(1)　仲裁判断の形式と要件

仲裁合意において仲裁判断（award）をなすべき時期が決められていないときは、いつなされてもよい（一九五〇年法一三条(1)、以下条文のみ引用）。期間が決められているときも、当事者の合意または裁判所の命令により延長できる（一三条⑵）。仲裁判断の形式については規定がなく、口頭でもよいとされるが、実際は書面でなされている。通常は、付託の趣旨や紛争の内容、仲裁人・審判人選定の事情などを書く部分（recitals）と判断を書く部分（operative part）から成る（Lawrance 74.）。理由を書かず、後刻に別紙で交付するならわしであったが、一九七九年改正法以後は理由を付することが奨励されている。仲裁判断の内容は判決と同様に直ちに執行しうる程度に確定的でなければならない。仲裁判断書は当事者に交付されるべきであるが、仲裁人は報酬の支払いまで交付しないことができる。仲裁は非公開手続であるから、仲裁判断は公表されない（これらにつき、Mustill 337〜，Yearbook 22〜，Russel 299〜）。また、仲裁判断書の裁判所への寄託の制度はない。

⑵ 仲裁判断の取消しと差戻し

仲裁そのものが二審制をとる場合（たとえば後述のＧＡＦＴＡ規則による仲裁）には、上級仲裁機関による救済が可能である。

仲裁判断は既判力（res judicata）をもつ（Russel 367 n. 44）。裁判所が仲裁判断をなすに当たって行なわれた法適用について監督権をもつこととは別に、手続上の理由によって仲裁判断に対する救済を与えうることはわが国の場合と異ならない。一九五〇年法は、高等法院は仲裁人・審判人に再考させるため事件を差し戻す（remit）ことができるものとし（二二条⑴）、また仲裁人・審判人が非行を犯し（misconducted）あるいは手続を誤った場合、または仲裁判断が不正に取得された場合には、高等法院は仲裁判断を取り消し（set aside）うるものとしている（二三条⑵）。差し戻された場合は三カ月内に新たな仲裁判断をせねばならない（二二条⑵）。取り消された場合は仲裁手続を最初からやり直さねばならない。

法律は差戻しのための理由を挙げていないので、概ね取消し理由と同様に解され、ただ瑕疵の程度が軽く、是正可能な場合に裁量により差し戻すべきものとされるが差戻し理由は狭く解されている。取消しないし差戻しの理由としては、仲裁判断の形式的瑕疵、新証拠の発見、仲裁人の非行（広く解され、公正さを疑わしめるような行為があったことなど）、詐欺によって仲裁合意がなされたこと、証拠の偽造など、があげられる（Lawrance 95～, Russel 392, Yearbook 28)。

(3) 仲裁判断の執行

仲裁判断は高等法院の許可をえて判決と同様に執行できる（二六条)。ただし、仲裁判断の効力について疑問がある場合には許可がなされないので、その場合には仲裁判断に基づく判決を求めるため訴えを提起し、その判決によって執行せねばならない（Mustill 367～, Russel 357～)。

外国仲裁判断については、一九二七年ジュネーヴ条約の適用のある仲裁判断（Foreign award)、および一九五八年ニューヨーク条約の適用ある仲裁判断（Convention award）につき、一九五〇年法三五条以下、一九七五年法一条以下の規定に従い執行することができる（Russel 377～)。両条約ともに適用ある仲裁条約には一九七五年法のみ適用される（一九七五年法二条)。

八　仲裁の実務——機関仲裁

(1) 機関仲裁の発達

イギリスにはいろいろな分野において、一定の組織を備えた仲裁機関が発達しており、その数は約四〇にのぼる（Yearbook 4)。これらの仲裁機関の制定した仲裁規則にのっとり、またその人物・物的施設を利用して行なわれる仲裁（いわゆる institutional arbitration, administered arbitration）が実際上は重要な役割を果たしている。そのような機関としては各種の同業組合や各地の商工会議所があるが、なかでも国内仲裁に関しては「仲裁人協会

(The Chartered Institute of Arbitrators, CIA)」、国際商事仲裁に関しては「ロンドン国際仲裁裁判所（The London Court of International Arbitration, LCIA）」、海事については「ロンドン海事仲裁人協会（The London Maritime Arbitrators Association, LMAA）」、穀物取引に関しては、穀物・飼料取引協会（The Grain and Feed Trade Association, GAFTA）等が重要である（Yearbook 5）。以下ではこれらの組織の概略を述べ、続いて国際仲裁裁判所の規則を中心に紹介する（各団体による個別分野の仲裁実務については、Mackie, Arbitration and the Commodity Trades, 44 Arbitration No. 1 13, 1977, Midred, Arbitration as applied to the Construction Industry, 47 Arbitration No. 4, 281, 1982, Gibson-Jarvie, Arbitration on the Metal Exchange, 44 Arbitration No. 1 25, 1977)。

(a)　仲裁人協会（CIA）　一九一五年に創立され一九七九年に国王特許（Royal Charter）を得た仲裁人の組織で、自らCIA仲裁規則（一九八一年）を有し、仲裁手続を管理する。この規則は国内仲裁に適用があり、国際仲裁は次に述べるLCIA規則による。CIAは法律家はもとより工業技術、海運、建設、金融、保険等々三八の分野にわたる計五、〇〇〇人以上の仲裁人のパネルを用意し、仲裁人の養成・訓練を行なっている。この中には若干の外国人も含まれている。一九八一年には二、〇〇〇件の国内仲裁事件を処理したという。事件別で見ると一九八六―八七年度では、建築関係二八〇件、旅行業関係五〇〇件、電気通信関係一六五件、個別保険関係六五件等となっている（CIA Annual Report 1986)。

(b)　ロンドン国際仲裁裁判所（LCIA）　ロンドン市、ロンドン商工会議所、CIAの三者により運営される組織で、court と名づけられているが私的な機関である。一八九二年に London Chamber of Arbitration として設立され、その後 London Court of Arbitration として、フランスのICC、アメリカのAAAとともに世界における仲裁の中心の一つとして君臨した。一九七五年に現在の運営方式が導入され、一九八一年に現在の名称に改められ、LCIA規則（一九八一）を制定し国際商事仲裁を専ら行なうこととなった（一九八一年規則については、服部弘「ロンドン仲裁裁判所の国際仲裁規則について⑴⑵」JCAジャーナル一九八一年一一月号二〇頁、一二月号二〇頁に解説と翻訳がある)。同規則は一九八五年にUNCITRALモデル法を取り入れて改正され今日に至っている。ロンドンのシティの International Arbitration Centre と称する建設の中に事務所と仲裁施設を有している。仲裁人としては三〇カ国の出身者からなる London Panel of International Arbitrators を用意しており、LCIA規則によらない国際仲裁のためにも仲裁人選定のために便宜を供与している。

(c)　ロンドン海事仲裁人協会（LMAA）　海事専門の仲裁人の協会で長い伝統をもつ。ロンドン海事仲裁の実務は海運業界に広く知られているので一般的な仲裁規則はないが、書面審理用の Short Form Rules がある。

(d)　穀物・飼料取引協会（GAFTA）　この同業組合はGAFTA標準契約書式を定めており、その中にはGAFTA仲裁規則による仲裁を合意する仲裁条項が含まれている。同規則の特徴は仲裁人の仲裁規則に対して、同じ仲裁手続内での Board of Appeal への不服申立てを許していることである。仲裁人になれるのはGAFTAの会員と従業員に限られている。

(2)　ロンドン国際仲裁裁判所（LCIA）の仲裁手続

UNCITRAL の Model Law を先取りする形でその草案段階のものを取り入れた一九八五年の改正規則によればLCIAの仲裁手続は次のとおりである。仲裁手続は一方当事者からLCIAの Registrar に対し書面による Request を提出することにより始まる（一条）。仲裁人の選定（appointment）はLCIAが事案の内容をみて行ない、仲裁人の人数も原則として一人とするとの建前がある。もちろん当事者が仲裁合意において各自仲裁人を指名し、それらの仲裁人が第三の仲裁人を指名することを定めるのは自由であるが、このような場合に仲裁人選定手続が一方当事者による意図的手続遅延のために利用されることを防ぐため、三〇日以内に指名をしないと指名権を失うものとされているし（三条(4)）、LCIAは当事者が指名した者を適切でないとして仲裁人への選任を拒絶でき（三条(3)）、独自に適切な仲裁人を選任することができる（三条(5)）。また、当事者によって指名された仲裁人も当事者の代理人として行動してはならない旨が定められている(三条(1))。このように、仲裁人選任にLCIAの強いイニシアティブが導入されているが、他方で、改正前には規定がなかった仲裁人の忌避がUNCITRALモデル法にならって制度化されている(三条(7)、(8))。

仲裁人の権限についてはやはりモデル法にならってseparabilityの原則、仲裁人は自らの権限を判断しうるとの原則が定められた(一四条)。手続については、近時増大している多数当事者紛争に関し、当事者に異義がない場合には仲裁契約の当事者でない第三者の手続への参加(joinder)を認め、一つの仲裁判断で全紛争を解決できるよう図っている(一三条(1)(c))。

当事者は、とくに書面審理手続に同意しないかぎり、口頭審理を求める権利がある(一一条(1))。しかし、証人の供述は書面によってもよい(一一条(4))。当事者は全書面手続に同意することにより費用の節約をはかることができる。仲裁人は職権で鑑定を求めることができるし(一二条(1)、当事者に対し文書や検証物の提出を命じることができる(一三条(1)(i))。文書提出等を求めて国家の裁判所に申し立てることは禁止されている(一二条(2))。手続の遅延策を封じるためである。

仲裁判断には、当事者が反対の合意をしないかぎり、必ず理由を付さねばならない(一六条(1))。複数の仲裁人があるときは結論は多数決による(一六条(3))。和解ができた部分において当事者が望むならばこれを仲裁判断の内容とすることができる(一六条(7))。いわゆるconsent awardである。仲裁判断がなされてからも仲裁人はその誤りを訂正し、あるいは追加仲裁判断をなすことができる旨が明定された(一七条)。UNCITRALモデル法にならったものである。先に述べたように一九七九年仲裁法のもとでは、制限されたとはいえ国家裁判所が法律点については審査権をもつが、非国家仲裁については当事者の事前の書面による排除合意(exclusion agreement)によって裁判所の介入を排除できる(一九七九年法三条(1))。一九八一年規則では、このような別の排除合意書面が必要であったが、一九八五年規則では、この規則による仲裁合意は当然に排除合意を含むものと見なされることとなった（一六条⑻）。

最後に仲裁手続の費用は、申立時に二〇〇ポンド支払うと仲裁人選定までカバーされ、それ以後は事務局の作業一時間につき五〇ポンドの他、諸実費を支払わなければならない。仲裁人報酬については事件の内容と仲裁人により異なるが、基準としては合議と審問につき一日三〇〇―一、二五〇ポンド、その他の時間につき六〇―二五〇ポンドとなっている（Schedule of Cost）。

なお、国内仲裁にかかわる仲裁人協会（ＣＩＡ）規則は前述のＬＣＩＡ規則より簡略化されており、ＣＩＡの権限も小さい。五、〇〇〇ポンド以下の少額事件について略式手続が定められているほか、手数料や報酬額もＬＣＩＡに較べて低額である。

〔参考文献〕

イギリスの仲裁法に関する基本的文献として下記のものがある。（太字は本文で引用）

Russel, On the Law of arbitration 20th ed., by Walton & Vitoria, 1982.

Mustill & Boyd, The Law and Practice of Commercial Arbitration in England, 1982.

Styn, United Kingdom, in **Yearbook**, Commercial Arbitration Vol. 8, p. 2 (1983).

Lawrance & Williams, The Law and Practice of Arbitration & Awards (1965?)

Gibson-Jarvie & Hawker, A Guide to Commercial Arbitration under the 1979 Act (1980).

Halsbury's Law of England, Arbitration, by Walton, Vol. 2, paras 501—700, 4th ed., 1973.

Macassey, England, in Union International Commercial Arbitration Vol. 1, 60, 196 ?

Wall, United Kingdom: the London Court of Arbitration, in Cohn, Domke, Eismann, eds., Handbook of International Arbitration in International Trade 225, 1977.

Gill, The Law of Arbitration 2nd ed., 1975.

Parris, The Law and Practice of Arbitration, 1974.

Soper, A Treatise on the Law and Practice of Aebitration and Award, 10th ed., by Lawrance & Williams, 1966.

雑誌として Chartered Institute of Arbitration の機関誌 Arbitration (quarterly)。邦語のものとしては、国際商事仲裁協会・仲裁法規集(加除式)に仲裁法および仲裁規則の原文と翻訳が収められている。一般的解説としては、関口猛夫「イギリスの仲裁手続」(付一九五〇年仲裁法翻訳)商事仲裁一巻三号三頁(昭二九)、小杉丈夫＝蓑原建次「英国仲裁法―一九七九年改正法を中心として(1)〜(3)巻」JCAジャーナル一九八〇年七・八・九月号(国際商事仲裁協会・別冊昭五五)ほか、法律時報一九八一年二月号の仲裁邦語文献目録参照。

(原題「主要国の仲裁制度――連合王国」『注解仲裁法』、昭和六三年、青林書院)

五　外国の労働紛争処理制度から学ぶもの――「仲裁」

一　はじめに

今日は労働組合のリーダーの皆様の前でお話をさせて頂けることを大変光栄に存じております。私は京都で労働委員会の仕事をさせて頂いておりますが、本職は労働法ではなく民事訴訟法とか破産法とかをやっております。労働法や社会政策のことはそれぞれ専門の先生方にお願いすることとして、今日は私の専門に引き付けて、労働紛争処理のありかたについて外国との比較のうえで気が付いたことを若干お話させて頂くことといたします。

外国で労使紛争がどのように処理されているかということにつきましては、既にいろいろなところで紹介されております。とくに中労委が毎年海外視察団を組織しており、皆様の中にもこれに参加された方がいらっしゃると思います。この視察団はこのところ毎年ヨーロッパへ出かけているようですが、その報告が「中央労働時報」に出ております。一番最近には一九八九年の視察団の報告を新潟大学の労働法教授の桑原昌宏氏が同誌八一一・八一二号に書いておられ大変参考になります。私はこの視察団に参加したことはありませんが、外国へ出張したついでにドイツの労働裁判所を見学したり、アメリカのワシントンで全国労働関係局（NLRB）の行政裁判官に話を聞いたり、カリフォルニアでその地方官に会ったりして若干の調査をしております。しかし、これらについて皆様にお話できるほどの専門的知識があるわけではありません。

今日お話しようと思っておりますのは「仲裁」についてであります。仲裁については労働関係調整法に規定がありますのでご存じと思います。しかし、各年度の全国の地労委統計を見ましても仲裁は一件あるかないかという状態で、日本では労働紛争の仲裁はないといってよいようです。

仲裁というのは紛争を任意の第三者による裁定で解決してもらうというものですが、統計にある若干の仲裁が本当の仲裁事件かというとそうでもなさそうです。事務局に問い合わせてもらったところ、斡旋をするうち争いの範囲が狭まり、もう一息というところを両当事者が斡旋委員のおっしゃるところに従いますと言ったので、仲裁事件として取り扱ったというものだそうです。このような成行きは我々もたまに経験するところですが、そのまま斡旋案を提示して斡旋の成立として扱うのが普通です。本来の仲裁は労働協約に仲裁条項があって、これに基づいて仲裁事件として申し立てられるものです。

私が外国の労働関係で仲裁の利用を知ったのは、だいぶ以前にカナダ西岸の港町バンクーバーを訪ねたとき、その地の労働法の教授に会いました。その先生は港の荷役業者とその組合との仲裁人になっていて、港に着いた荷物が協約上選ぶべきものか割増し賃金がもらえるものかなどが争いになって荷役がストップしたときに、授業中でもポケットベルで呼び出されて港に駆けつけ、現場で双方から事情を聞いて直ちに判断を下すということでした。荷役がストップすると停泊料などがかさんで大変な損害になりますから、このように迅速に解決する必要があるわけです。

その後、アメリカなどでも協約のなかに仲裁条項があるのが普通で、労働仲裁人として生計をたてている人が沢山いることもわかりました。そんなこともあって、日本でも仲裁を労働法の分野でもう少し発展させる可能性はないものかと考えるようになりました。最近アメリカで少し新しい話も聞きましたので、それらを交えてお話したいと思います。

二　紛争処理制度の諸類型

最初に紛争解決のための諸手段についてお話して、仲裁の特色を明らかにしておきたいと思います。

紛争解決には大きく分けて裁判型と和解型があります。裁判型は紛争当事者以外の第三者が裁定を下す点に特徴があります。これに対し和解型は紛争当事者自身が交渉によって解決策を見つけ出して合意に達します。その際に第三者が介入することもありますが、あくまで当事者間の合意を促進する役割をもつに過ぎません。裁判型のうち国家の裁判所によってなされるものは国家の国家主権の作用として絶大な強制力をもっています。つまり、訴えられた者は国家の裁判権に服する限り必ず応訴しないと原告のいうままの欠席判決を受けなければなりません。和解型ではこんなことはありません。裁判所で運営している調停でも、出頭しない相手方に対する若干の制裁が規定されていますが、合意ができなければ調停は成立しません。労働委員会のする斡旋や調停も同様です。使用者がどうしても斡旋に応じようとしないためお手あげとなることはしばしば経験するところであります。裁判型と異なりここではあくまで当事者自身による合意が紛争解決の方法であって第三者の決定ではありません。

仲裁では仲裁人が仲裁判断という裁定を下しますから、その点で仲裁は裁判型に属することになりますが、国家の裁判のように当然に応訴を強制する力はありません。つまり、仲裁に服するのは国家の裁判権に服しているからではなく、自らの意志によって仲裁人の決定に服することに同意したからに他なりません。かくして、仲裁にとっては仲裁合意または仲裁契約が必須の要件となります。結局、仲裁は当事者間の合意に基礎を置く点で、和解型の要素と裁判の要素とを併せ持つ特異な制度であるということになります。仲裁制度をわが国も含めてすべての国々が認めているのは、これが国家が運営する裁判制度にない特色を持ちうるからです。国の裁判官はどんな事件でも裁判しなければなりません。特殊な分野の紛争はその分野の事情に詳しくて両当事者から信頼されている人の方がよい裁判が早くできるに違いありません。労働委員会委員が労使紛争について仲裁人となるべく法律が規定しているのも、労働委員会のこの分野での専門性が認められているからであります。

三　日本の仲裁制度の現状

民事訴訟法第八編「仲裁手続」が仲裁制度についての基本法であります。当事者が和解によって解決できる紛争は仲裁によることができることとか、紛争が発生する前の仲裁契約は「一定の法律関係」から生じる紛争を対象とするものでなければならないとかの基本原則が定められています。仲裁人は当事者が自由に選べるわけですが、必要に応じて裁判所が選任する手続も定められています。重要なことは仲裁人が下した裁定つまり仲裁判断は裁判所の確定判決と同じ効力を持つとされており、これに対して上訴によって不服を申し立てることはできません。つまり仲裁は一審限りのものです。ただ、仲裁契約が無効であるとか、仲裁契約に予定された法律関係以外の対象について判断したとか、当事者に主張の機会を十分与えないで仲裁判断をしたとかの場合には、仲裁判断取消しの訴えを裁判所に対して起こせることになっています。

民事訴訟法以外にも若干の法律が仲裁について定めています。たとえば、建設業法は建設工事紛争審査会という公の機関を設立し建設請負契約から生じる紛争について仲裁をすることになっています。皆さんが自宅を建てられるときに結ばれる契約にもこのような仲裁契約がついているのが普通です。公害紛争処理法は同様に公害審査会による仲裁を定めています。労働委員会による仲裁を労働関係調整法が規定していることは前に触れました。これらの仲裁も当事者が法律に規定されたこれらの仲裁機関の仲裁に服することを合意していることを前提とする点で、民事訴訟法上の仲裁と異なるものではありませんが、それぞれ若干の特則を定めています。

私的な機関が仲裁を主宰することもあります。社団法人国際商事仲裁協会は、主として国際商取引から生じる紛争について、当事者から事件の付託があると一定の規則に則って手続の管理を行います。同様の機関としてニューヨークのアメリカ仲裁協会、パリの国際商業会議所などが有名ですが、日本の経済力の増大とともに最近は東京の国際商事仲裁協会の仲裁を合意する例が増えていると言われております。やはり東京に本部のある海運集会所は海運に関係ある業者の組織ですが、海事関係の紛争の仲裁をかなりやっております。

一般市民レベルでの最近の興味ある現象として一〇年くらい前にできた交通事故紛争処理センターと、昨年から活動している東京第二弁護士会の仲裁センターがあります。前者は自動車保険を扱っている保険会社と学者・弁護士が作ったもので、被害者と保険会社の間で話がつかないと事件がセンターに持ち込まれ裁定がなされます。各保険会社はあらかじめセンターの裁定に服することに同意していますので、被害者がこれを受け入れれば解決となります。従ってこれは片面的仲裁といえます。つまり、被害者は裁定に拘束されず不満ならさらに裁判所へ訴えてもっと高額の賠償を求めることができるわけです。後者は日常的な市民間の紛争の仲裁による解決を目指すもので、事件が持ち込まれるとまず斡旋を試みつつ仲裁の合意をとりつけて学者や弁護士が仲裁人となるというものです。ある程度成功をおさめていると言われています。

まあこのように、わが国でも仲裁がある程度は行われているわけですが、大いに利用されているとは到底言えません。一般の人々の理解も仲裁は喧嘩の仲裁と同じように斡旋や調停と同じようなものと考えているように思われます。先日いろいろな新聞に、イギリスの裁判所が日産自動車を訴えていた現地の販売会社に、日本での「調停」によって紛争を解決するように命じたとの記事が一斉に載りました。ここで調停というのは英語の arbitration を訳したもので、本当は仲裁のことなのです。ところが日本の新聞記者の皆さんは仲裁のことを知らないものですから、arbitration を辞書でひいて調停という訳があるのに飛びついたのだろうと推測します。かなりの数の新聞を調べましたが、正確に仲裁と書いていたのは一社くらいしかありませんでした。物知りであるはずの新聞記者でさえこの有様ですから、一般人の知識は推して知るべしでしょう。裁判所も、建築請負契約書の中に仲裁条項があったに拘らず一般人の仲裁の知識は低いから、本当に仲裁は何たるかを理解してサインしたものとは認められないとして、これを無効と認定した例があります。

いずれにせよ、日本では仲裁は法律はあるけれども、実際にはほとんどと言ってよいほど利用されていない制度だと申せましょう。その理由はいろいろ考えられますが、第一にこのように仲裁が一般に知られていないことが根本原因ではないかと思われます。仮に制度の存在を抽象的には知っていたとしても、その実例を聞いたこともなくどこに適切な仲裁人がいるかも見当がつかないというのが実情でしょう。国家の裁判所の信用が裁判官の質にかかっているように、仲裁制度にとって何より重要なことは優れた仲裁人を確保することにあります。調停委員ならばその人の言うことを聞かなければよいのですが、仲裁人が下す判断には拘束力がありますからその人選には慎重にならざるをえません。結局、この問題は鶏と卵の関係みたいなもので、大変難しいと思います。もっと仲裁が行われれば仲裁人の経験者が増えて人材が現われてくるわけですが、仲裁をポピュラーにするためには、まず信用ある仲裁人候補者がいなければなりません。先に述べましたように若干の分野で仲裁が少しは盛んになりつつあり、仲裁人経験者や代理人として仲裁を経験した弁護士の数も増えてきていますので希望は持てると思います。

外国ではどうかというと、アメリカをはじめとするいわゆる英米法の諸国では、仲裁人として生計をたてている人達が大勢いていわば競争状態にあり、人気のある仲裁人の収入はかなりの額にのぼると言われております。とくに労働の分野でこれは顕著で、アメリカ仲裁協会が扱う仲裁事件のうち九〇%以上が労働事件であります。そこでは労働仲裁専門の仲裁人が活躍しているわけです。

ところで、いま一つ日本の仲裁利用の障害となっていると思われる理由があります。それは、前にも触れた仲裁の一審限りであるという性格です。日本の裁判制度では一審で敗訴しても控訴して第二審でさらに新証拠や新主張を提出できます。ところが仲裁ではこのような可能性が奪われています。この点、英米法の裁判制度では、控訴も上告と同じ法律審であって、もはや新たな証拠を提出して事実認定をやり直してもらうことはできないのです。このような限定された上訴制度のもとでは、上訴による敗者復活はもともとあまり期待できません。そうだとすると、一審限りの仲裁と裁判とはあまり違わないことになるでしょう。ただ、この点が日本での仲裁の普及にどの程度障害になっているかはよく分かりません。というのは、たいていの場合、仲裁契約を結ぶ時点では紛争が起こっているわけではありませんから、上に述べたような考慮をすることもあまりないと思われるからです。

四　アメリカにおける最近の動向

アメリカにおいて労働仲裁が盛んであることは既に述べました。これは労働協約のなかに仲裁条項が含まれているのが普通であるからです。かくて、協約の違反が争いとなったときには、組合ないし使用者から仲裁を申し立てて紛争に決着をつけることができます。このように協約に定められた権利関係を明らかにすることによって権利に関する紛争を解決しようとする仲裁を「権利仲裁」と呼びます。権利仲裁は裁判所の裁判と機能的には同じものです。これに対し、たとえば賃上げ交渉が行き詰まったときに仲裁人に適切な賃上げの仕方を決めてもらうこともできます。これは裁判所はすることができないことで、「利益仲裁」と呼ばれています。これは本来団体交渉と争議行為を通じて労使で自主的に決められるべきことであり、仲裁人に決めてもらうなどというのは邪道であるとの考えもありましょう。しかし、今日の成熟した労使関係では、争議行為に入る代わりに仲裁を利用することもあってよいのではないでしょうか。もちろんそのためには双方から信頼される仲裁人の存在が前提となります。

権利仲裁であれ利益仲裁であれ労働協約に基づく仲裁では、組合が一方の当事者となり組合の弁護士が代理人として仲裁手続を行うことになります。争点が個々の労働者の権利や利益にかかる場合でも同様です。労働組合およびその弁護士はこのような労働仲裁については専門的な知識と経験を持っていると申せます。例えば、解雇は労働者にとって最も切実な問題でありますが、アメリカ法では使用者はいつでも理由を示すことなく労働者を解雇できるというのが、少なくとも伝統的な考え方でありました。これに対して労働者を守るため組合は解雇にあたって正当事由を要求して協約にその旨を明示させるようになり、正当事由の存否について争いがあれば仲裁人に判定を委ねることを合意したわけです。したがって、アメリカの解雇保護は仲裁によって保障されてきたと言えるわけです。この点でアメリカの労働組合が果たしてきた役割は大きなものがありました。

ところが、このような役割が最近の労働組合組織率の低下によって相対的に縮小してしまう結果となりました。最近の組織率は一七％とか一八％とか言われております。そうすると組合員でない労働者については伝統的な解雇自由の原則が適用されてしまうことになります。そこで最近のアメリカの判例はこの原則を変更し、解雇にあたっては正当事由が必要であるとの理論を打ち出すに至りました。既にいくつかの重要な判例を通じて解雇制限の法理が形成されつつあるようで、最近のアメリカの労働法学者の関心は労働組合法から「雇用法（employment law)」と呼ばれる新しい分野に移りつつあると言われております。ところが、これらの新しい判例をつくる原動力となったのは、一般の労働者つまり典型的にはいわゆるブルーカラーの人たちではなく、中級以上の管理職ないし専門職の人たちで、このような高給取りが弁護士を雇い高額の損害賠償を求めるというような訴訟でありました。しかし、そこで発展した法理は雇用関係一般に適用あるものです。しかし貧しい一般の労働者がその恩恵に与ろうとしても、まず弁護士を雇うことができません。アメリカの損害賠償訴訟では、弁護士が裁判所によって認められた賠償額の三分の一をもらうかわり負けたら一銭もいりませんといった成功報酬契約で事件を受けてくれます。しかし、不当に解雇された一般の労働者は損害賠償より職場復帰を希望するのが普通であり、損害賠償としてもその額はそれほど高くなりえないので、弁護士には魅力のない仕事でしかありません。結局、せっかく発展した「雇用法」のもとでも、一般の未組織労働者は救済を受けることができないのです。

このような事態に直面して、日本の労働法の研究でも名高いスタンフォード大学のグールド教授は一つの提案をしています。それは仲裁の利用と労働組合の関与です。適切な中立仲裁機関をつくって未組織労働者がそこへ訴えられるようにする。労働組合がその非組合員のため組合の弁護士をつける、といった構想です。組合が非組合員のためにサービスするというのもおかしいようですが、アメリカでは組合の組織拡大ないし社会サービスとしてクレディットカードを、普通では使えない労働者層のために組合が保証人になることが一部で行われているそうで、組合が弁護士を供給して解雇保護に関する知識と経験を非組織労働者にも提供することは、それほど異例なことではないと言っています。仲裁機関としてグールド教授は強制的に使用者をも拘束できる公のものを考えているようです。そうだとするとそれは本当の仲裁ではなくその本質は裁判所の裁判と変わりません。仲裁契約がないからです。アメリカでは法律によって特に作られたこの機関も本来の裁判官が裁判するのでないということで仲裁 arbitration と呼んでいます。しかし、これを真の意味の仲裁とすることもできましょう。個々の労働者が結ぶ雇用契約のなかに仲裁条項をいれておくようにすればよく、仲裁人として法律によって作られた一定の組織を仲裁人とすることを合意しておくことは仲裁の性質に反するものではありません。労働関係調整法の仲裁や先に述べた日本の建設仲裁はそのようなものです。

五　わが国の状況と労働仲裁導入の可能性

さて、以上のようなわが国とアメリカの状況を見た上で、わが国における労働仲裁の可能性について考えてみたいと思います。

まず、労働組合がある場合については、労働関係調整法の規定が既にありますから、これを活用することがいつでも可能であります。同法三〇条によると労使双方から仲裁の申立てがあったとき、ないし労働協約に仲裁条項がある場合には、一方からの申立てに基づいて労働委員会による仲裁が開始されます。仲裁人となるのは公益委員三名からなる仲裁委員会でこの三名は当事者の合意で指名されるか、合意ができないときは会長が当事者の意見を聞いて指名します（三一条の二）。労使の委員は仲裁委員会に対して意見を述べることができます（三一条の五）。仲裁裁定は労働協約と同じ効力を持つ点で（三四条）、確定判決と同じ効力を与えられる民事訴訟法上の仲裁と違っています。しかし、法律は当事者双方が合意または労働協約により「別の仲裁方法によって事件の解決を図ることを妨げるものではない」（三五条）と規定していますから、民事訴訟法の一般規定による仲裁ももちろん可能です。その場合は労働委員会委員以外の人を仲裁人にできますし、仲裁判断は確定判決と同じ効力を与えられます。

このような仲裁制度はどのように利用可能でしょうか。解雇や配転について組合と協議すべき旨の協約はよく見かけるところです。そして協議が調わないときは労働委員会の斡旋に委ねるべき旨を定めることもあります。しかし、斡旋では強制力がありませんから結局合意ができなければ最終的には争議行為に訴えて何らかの合意に達しなければなりません。もし、ここで労働委員会の仲裁に委ねる旨を定めておれば、仲裁委員会が何らかの最終的決定をすることになります。労働関係調整法上の仲裁ですと、その決定は労働協約と同じ効力を持つに過ぎませんが、民事訴訟法上の仲裁にしておけば確定判決と同じ効力がありますから、不履行にたいしては直ちに強制執行をもって臨むことができます。

いずれの場合にも、仲裁では裁定または仲裁判断を下すにつきいかなる基準に従って判断するのかが問題になります。これについては難しい問題がありますが、当事者が予め何らかの判断基準を示しておればそれにより、それがなければ法によることになります。当事者は専ら「善と衡平」によって判断されるべきことを求めることもできます。これは裁判所ではできないことです。裁判官はかならず法によらなければなりません。もし労働協約に「正当事由がなければ解雇できない」と書かれていたとすると、仲裁人は正当事由の有無を判断します。その際、わが国でも判例法として確立している解雇保護の法理を参照することになります。もし協約にもっと詳しく解雇の要件が書いてあればそれに従わなければなりません。これらの場合は先に述べた権利仲裁の問題となります。これに対して、協約が組合との協議だけを定めているときは、仲裁人が当事者に代わって協議の結論を出す立場に立つわけで、これに利益仲裁の状況に近くなります。労働関係調整法が仲裁裁定が労働協約と同じ効力があるといっているのは当事者の合意に代わるものを予定している点で、この種の仲裁を念頭に置いているのではないかと思われます。つまり、斡旋によって解決できるものは仲裁によって解決できるということです。

この関係で問題となりうるのは、いったい不当労働行為の審査を仲裁ですることができるかということです。さし当たり期待できる答えは「当然できない」というものだと思います。不当労働行為の審査は労働委員会の専権であり裁判所でさえすることはできません。不当労働行為にあたるか否かは犯罪の成否と同じく公の秩序に関する事柄であって私人が勝手に処分できることではない、と一応は考えられます。もともとのアメリカの制度はそのようなものだったと思われます。アメリカの全国労働関係局（ＮＬＲＢ）は判断機関であると同時に訴追機関であり、裁判所と検察庁を兼ねています。ところが日本の制度はこれを民事裁判と同じ構造に変えました。しかし、和解がいわゆる三八和解の場合を除いて可能であるかどうかは少なくとも理論的には問題とされてきたところです。このことは、この手続の基本的性格に公序に関するものがあるからです。ところが実務では和解は民事訴訟の和解と全く同じように取り扱われているといって過言でありません。数年前、法学入門の本の紛争処理制度の部分を書いたとき、不当労働行為審査を「紛争解決手段」と性格づけてよいかを当時の京都の公益委員だった労働法学者の窪田先生に尋ねたらそれは違うと答えられました。同じことを労働者委員だった谷内口委員に尋ねたら疑問の余地なく紛争解決だと言われました。この方が私の経験にも合致したので谷内口委員の意見に従いました。

もしこのように不当労働行為審査を性格づけすることが許されるとすれば、これを仲裁で解決することは可能となります。とすれば、中労委への再審申立てもなく裁判所への行政訴訟もなく事件はもっと早く解決できるでしょう。不当労働行為の審査がいかようにも和解によって終了させることができる手続だとすれば、これを仲裁によっても解決できると解するのが論理的な結論です。民事訴訟法七八六条は仲裁契約は「当事者が係争物に付き和解を為す権利ある場合に限り其効力を有す」と言っています。しかし、私はまだこのような議論がまともに主張されたのを聞いたことがありません。おそらくこの議論は暴論として退けられるでしょう。ですから不当労働行為の審査を仲裁ですることは行き過ぎであるとしても、なお多くの問題が権利仲裁または利益仲裁によって解決しうるものであることは否定できません。仲裁制度として労働関係調整法上のそれを利用してもよいし、これとは違う「仲裁法廷」を独自に組織してもよいのです。元公益委員とか元労使の委員とか、双方から信頼できる人を一人または複数の仲裁人に選任すればよいのです。仲裁人が複数の場合結論は多数決によりますから、仲裁人は奇数であるべきです。

今日、大多数を占める未組織労働者についてはどうでしょうか。これらの人達の権利がどのように守られているのか、あるいは守られていないのか私は正確には知りません。しかし多くの問題があることは想像できますし折にふれて聞いています。たとえば不当な解雇がなされた場合どこへ行けばよいのでしょうか。労基法はある程度頼りになるでしょう。公共団体の労働相談所なども助けになるでしょう。しかし特殊な場合を除いて訴訟に訴えることはおそらく不可能でしょう。もし手軽に利用できる裁定機関があれば大いに有効であることは、アメリカの場合と変わらないと思います。実現可能性の有無はともかくとして、例えば各雇用契約に仲裁条項をいれておき、問題あるときは労働委員会会長が指名する三名の仲裁人の決定に委ねる旨を合意しておくことにすればどうでしょうか。そのために特に法律は要りません。民事訴訟法の規定で十分です。労働委員会会長はいわば個人の資格で指名をするわけです。アメリカで提案されているように必要と要請があれば労働組合が顧問弁護士のサービスを提供することもできます。問題はもちろん如何にして仲裁契約を雇用契約の中に取り入れてもらうかという点にあります。労働組合がこれをキャンペーンするのも有効でしょう。経営者協会がキャンペーンに加わればさらに有効でしょう。政治的に働きかけて何らかの立法ないし行政指導を求めることも必要でしょう。いずれにせよ何らかのアクションを求めたいと思っています。

六　おわりに

私は一〇年以上労働委員会の公益委員をさせていただいて、労働委員会の社会的役割が社会の変化と組合組織率の低下とともに徐々に減少していることを感じております。他方、未組織労働者の間で多くの問題があることも知っています。四〇年以上にわたって蓄積された労働委員会の経験とノウハウを未組織労働者のためにも使うことができないだろうか、というようなことをかねて考えておりました。法律を改正して労働委員会の権限を未組織労働者にも拡大するのも一つの方法でしょう。しかし、仲裁の活用も一つの回答ではないかと思います。仲裁は私的な制度であって当事者の自主性を最大限尊重するものでありますから、政府の監督の強化よりも労使双方に受け入れられやすいのではないでしょうか。

ご清聴有難うございました。

（本稿は、平成三年六月一〇〜一一日、京都市において開催された近畿ブロック労委労協研究会における講演に基づいて執筆したものである。）

（月刊労委労協四二三号、平成三年）

六　仲裁判断における少数意見について

一　はじめに

仲裁は紛争当事者による仲裁合意（仲裁契約とも呼ばれる）に基づいて、第三者たる仲裁人が当該紛争につき拘束力ある裁定（仲裁判断）をなす制度である。仲裁判断には法律により裁判所の確定判決と同一の効力が与えられている（民訴八〇〇条）。その意味では、仲裁は裁判の代用物としての性格をもつと言える。仲裁に関する規定が民事訴訟法にあるのもそのためであろう。仲裁人は一人でも複数でもよいから、複数の仲裁人が判断をする場合には意見が分かれることがあり得る。複数の仲裁人による場合、伝統的に二つのやり方がある。一つはイギリス方式ないしアンパイア方式と呼ばれるもので、紛争当事者がそれぞれ一人の仲裁人を選任して審理を始め、二人の意見が一致すればこれによって仲裁判断をなし、もし意見が対立すれば二人の仲裁人がアンパイアないし審判人をさらに選定してその意見によって決するというものである。この方式ではアンパイアに事件が渡ると、あたかも一人の仲裁人によるが如くになるから、少数意見の問題は生じない。いま一つの方式は多数決方式と呼ばれるもので、奇数の仲裁人の多数の意見によって結論を出す方式である。この後者の方式が今日の多くの国の仲裁法や仲裁機関の仲裁規則の採用するところとなっている。我が国の法律は偶数の仲裁人を認めているが基本的にはこの方式によっている。(1)

多数決方式による場合には少数意見の処遇が問題となりうる。しかし、これについて法律が明確な規定を置いていることはあるとしても極めて稀であり、仲裁規則も沈黙していることが多い。仲裁判断を裁判所の判決と同様に扱うとしても、英米法国の判決では少数意見を公表することは当然と考えられているに対して、大陸法国では全く反対である。我が国は下級審では少数意見が公表されることはないが、最高裁では公表される。仲裁判断が裁判所の例にならうとしてもどのような裁判所の例にならうべきであろうか。仲裁地の裁判所の例によるべきか。それが日本であるとした場合、下級裁判所の例によるべきか、最高裁の例によるべきか。それとも裁判所の方式に拘泥することなく独自の途をとるべきか。これがこの小稿で取り上げようとする問題である。

近時、国際取引の拡大に伴い国際商事仲裁の隆盛には著しいものがある。我が国はこの波に乗り遅れた観があるが、近い将来において波が訪れるものと思われる。国際商事仲裁においては複数（通常は三名）の仲裁人がそれぞれ異なる国籍の者から選ばれることが多く、その思考方法の違い、文化の違い等の理由から互いに意見を異にすることが稀でない。その際にも結論は多数決によらざるを得ないが少数意見の処遇が深刻な問題となる可能性がある。我が国にはこれについて法律の規定はなく国際商事仲裁協会の仲裁規則にも明文規定はない。しかし、同協会は少数意見をもつ仲裁人にも署名・捺印を求め、少数意見の発表を認めない方針のようである。(2)このような方針が今後も維持されるべきか、仲裁制度の性格と海外の動向を見つめつつ考えてみたい。

二　裁判における少数意見の処遇

仲裁が裁判と同視される面があることは否めない。実際、ある国の仲裁の実務はその国の裁判実務を模倣する傾向のあることも否めない。同じ法文化の中で生活する法律家が仲裁人となり代理人となって手続を進める以上、この傾向は避け難い。また、ある国を仲裁地とする仲裁がその国の仲裁法に服すると解されることも、この傾向を正当化する面がある。特に国際商事仲裁においてこのような傾向が是認されるべきでないことは後に触れるとおりであるが、仲裁が裁判と同視できる性格を有することも否定できないから、裁判において少数意見がどのように捉えられているかを見れば仲裁のそれについても有益な示唆が得られるもの思われる。その上で、裁判と仲裁の性格の違いを検討すれば仲裁における少数意見の処遇が裁判におけるそれとどのように異なるべきかが明らかになるであろう。

先に触れたように英米法国では少数意見の公表は広く行われている。イギリスでは自分の意見の発表は少数意見に限らず裁判官の権利である。従って、裁判官の数だけの意見が並ぶような判決も稀ではない（seriatim opinion）。アメリカの最高裁もかつてこのイギリス方式を採っていたが、多数意見、同意意見、反対意見にまとめて公表する方式に転じている。いずれにしても、この現象は裁判官職のあり方の反映に他ならないように思われる。英米では裁判官は程度の差はあるが大成した弁護士から任用され、いったん任用されれば同格の同僚であって原則として昇進ということはない。アメリカで連邦地裁から巡回上訴裁判所へ、巡回上訴裁判所から最高裁判所への任用が最近は多くなっているようであるが、これはいわゆる昇進ではなく異なる職への新たな任用と考えるべきものである。任用された職場では古顔か新人かの差はあるが身分上の差はなく報酬も同一である。このような制度のもとでは裁判官は組織の一員としてよりもそれぞれ個性をもった個人としての活動が期待される。上訴審で複数の裁判官が事件を担当するときにもこの性格は失われないから、結論は多数決によるとしてもそれぞれの裁判官がどのような意見であったかに関心が払われることになるし、裁判官自身も自分の意見を明らかにすることを本来の責務と考える。

これに反して、大陸法における裁判官は若くして任用され先輩裁判官とともに仕事をすることを通じてトレーニングを受けて熟達していく仕組みになっている。合議体は年長者、若年者及び中間に位する裁判官によって構成され、若年者の訓練の場であるとともに、お互いの切磋琢磨の場であると考えられ、英米のように既に出来上がった法律家が意見を求められる場でない。裁判所はそれ自体一つの官僚組織であり、合議体はその細胞である。合議体は一つの意見をまとめるべきであって、その中に違う意見があるなどということは官僚組織としての信頼性を害することに他ならない。かくて、大陸法国では「合議の秘密」を理由に少数意見の公表は厳しく禁止されている。ここに、英米法における個人としての裁判官と組織の一員としての裁判官という理念の違いが具体的な制度の違いとして表明されているのを見ることができる。

確かに、いわゆるキャリアシステムにおける裁判官制度を考える場合にも、個々の裁判官の独立を論じる以上、少なくとも一定の経験年数（例えば一〇年）を経たならば英米の裁判官と同等と考えて少数意見の公表を許す制度も考えられないではない。しかし、昇進の問題を抱えている限りこれは非現実的であろう。そもそも大陸法国において合議の秘密を守ることの価値は、各裁判官がどのような意見を持ち、合議の過程でどのようにその意見を変えたか、といったことが当該合議体以外の司法部を含めた外部に知られることによって裁判官が不利益を受けることがないようにすることをも目的とすると思われる。英米法国では「昇進」がないから、このような配慮をする必要性はあるとしてもかなり少ないはずである。

さらに、合議の秘密と少数意見の禁止を根拠づけているものとして、裁判所への信頼が説かれることがある。つまり、内部で意見が割れていることが外部に知られることは当事者に対する判決の説得力を減殺し、ひいては裁判制度そのものへの信頼を阻害するという議論である。この見解は大陸法・英米法を問わず妥当する共通の問題点を提起している。ところで、一般的には合議の秘密が重んじられ個別意見の公表がなされない我が国の裁判制度においても、最高裁だけは少数意見や補足意見を公表することになっている。このことは裁判所の権威とか裁判所への信頼とかの観点からはどのように説明されるのであろうか。下級審と最高裁の機能の違いから説明が可能であろうか。合議の秘密を重んじる見解からすれば、最高裁こそ一枚岩の見解を表明して裁判所への信頼を高める必要があるのではないのか、と問われよう。

この点について、一九五〇年代の中頃、最高裁の組織変更が話題となり少数意見制度の廃止を求める声があったのに対し、後に最高裁判事となられた伊藤正己氏が少数意見制度擁護のために述べられたところを見てみよう。(3)まず、少数意見制度がもたらす弊害として指摘されている諸点が検討される。(1)裁判所の意見が多岐に分かれることは法の安定性を害し、少なくとも法の安定性に対する民衆の信頼を減退させるとの点。これについては、社会の変動に必然的に伴う法の変動を前提すれば、法の安定という観念は一種の幻想に過ぎず、少数意見を禁じてみても実質的な法の安定が得られるわけではない、と反論される。(2)少数意見は裁判所の権威を低くし威信を害するとの点。ヨーロッパ大陸諸国で説かれているところで、先例としての権威を弱めるという意味では正しいが、それ以上の権威・威信は外見上の全員一致よりも少数意見の存在のほうが結局は裁判所に対する民衆の信頼を高めるゆえんである、と説かれ、司法部の権威が高い英米がこの制度を採用していることもそれを示しているとされる。(3)少数意見の存在は重要な論点について意見の相違があることを明らかにしてしまうため、その終局的な決着を求める訴訟を誘発させるとの点。これはそのとおりであるが、判例を通じて法が発展することを認める以上これを濫訴として非難すべきでない、と反論される。

このように、少数意見制度に加えられる批判は根拠が薄弱であるに対し、その利点として次の諸点があることを指摘される。(1)多数意見も少数意見があることによってより優れたものとなり得る利点。少数意見の公表の可能性は多数意見を内容・形式にわたって批判に耐える精緻なものにする効果があり、これは単に合議で議論をつくせば実現されるというものではない。(2)少数意見の存在は、判決が各裁判官が十分の議論の後に達した結論であり決しておざなりのものでなかったことを、当事者および一般民衆にも確信させる効果があるという利点。裁判官が実際に自己の職務に忠実であることだけでなく一般民衆がそのように信じることが、裁判の権威の維持にとって重大な意味をもつとすれば、少数意見が具体的事件で表明されることがなくても、少数意見制度の存在そのものが司法にとって良い効果をもたらす。(3)少数意見は各裁判官の能力や適性を知るための資料となるという利点。これは裁判官の国民審査制をとる我が国では特に重要な機能である。（4）少数意見が法の発展に寄与するという利点。少数意見が現行法の矛盾や問題点を指摘して立法活動の原動力となり、あるいは多数意見が将来進むべき方向を示したことは英米法国において稀ではない。（5）少数意見を通じて各裁判官の意見を知ることによって、法の予見可能性が高められ、むしろ法的安定に資するという利点。

これらの議論は最高裁判所における少数意見制度の長短に関するものであって、そのまま下級審に当てはまるものではない。ましてや、仲裁判断に当てはまるものではない。しかし、ここで論じられた幾つかの点は仲裁判断における少数意見の取扱いを考える場合にも貴重なヒントを提供しているように思われる。

三　仲裁判断における少数意見の意義

先に列挙した少数意見の利害得失が仲裁判断に適用された場合にどのような意味をもちうるかを検討してみたい。

(1)　少数意見の弊害論の検討

まず、弊害（1）の点、すなわち少数意見が法の安定性を害するとの点は仲裁判断には原則として関係がない。仲裁判断はその事件限りの解決を目指すものであり、仲裁人も事件毎に異なる。仲裁機関が行う仲裁においても裁判所におけるような判例法の形成は予定されていない。確かに一部の仲裁機関（例えば国際商業会議所〔ＩＣＣ〕仲裁裁判所等）は仲裁判断例を公表しているが、これは当該仲裁機関への信頼性を高めることが目的であって、先例としての価値を持たせることを直接の目的としているものではない。仲裁人が個々の事件毎に当事者によって選ばれ、仲裁機関が第三仲裁人を選任するとしても見解の一貫性はもともと期すべきもない。しかし、ある種の仲裁機関では判例法類似の現象が生じ得ないわけではない。例えば、我が国の建築紛争審査会が行う仲裁ではそのような可能性がある。この仲裁は建設業法に基づき建設省の管理下に行われるもので、仲裁人たるべき者も予め決まっており、裁判所や行政委員会と似た性格をもつ。そこでは裁決の一貫性が求められるから先例は一定の価値を持つことになる。とすれば裁判所の判決と同様の法の安定性論が行われ得ることになろう。しかし、これは特殊な仲裁分野について言えることであって、仲裁一般とりわけ国際商事仲裁一般には到底当てはまらない議論である。

次に弊害（2）の点、つまり裁判所の権威や威信を害するとの議論は仲裁においても十分行われ得る。特に常設の仲裁機関が主催する仲裁においてはあたかも裁判所の権威や威信と同じように仲裁機関の権威と威信が仲裁人間の意見の分裂によって害されるとの考えがあり得る。また、仲裁の非公開性や合議の秘密の原則が少数意見を禁じるとの見解もあろう。しかし、裁判所の権威と仲裁機関の権威は同列に論じることはできない。裁判所は裁判官その他の職員からなる一つの組織体であり個々の判決について組織として責任を問われる立場にある。特に大陸法型のキャリアシステムの裁判所においてはその傾向が強い。これに対して、仲裁機関と呼ばれるものは種々ではあるが、一般に仲裁事件の処理のお膳立てをするのが主要な仕事であり仲裁判断の内容については全く関知しない。仲裁人の選任についても当事者が主導権を持つのが原則である。多くの場合、まず当事者がそれぞれ仲裁人を選任し、それらの仲裁人が第三仲裁人を選ぶことによって仲裁廷が構成される。もっとも、第三仲裁人は仲裁機関が選任する機関（例えばＩＣＣ）や仲裁人は機関が予め作成したリストから選ばなければならないとしている機関（例えば中国のＣＩＥＴＡＣ）などもあり仲裁機関の仲裁人選任に及ぼす影響力については差がある。また、仲裁人が作成した仲裁判断の草案を提出させて重要な間違いがないかどうかをチェックする場合（ＩＣＣ）もある。しかし、これらのバリエーションはあるにせよ仲裁機関が組織として裁判所と同視できる程度に達しているとは到底言えない。従って、権威・威信の問題はあるとしても、後に述べる少数意見の利点との相対関係において柔軟に考えられてよい問題である。また、仲裁の非公開性は少数意見の発表の障害とはならない。仲裁において非公開とか守秘義務と言われるのは裁判のように一般公開をしないという意味であって、当事者公開は手続保障の観点からも当然に必要である。少数意見制度を採用するとしても当事者にのみ知らされるものである。合議の秘密は仲裁でも守られる必要があるが、それは合議の過程がいちいち当事者にも知らされる必要はないことを意味する。当事者に不必要な疑いと混乱を招き、仲裁人の自由な合議を妨げる恐れがあるからである。先に、同じく合議の秘密の原則は守られながら少数意見の処遇が我が国の最高裁と下級審で違うことの根拠として、裁判官の昇進の問題を取り上げたが、この観点から見れば仲裁人は下級審裁判官よりも、いろいろな点でむしろ最高裁判事に近い性格をもっており、合議の秘密と少数意見の発表とは最高裁の場合と同じように十分に両立するのである。

最後に、弊害（3）の点、すなわち少数意見があること公表することによってさらに訴訟を誘発するとの議論は仲裁には全く関係がない。前述のように、判例法の形成ということが原則として考えられないからである。

(2)　少数意見の長所論の検討

次に、少数意見制度の長所とされている諸点が仲裁にも適用があるかどうかを検討する。

まず、長所（1）の点、すなわち少数意見の公表があり得ることによって多数意見の質が高められる、との点はそのまま仲裁にも当てはまる。むしろこの点は裁判所の判決におけるよりも強調される必要がある。現代の裁判制度においては、裁判官の資質や独立性に関して各国で差はあるものの制度的に一定の水準が守られる仕組みになっている。これに対して、仲裁ではそのような仕組みは存在しない。各国の仲裁機関は仲裁人の教育プログラムを熱心に行っているし、仲裁規則は仲裁人の中立性を要求し、また法律は仲裁人を公務員と同視して贈収賄罪を適用したりする(刑一九七条)。しかし、これらの配慮は制度として仲裁の質を維持するという観点から見れば裁判所に遠く及ばない。その上、仲裁では非公開の原則と守秘義務があるため、複数の仲裁人が如何に真剣に議論を重ねて仲裁判断に示された結論に至ったかを当事者が知るすべが全くない。当事者はせいぜい自分が選任した仲裁人には信頼を寄せているのであろうが、それとても絶対のものではない。仲裁に対する不安として何がどう決められるか分からないと言われることがある。法律が仲裁判断にも原則として理由を付すことを要求しているのも当事者に対する説得力を求めているからに他ならない。英米では日本法とは逆に、当事者が理由の記載を求めない限り理由を付さなくてよいことになっているが、最近は大きな事件では当事者が理由記載を求めることが多いと言われる。少数意見が当事者に知らされることになれば、勢い多数意見の側もその批判に耐え得る説得力ある理由の構成を求められることになり、それができなければ少数意見との妥協ないし結論の変更を強いられよう。仲裁では別に本職があって忙しい仲裁人がいわば片手間で行うことが多いから合議もおざなりのものになってしまう危険が常に存在する。少数意見の可能性はこれを絶えず戒める機能をもつ。仲裁人はそれぞれ後ろ指を差されることのないよう真剣に事件に取り組み十分に合議をつくすことを心理的に要求されることになろう。これは仲裁制度の信用のために望ましいことである。

この点と直接結び付くのが利点（2）である。（1）では少数意見制度によって実質的に仲裁判断の質が高まることを問題としたが、高まる当事者が信じることも同程度に重要である。少数意見が書かれなかったとしても当事者は十分の検討がなされた上での結論であることを納得するであろう。これは、ひいては仲裁制度そのものへの信頼を高め利用を促進することになる。

次に、利点(3)、個々の裁判官の能力と判断材料となる、との点も仲裁に適用できる。前述のように多くの場合において仲裁人の選定には当事者や仲裁機関が関わっている。仲裁機関は常に適切な仲裁人を求めているし、当事者も特に商事仲裁においては度々仲裁事件に巻き込まれる可能性がある。優れた少数意見が優れた仲裁人の発掘に寄与する可能性は否めない。勿論優れた仲裁人は仲裁判断における意見のみで決まるものではない。しかし、意見に表わされる事件の理解や見方、証拠の評価、分析力や注意力、バランス感覚といった仲裁人に必要な資質が仲裁判断に書かれる意見によって知られる部分は多いから、少数意見が書かれれば同じ効果が期待できる。

残る利点（4）及び（5）はともに判例法の存在を前提とする議論であり、仲裁に適用できるところは無い。

(3)　小　結

以上に検討したとおり、仲裁においても少数意見の制度を採ることの利点は多い。弊害とされる権威・威信の失墜は、むしろ少数意見によって防ぐことができるのである。それでは諸外国ではこの問題はどのように考えられているであろうか。次にこれに関する議論と実務を紹介し最終的な結論に至るための資料としたい。

四　諸外国における少数意見の処遇

少数意見の処遇を含む仲裁法および仲裁実務について世界各国の仲裁機関の報告をまとめた一九七七年の資料がある。(4) 少し古いが当時の状況を一覧できるので紹介しておく。国際投資紛争解決センター（ICSID）は途上国への私的投資から生じる紛争の解決のため多数国間条約によって設立された国際機関であるが、その条約そのもの（四八条一項）が少数意見の付加を認めている。ICC仲裁裁判所の仲裁は世界各国で行われているが、その立場はそれぞれの仲裁地における一般的実務に従うとされている。その後ICCで後述のとおり少数意見の取扱いについて特別の調査委員会が作られて報告書が出されている。オーストリア連邦経済会議所仲裁センターでは仲裁判断理由中に少数意見に言及することは差し支えないが、独立の少数意見は法的価値がないとされている。その意味は明らかでない。ドイツのハンブルグ仲裁所では少数意見は通常言及されることも公表されることもない、とされる。当時の東ドイツ外国貿易会議所仲裁裁判所の規則には少数意見の発表等に関する規定はなく、一九七五年の規則改正時に仲裁人らは従来の実務に従い少数意見制度の導入に反対であったということである。インド仲裁協会では少数意見が多数意見とは別に書かれる。オランダ仲裁協会では少数意見の存在は無視され常に全員の名でなされる。もっとも、例はないが署名の拒否は可能のようである。ポーランド外国貿易会議所仲裁裁判所では少数意見が記録に留められ多数意見による仲裁判断の中で言及される。ルーマニア外国貿易仲裁委員会では明文の規則により少数意見が多数意見による仲裁判断の中で言及され少数意見者はその理由を別に書くことが認められている。ストックホルム仲裁協会では少数意見者はその意見を書いて仲裁判断に添付することにより当事者に知らしめるのが通常の実務である。ロンドン仲裁裁判所については法にも規則にも少数意見の付加や公表に関する規定はないとされているのみであるが、実務では少数意見の発表が伝統的に許されている。アメリカ仲裁協会では規定はなく例も少ないが少数意見の発表はできる。旧ソ連外国貿易仲裁委員会では書面による少数意見が記録に残されるが仲裁判断への署名の拒絶はできない。なお、日本の国際商事仲裁協会についても記述があり、少数意見の発表はできないとされている。

それぞれの簡単な紹介に終わっているので詳細は不明であるが、当時において各国は少数意見の取扱いについて区々に分かれていることが知られる。より近時の文献によっても事情はあまり変わっていない。一般的には英米国法では仲裁においても少数意見の発表は当然のことと考えられており、仲裁人は当事者に対して反対意見の理由を知らせる道義的責任を感じるという。上記のようにロンドン仲裁裁判所規則にはこれに関する規定は全く存在しないが、それは当然のこととされているからであると説明される(5)。大陸法国ではその反対に少数意見の発表は合議の秘密の原則を侵すものと考えられている。特にフランスにおいて強調されるところである(6)。しかし、少数意見の表明を違法であるとしている国は存在しない。かといって少数意見の発表を公認する法律も存在しないのが現状である。

国連国際取引法委員会（ＵＮＣＩＴＲＡＬ）が国際仲裁モデル法を作成した際の経緯が少数意見立法の困難を物

語っている。モデル法は三一条において「複数仲裁人による場合は仲裁判断には多数の仲裁人が署名することで足りる。但し、署名しない者についてはその理由が示されなければならない。」と規定する。このような規定に至る過程において仲裁廷として少数意見を表明できることを明示すべしという意見とそれに反対の意見が鋭く対立した結果、結局結論を出さないまま現行の形となったが、ＵＮＣＩＴＲＡＬ事務局は、これを仲裁手続に関する一九条の問題として処理する見解を採っていたといわれる。(7)

一九条は仲裁手続は当事者が合意により決めるのが原則であり、合意のないときは仲裁廷が決するものと定めている。機関仲裁においては手続は機関の仲裁規則に定められているので、当事者は仲裁合意において特定の機関ないし仲裁規則によることを合意することによって手続の合意をしたものとみなされる。従って、仲裁規則に少数意見に関する規定があれば当事者はそれによることに同意したことになる。

しかし、少数意見の取扱いについて仲裁規則に明文規定を置いているところはまだ少ない。そうすると、仲裁規則の解釈ないし実務の運用が問題となる。ＩＣＣでもこれが問題となり一九八五年に「少数意見問題検討委員会」が設置され数度の中間報告を経て一九八八年に最終報告書が提出された。(8)これによると、少数意見を禁圧することは現実的でなくまた望ましいことでもないとしつつ、ＩＣＣは少数意見を奨励も抑圧もしないこと、仲裁規則に少数意見に関する条項を入れることは必要なくガイドラインを作ることで対処すべきこと、ガイドラインには、少数意見のＩＣＣ仲裁裁判所への通知、提出期限、多数意見による仲裁判断最終起草前になすべき多数派仲裁人への少数意見の開示等に関する事項を定めること、が提案された。これに対してはフランスの代表者が強力に反対し、仲裁規則に少数意見を許さない旨の明文規定を入れるように求めたが採用されなかった。反対の理由は、少数意見は仲裁人とその仲裁人を選定した当事者との関係を強調し、意見の一致への努力を怠らせ、仲裁判断が裁判所にもたらされたときに議論を再燃させ手続を遅延させる、という点にあった。ＩＣＣ仲裁手続の特徴として、仲裁判断の草案が上部組織であるＩＣＣ仲裁裁判所で審査を受けるということがあるが、その際に少数意見も同時に審査されるのは従来からの取扱いであったが、この手続がガイドラインによって明確にされることになった。以上の一般原則に対して、仲裁地ないし執行地の法律が少数意見のある仲裁判断の効力を認めない恐れがある場合には別の取扱いをすることが認められている。

仲裁法も仲裁規則も少数意見の処遇について沈黙していることが多い中で注目されるのが中国国際経済貿易仲裁委員会（CIETAC）の仲裁規則（一九九四年）である。CIETACは近年八〇〇件以上の年間受理件数を誇る世界最大の国際仲裁機関となっているが、その仲裁人は仲裁人名簿に登載された者の中から選ばれなければならない。この名簿は長い間ほとんど中国人のみで占められていたが一九九四年に大量に外国人を入れて国際化を図った経緯がある。以前から少数意見を排除していなかったということであるが、少数意見を記録にとどめ得ること、および署名の拒否ができる旨の規定がある（CIETAC仲裁規則五五条・六二条）。また、国際知的所有権機構（WIPO）が最近設立した知的所有権紛争仲裁センターでも少数意見を認めるということである。[9] このように、少なくとも国際的仲裁に関する限り少数意見の処遇について積極的な傾向を見て取ることができる。[10]

五　少数意見をめぐる若干の問題点

少数意見の発表を認めるにせよ認めないにせよ、なお若干の解決すべき問題点があり、少数意見制度の採否に影響すると思われるので、これらを検討したうえで結論に至りたい。

(1)　少数意見制度を採らない場合の少数意見者の立場

少数意見の発表が禁じられる場合にも、何らかの方法によって反対意見を表明することが認められるべきか。最も単純な方法は仲裁判断への署名の拒否を認めることである。前述のようにUNCITRALモデル法は仲裁判断には多数仲裁人が署名することで足り、署名しない者についてはその理由を記載すべきものとしている。同モデル仲裁規則（三二条四項）や我が国の国際商事仲裁協会の規則（四九条四項）にも同旨の規定がある。しかし、病気等によるやむを得ない場合のほか反対意見であるとの理由で署名をしないことができるかどうかについて争いがある。UNCITRALモデル法の解説では「署名拒否」は病気等と並んで理由となるとしており、前述の中国の明文規定のほか、少数意見について厳しい見解をとるフランスにおいてさえ同様の解釈が採られているが、我が国の仲裁規則のコメンタールではこれさえも認めていない。(11) 署名拒否は反対意見である場合が普通であるからこれによって特定の仲裁人が反対意見であることを当事者に知らせる効果がある。この規定から少数意見の表明が許されるとの解釈を導く説もあるくらいである。(12) しかし、仲裁判断の結論には賛成でもその構成や文章のスタイル等に反対であることもあろうし、全くの気まぐれで署名しないこともあり得ないではない。その点では署名の拒否はフランスの「合議の秘密」論にも正面からは反しないのであろう。しかし、それだけにこの解決は中途半端であり、仲裁人の無責任な態度を助長する危険さえある。

そこで、もし反対意見の仲裁人にも署名を強いることとすると、署名をする以上は仲裁判断の内容に責任を持たなければならないから、当該仲裁人を極めて困難な立場に置くことになる。自らは正しくないと信じる結論を採る仲裁判断をより説得力のあるものにするよう努力を強いられるからである。この種の倫理的ディレンマは常に全員一致の結論の形をとる大陸法の裁判所にもありうるであろう。しかし、前述したようなキャリアシステムの裁判所と仲裁廷との違いはここでも大きい。このことは仲裁においては単に署名が拒否できるだけでなくその根拠である反対少数意見の内容の発表を許す方向に赴かしめる。

(2) 少数意見を許す場合の問題

少数意見の発表を許す場合にもその具体的取扱いについてはいろいろの考え方がある。まず、少数意見の発表は多数意見の仲裁人の承認のもとでのみ可能であるとする見解があるが、[13] これは少数意見制度の意義を根底から崩すもので到底賛成できない。次に、少数意見は仲裁判断の一部かどうかという問題がある。仲裁判断は仲裁人の多数意見によって決まるとの制度を採るならば、少数意見は法律的な意味においては仲裁判断の内容をなすものではない。しかし、制度として少数意見の発表を認めるならば、少数意見の仲裁人が個人的に少数意見書を当事者に送り付けるような取扱いは認めるべきでない。少数意見は多数意見と同時に全当事者に知らされるべきである。しかし、これを厳しく要求すると少数意見書が完成するまで事件の完結が遅れ手続遅延につながりかねない。従って、手続としては少数意見書作成のための期間を限定し、期間内に提出がなければ「反対意見のため署名せず」とのコメントを付した多数意見による仲裁判断書のみを作成するほかない。この限りでは署名の拒否のみによる反対意見の表明も許されることになる。しかし、ただ反対するだけでは仲裁人の義務を尽くしたことにならないと言うべきであり、少数意見書の提出は単に権利ではなく少数意見者の義務と捉えられるべきものである。いずれにせよ、この種の手続について定めがなされる必要がある。

さらに、多数意見側は事前に少数意見を見る権利があるかどうかが問題となる。合議において少数意見の内容は多数意見側に十分知られているはずだから、少数意見者が多数意見による判断書を見たうえで少数意見を書くことはあってもその逆はあり得ないとの考えもあろう。[14] 確かに論理的にはそのとおりかも知れないが、多数意見のみが法律的に効力をもつ判断になることを考えると、完成した少数意見書を多数意見側に見せてその批判に耐え得る多数意見書を書かせるようにした方がよいと思われる。その過程で、多数意見側が周到に準備された少数意見の批判に耐えないことを発見して意見を変えることもあり得ないではない。前述のようにＩＣＣはこの立場を採っている。[15] この見解を採ると、反対意見書は一定期間内に少数意見書を多数意見側に提出すべきであり、これを怠った場合の処理等について予め定めておく必要がある。

最後に、少数意見の内容は如何なる事項に及び得るかという問題が指摘されている。少数意見の仲裁人が知っている事実で仲裁判断取消事由となるような事実は少数意見の中で述べることができるのか。例えば、多数意見側が重要な証拠を故意に無視している事実とか、敗訴当事者に適切な手続保障を与えなかった事実を指摘する場合である。これらの事実が明らかになれば敗訴当事者はこれを手掛かりに仲裁判断取消しを裁判所に求めることになり、少数意見者はそこで証言を求められることになる可能性がある。これは少数意見発表の限度を越えて仲裁人の守秘義務に反することにならないか。しかし、正義実現の利益は守秘義務によって守られる利益に優越すると解すべきであろうから、このような少数意見も許されるというべきである(16)。いわれのない中傷にあたる内容を述べて混乱を導くこともあり得ようが、これは仲裁人の義務違反として別に処遇を考えるべきである。

六　結　　語

仲裁はしばしば裁判とのアナロジーによって論じられることが多かった。しかし、仲裁は構造的にも機能的にも国家による裁判とは異なるものを持っている。構造的に異なることは既に指摘した。機能的な違いは国内仲裁と国際仲裁では裁判所にはできない手法で事件を扱うことが可能となり、これが国際仲裁にユニークな存在価値を与えるのである。例えば、国際仲裁では外国人が仲裁人や代理人になることが可能であり(17)、手続も仲裁地の裁判手続とは全く異なる形をとることが可能である。これによって、仲裁地の当事者の有利に偏ることのない中立のフォーラムを実現することができる。それだけに、国際仲裁では法文化を異にする複数の仲裁人の関与が求められ、また正にそのことのために事件についての見解の相違も起き易い。その現実を直視したうえでのみ国際商事仲裁は成立し得る。結論は多数意見によらざるを得ないとしても少数意見を隠蔽することは却って仲裁の信用を維持する所以ではない。国際司法裁判所が少数意見制度を採っていることや国際条約で作られたＩＣＳＩＤの仲裁においても同様であることはこれを物語っている。また、先に見たように旧東ヨーロッパの対西側貿易上の紛争を扱う仲裁機関においても同様の傾向が見られた。これによって西側の信用を得ようとしたのではないか。前述の中国CIETACの動向も同様に理解できよう。

しかし、国際商事仲裁の現実は多くの場合において仲裁地の法文化を色濃く反映したものになり易い。先に見たように少数意見制度への賛否が大陸法陣営と英米法陣営で分かれるのはそのためである。しかし、同じ問題は国内にも存在する。我が国の最高裁が少数意見制度を採用したのは最高裁が単にキャリア裁判所の最高に位置するのではなくキャリア裁判官以外からも英知を集めた機関として構成されていることに由来する。そのような構成であるからこそ少数意見が意味を持ち、かつ必要な制度となっているのである。戦前の大審院では少数意見制度はあまり意味も必要もなかったであろう。このことを考えると、仲裁における少数意見制度の必要性は、国際商事仲裁に限らず、仲裁人が事件ごとに当事者により識者の中から選ばれて仲裁廷を構成する場合には広く存在すると見なければならない。我が国の国際商事仲裁協会も真に国際的仲裁機関となるために少数意見制度を正式に採用することが望まれる。[18]

（1）偶数の仲裁人による場合は意見が同数に分かれると仲裁判断が出せなくなるから仲裁合意が効力を失うことになっている。民訴七八八条・七九三条第二・七九八条。偶数の仲裁人を認めることに対しては立法論として批判が強い。国際商事仲裁システム高度化研究会一九九二年度報告書・JCAジャーナル増刊四八五（一九九三）。

（2）国際商事仲裁協会・コメンタール商事仲裁規則一二五頁（一九九四・国際商事仲裁協会）。なお、日本海運集会所の仲裁規則にも規定はないが、実務では少数意見を許さないということである（筆者の直接照会による）。もっとも、Kubota, Japan : Tokyo, 14 Tulane Maritime L.J. 289, 296 (1990) に反対の記述がある。

（3）伊藤正己「少数意見について」ジュリスト一三〇号七六頁（一九五七）。

（4）Cohen, Domke & Eisemann eds., Handbook of Institutional Arbitration in International Trade (1977) pp. 13, 29, 42, 55, 80, 97, 128, 144, 161, 183, 200, 245, 267, 293. なお、スウェーデンとデンマークについては、谷口安平・スウェーデンおよびデンマークにおける仲裁実態調査二七頁（一九八四・国際商事仲裁協会）。

(5)　Redfern & Hunter, Law and Practice of International Commercial Arbitration 2d ed. pp. 399—400 (1991).

(6)　David, International Commercial Arbitration pp. 326—7 は根拠として仲裁人の合議の秘密を規定するフランス新民訴法典一四四九条を指摘する。しかし、仲裁判断に署名を拒絶することによって反対であることを表明することはできるとする。

(7)　Holtzmann & Neuhaus, A Guide to the UNCITRAL Model Law on International Commercial Arbitration, Legislative History and Commentary pp. 837, 854, 856.

(8)　Final Report on Dissenting and Separate Opinions, The ICC International Court of Arbitration Bulletin Vol. 2 N. 1 (June 1991). 一九八八年の報告が何故一九九一年まで公表されなかったのかは不明である。

(9)　CIETAC仲裁規則は一九九四年に全面的に改正され、一九九五年秋にも一部改正があったが少数意見の取扱いについて変化はない。粟津光世＝村上幸隆「中国経済貿易仲裁委員会仲裁規則の改正」JCAジャーナル四三巻一号二八頁(一九九六)参照。少数意見については一九九四年改正前から同旨の規定があった。もともとはソ連のものを模倣したのではないかと思われる。

　WIPO仲裁センター仲裁規則にはUNCITRALと同様の規定があるのみであるが(六二条)、事務局長ガリー氏に直接聞いたところでは少数意見を禁じる趣旨ではないとのことである。なお、北川教授が直接その設立に尽力されたWIPOによる仲裁については、北川善太郎「WIPO仲裁センターの設立とその意義―紛争解決における共鳴論の視点―」日本国際経済法学会年報四号一一六頁(一九九五年)参照。

(10)　Berger, International Economic Arbitration, pp. 610 (1992) によれば、少数意見制度は国際経済関係仲裁における基本原則の一つになっているということである。本書には多くの文献引用がある。

(11)　注(2)、(6)、(7)参照。

(12)　Werner, Dissenting Opinions—Beyond Fears, 9 Journal of International Arbitration No. 4, 23, 24 (1992).

(13)　Craig, Park & Paulsson, International Chamber of Commerce Arbitration, 2nd ed. p. 333 (1990). Werner 注(12) p. 28 もこれを厳しく批判している。

(14) Werner 注(12)は、何を対象として反対意見を書くのかが分からなければそもそも書けないではないか、と主張する。
(15) 注(8)、Redfern & Hunter 注(5) p. 400.
(16) Redfern & Hunter 注(5) p. 401, Berger 注(10) p. 612.
(17) 国際商事仲裁における外国弁護士による代理については、諸外国が認めているなか我が国では法が不明確で長らく問題となっていたが、一九九五年秋に法務省と日弁連による国際仲裁代理問題研究会の積極的結論が示され、立法も間近いということである。
(18) 注(2)のコメンタールの記述部分は筆者の担当部分ではないが企画に参画したものとして責任を感じている。さらに議論を重ね改訂の方向に向けて努力したい。
＊ 本稿は外国滞在中に草したので資料の引用が十分でないことをお断りしたい。

(法学論叢一三八巻一・二・三号、一九九六年)

第三部　国際取引紛争と国際仲裁

一 ヨーロッパの仲裁とワルシャワの世界仲裁会議

私は本年（昭和五五年）六月二九日から七月二日までワルシャワで開かれた国際仲裁シンポジウムに出席し、その機会にパリ、ロンドン、ハンブルグの仲裁裁判所等を訪問した。ワルシャワ会議の後ではヨーロッパは夏の休暇に入るので、その前に各地を回ることにした。以下では、まず仲裁制度との関係で各地で見聞したところを簡単に紹介し、そのあと、ワルシャワ会議について述べる。何分こちらの予備知識不足に加えて短期間の知見であるので意に満たないところが多い、ご了承いただきたい。

六月一一日大阪から出発して一二日パリ着、すぐ西ドイツのケルンに赴いて、筆者が一九六二〜三年に勉強したカリフォルニア大学バークレーロースクールの国際同窓会に出席した。出席者にはヨーロッパ各国で渉外弁護士として活躍している人達も多く、仲裁について意見を聞いて回った。多くの人達が仲裁は高価で長くかかりその上仲裁人は無能で判断は不適切、とあまり香ばしい評判ではなかった。その後仲裁手続の運営に直接携わっている人達から聞いたいわば自画自賛的発言と対比して我々としては聞くべきものであろう。ケルンのあとフランクフルトに移って消費者センターの洗濯苦情処理所を見学したがこれは仲裁ではないので省略する。六月一七日いよいよ最初の主要目的地パリに戻ってきた。

ICCを訪ねて

パリでは有名なICC（International Chamber of Commerce）またはCCI（Chambre de Commerce Internationale）を訪ねた。ヨーロッパ最大の渉外弁護士事務所の一つであるジード・ロワレット・ヌエルのフイリップ・ヌエル弁護士の紹介で、ICC仲裁裁判所の事務局長であるイヴ・ドラン氏に会うことができた。ヌエル氏は筆者が一九七七年ベルギーのゲントで開かれた第一回民事訴訟世界学会で法律家および準法律家について総括報告をしたときフランスのレポートを書いて下さった方であるが直接お目にかかるのは初めてであった。同氏の事務所はICCの数軒隣にあり、国際商事仲裁の大ベテランである。

ICCはセーヌ河畔、シャンゼリゼ大通りにも近いクールアルベールプルミエ通りにあり、最近内部が改装され、昔ながらの建物にモダンなガラス張りの入口がついている。入ったところに受付があってICCの各種パンフレット等も頒布している。ドラン氏の秘書に案内され、万国旗の並ぶホールを通り装飾のある立派な階段を昇ってドラン氏の事務所に至る。このあたりはまだ改装工事が進行中のようであった。ドラン氏は四〇歳余りか、多くの論文などで名を知られているに相応しい学者的な静かな人柄、そのため若干とっつきにくい感じを与えるところもあるが、ヌエル事務所の若い弁護士の話ではなかなか政治的手腕のある方とのことであった。ドラン氏と三〇分ほど会見ののち、事務局に勤務する五名の弁護士のうちの一人、イギリスのソリシターであるロウ氏から別室でさらにいろいろ詳細な話を聞き、建物の内部を案内してもらった。建物は最近改装したばかりであることもあってまことに立派なもので、最上階の同時通訳設備付きの大ホール、個々の仲裁事件を総括的に監督する立場にある常設機関であるICC仲裁裁判所が審議を行なう会議室、たまにしか使われないチェアーマンの部屋など特に印象に残った。

ICC仲裁裁判所の組織・手続等については既に我が国にもよく紹介されている。ICCに付託される仲裁事件は最近とくに増加が著しく、一九五六年三二件、一九六六年八一件、一九六七年一八八件、昨一九七九年には三〇〇件近くに達したという。仲裁に要する費用については一九八〇年三月に改訂があったので紹介しておく。費用は管理費用（administrative expenses）と仲裁人報酬に分れ、係争額により漸増する。この他一定の場合各当事者が払うべき一〇〇米ドルの申立手数料がある。各当事者は管理費用五〇〇ドルを予納しなければならず、これはどんな場合にも返還されない。

ＩＣＣ仲裁裁判所はＩＣＣの内部で独立採算で運営されており、国庫等からの補助は全くない。しかし財政的な困難は全くないという。事務局には事務局長のドラン氏を含めて六人の法律家が勤務し、その国籍はドイツ人一人、イギリス人二人、コロンビア人一人、ベトナム人一人ということである。このほか秘書六〜七人がいる。

事件は六ヵ月以上、平均一八ヵ月で処理されている。仲裁判断の九〇パーセント近くは任意に履行され、残りの事件では執行や不服申立てのため裁判沙汰になる。当事者の二〇パーセントは国家ないしそれに準じる組織である。ＩＣＣの仲裁がよく用いられる理由として、ドラン氏とロウ氏は、手続が単純で当事者の多様な要求に応じられること、個々の仲裁人による仲裁判断が最終的には常設のＩＣＣ仲裁裁判所によりチェックされ（もっとも手続上の点にかぎる）、ＩＣＣ仲裁裁判所の仲裁判断として世に出ることにより信用が高められることなどを強調された。もっとも、前述のように、ケルンで会った何人かの渉外弁護士はＩＣＣの手続は高いうえに時間ばかりかかると批判し、その原因として仲裁人の判断をさらに仲裁裁判所がチェックする仕組みを挙げていたので、事には両面があるということであろう。

ＩＣＣでは仲裁のほか調停（conciliation）が規則に定められている。しかしその利用はほとんどないのが実状である。ＩＣＣが行なう国際商事仲裁以外に国内仲裁がフランスでどのくらい行なわれているかについては、一定の同業者団体等である程度行なわれているという以外、詳細な情報を得る時間的余裕がなかった。なお、パリでは、北海道大学の小山教授に紹介していただいた仲裁に詳しいモロ弁護士およびパリ大学のタンク教授にお目にかかって有益な話を聞くことができた。

ロンドン仲裁裁判所等を訪ねて

六月一九日パリからロンドンに移った。ロンドンでは、三井物産法務部のお世話になり、カワード・チャンス弁護士事務所を通じてロンドン仲裁裁判所（London Court of Arbitration）の訪問と見学をアレンジしていただいた。ビジネスの中心のキャノン通りのロンドン商工会議所の建物の中にある。紹介者が良かったのか、近所のヨットクラブで昼食を御馳走になり、午後はたまたま行なわれる仲裁事件の審理を仲裁人の隣で傍聴することを許された。昼食を共にしたのは、国際仲裁人ロンドンパネルの議長であり、一九七九年の仲裁法改正諮問委員会の委員でもあったクリフォード・クラーク氏、ロンドン仲裁裁判所の事務局長のほか、前記国際仲裁人ロンドンパネル、仲裁人協会等の事務局長をも兼ねているB・W・ヴァイグラス氏、仲裁裁判所の事務局で私の訪問のアレンジをして下さったボーデン氏、午後の事件の仲裁人であるフイッシャー氏および三井物産法務部の山本氏であった。このようにして約二時間食事をしながら楽しく懇談したが訪問がこのような形となったため系統的に話を聞くことができず、情報も散漫なものになってしまった。また統計的なことは正確に知ることができなかった。

ロンドンの仲裁人は仲裁人協会（The Chartered Institute of Arbitrators）が中心である。同協会はイギリスを中心として全世界に四、〇〇〇人を超える会員を持ち、会員の専門分野は法律、海運、建設、金融、保険、工学等々多方面にわたっている。協会は会員に各種の研修、実習、試験を行ない、一定の資格を認められた者は仲裁人パネルに載せられる。パネルは約四〇の分野ごとに作られており、個々の事件の仲裁人はここから選ばれる。仲裁人の活動をチェックするICC仲裁裁判所のような上部組織はないが、個々の仲裁人の質の高さがロンドン仲裁の自慢であるということであった。

ロンドン仲裁裁判所は物的施設を維持管理するほか情報サービスなどを行ない、仲裁人協会、ロンドン市およびロンドン商工会議所の三者からなる運営委員会の管理の下に置かれている。その日常的な運営は協会の事務局長（Director）が仲裁裁判所の事務局長（Registrar）を兼任して行なっている。この任にあるのが前述のヴァイグラス氏である。四〇歳台と思われるイギリス人としては小柄な方だが、なかなか精力的で愛想よく親切な人である。同氏とはその後ワルシャワ会議で再会することとなった。

昼食後見学した仲裁裁判はヨットクラブと同じ建物にある改装中の仮説会場で行なわれていた。コの字型に並べられた粗末な机の上にテーブルクロスの代わりに模造紙を敷きつめ一人の仲裁人を中心に両側に双方約一〇人の当事者が着席し、一方には後ろに椅子を並べてさらに何人かの人が座っていた。内容は住宅公団のようなところが大規模な団地の建設を業者と契約したところが、工事を始めてみると一部の地盤が軟弱であることがわかり、基礎工事に膨大な費用がかかりもとの請負金額では工事ができない、というものである。事件の審理はまだ二回目で机の上に膨大な書類を積み上げて業者側の弁護士が主張を述べている段階であった。仲裁人はこれを聞きながら詳細なメモをとり、時々質問を発したり、写真と照合したりしていた。このようなことが延々と続くばかりなので一時間足らずで退席したが、会場の雰囲気は、筆者が京都で公益委員として関与している労働委員会の手続と似たものであった。

仲裁人協会はこのほか公正取引庁（Office of Fair Trading）と協力して少額仲裁制度を行なっており、詳細は公正取引庁で聞いてほしいということであった。高等裁判所の上席マスターであり、民事訴訟法に関する学者として国際的に著名で、かねて知己であるジェイコブ卿にお願いして、長官のボリー氏を紹介していただいたが、休暇中で会うことができなかった。ジェイコブ氏には高等裁判所の商事部（Commercial Court）の元裁判官であり、一九七九年の仲裁法改正に関与し、現在はロー・コミッションの委員長であるカー氏を紹介していただき、とくに国際商事仲裁において伝統的な裁判所の監督的権限を大きく制限した一九七九年改正法について忙しい日程の中三〇分ばかり話を伺った。同氏は最近、一九七九年法の解説および「国際仲裁と訴訟」という論文を発表しておられ（Michael Kerr, The Arbitration Act 1979, Modern Law Review Jan. 1980 ; International Arbitration v. Litigation, Journal of Business Law, May, 1980）抜刷を頂戴した。

さらに、ジェイコブ氏はカウンティ裁判所の少額事件の仲裁を見学のため西ロンドン・カウンティ裁判所のレジストラーであるバークス氏を紹介して下さった。カウンティ裁判所はいわば簡易裁判所にあたり、レジストラーは高等裁判所のマスターと同じく一種の裁判官補助官であるが、大きな権限が与えられている。午後三時から仲裁事件があるので来なさいということで、仲裁裁判所の審理を三時過ぎに辞して急いで地下鉄でロンドンの西のはずれに近い西ロンドン・カウンティ裁判所へ駆けつけた。古めかしい小ぢんまりした建物の中で手続は既に始まっていた。レジストラーの執務官で原告の家主と若夫婦の元借家人がやりとりしているところであった。バークス氏の隣に座って見せてもらった。若夫婦がアパートを出たところ建具や備品が破損ないし汚損をしていたので損害を払えというものである。証人を呼ぶわけではなく、当事者の言い分だけであるから事実関係は不明なところが多いと思われたが、五時頃にバークス氏は請求額の三分の二くらいを認める決定を下してけりがついた。

ところでこの arbitration は真の仲裁でなく、二〇〇ポンド（約一二万円）以下の事件について一方当事者が「仲裁」によることを申し立てると、事件はレジストラーにより略式手続で審理・判断されるというもので、弁護士（Solicitor）は原則として関与しないものとされている。敗訴者は不服申立てができない。したがって、これは一方の申立てによる強制仲裁ともいうべきものである。この手続はかなり用いられているようで、バークス氏の手になる一般配布用の説明パンフレット（全七〇ページ）は詳細に手続や書式を解説し一般の利用を訴えている（Michael Birks, Small Claims in the County Court : How to sue and defend actions without a solicitor）。

ハンブルグ商業会議所等を訪ねて

さて、二三日夜ロンドンを出発し、夜中にドーバー海峡のフェリーに乗り換え列車を乗り継いで一八時間かかって二四日午後ハンブルグに着いた。ここではハンブルグ商業会議所（Handelskammer）の仲裁裁判所を見学すべく、ハンブルグ司法省次官で日本法の研究家として我が国にも知られているレール博士にお願いして会議所法務部部長であるネレ氏を紹介していただいた。商業会議所は市役所の裏、取引所と同じ建物にあり、ここでネレ氏とやはり法務部のチンマーマン博士に面会した。ネレ氏は五〇歳台の声の大きな気さくな人物、チンマーマン氏は少し若い実務家風の方であった。ネレ氏には数日後のワルシャワで再会した。なお、マックスプランク国際・外国私法研究所の研究員で中国法・日本法担当のミュンツエル氏が一週間前に中国商業使節団を同じところに案内したばかりだからということで付き合って下さった。中国も商事仲裁の実務に関心を持っているとのことである。

ハンブルグの仲裁はパリやロンドンのものほど組織立って行なわれているものではない。ハンブルグでは仲裁は非常に盛んに行なわれているが、商業会議所仲裁裁判所として扱う事件（Handelskammer-Arbitrage）は極く少く、多数の事件が慣習的なハンブルグ友誼仲裁（Hamburger freundschaftliche Arbitrage）によっているという。これについては慣習を成文化した七条からなる簡単な規則があるほか、仲裁人報酬および手続費用に関するガイドラインがある。これは年間何百件行なわれているか商業会議所では把握しておらず、頼まれれば仲裁人を紹介したりするとのことであった。ただし仲裁人パネルのようなものが用意されているわけではない。

ハンブルグでは仲裁に似た紛争解決手続として自動車修理紛争処理所の手続を見学することができた。この手続はフォン・ヒッペル著「消費者保護法」に紹介され、筆者もこれに依って紹介しているが（「消費者紛争と仲裁」国際商事仲裁協会委託研究報告・昭五一）現物を見たことがなく関心があった。ドライバーの団体であるドイツ自動車クラブ（ＡＤＡＣ）と自動車修理工場組合の協力でできたものでＡＤＡＣの事務所に調停所（Schlichtungsstelle）が置かれ、ここに苦情が持ち込まれると担当職員が相手方と交渉し、ここでほとんどの事件は結着する。問題があると思われる事件はまとめて月一回開かれる審査にかけられる。私が訪れたのは幸運にもその審査日にあたり約二時間ほど傍聴した。審査委員会は七名から成り、議長は地方裁判所判事であり、中央に座る。消費者側、業者側から選出された鑑定人がその左右に、さらに双方の直接の代表が二人ずつ加わる。消費者側代表はＡＤＡＣ

調停所の職員、業者側は業者組合の代表者である。約三〇分毎に事件が指定され双方当事者が出頭する。大きな修理工場の場合には、その経営者と実際の修理を担当した責任者（マイスター）が来ている。弁護士の関与は許されていない。書面に基づいて審査委員がいろいろ質問する。たとえば、一、〇〇〇マルクで修理できると言うので車を預けたら出来上がってみたら二、四〇〇マルク請求されたといった事件である。一応事情を聴取したあと、当事者を退出させて合議する。合議はとても活発でなかなか結論の出ないこともあった。結論が出ると当事者を呼び入れて決定を言い渡す。この手続の利用は無料で、業者側はこの決定に従うことにあらかじめ同意している。消費者側は不服なら他の手段（たとえば訴訟）に訴えることは自由である。したがってこの手続はいわば片面的仲裁ともいうべきものである。年間二、〇〇〇件ばかりの苦情があり、そのうち審査にかけられるのは八〇件くらい。決定は業者側有利・消費者側有利約半々であるとのことであった。この制度は一九七〇年にハンブルグで初めて行なわれたが成功を収めたので、今日では全ドイツの八五都市で行なわれているという。なかなかてきぱきとした仕事振りであった。

ワルシャワ世界仲裁会議

いよいよハンブルグから列車でワルシャワに向かった。途中国境通過が四回あり、距離のわりに時間がかかる。ベルリンに途中下車して、ベルリンフィルを聴いて一泊。翌六月二九日朝にベルリンを発ち夕方五時半にワルシャワに着いた。以前京大に数カ月居られたことのあるヤシンスキー教授が駅まで迎えに来て下さり、その紹介で知人のポーランド人家族に世話になることとなった。ご主人は病院勤めの研究者で今年大学を出た息子さんとともに英語が非常に上手、学校の数学の先生である奥さんとはフランス語、九〇歳のおばあさんとはドイツ語で話をするというポーランドの歴史を反映したような家族である。一家は政治問題ともなっているカトリックの熱心な信者であり、会議中四日間の滞在は大変良い経験であった。

着いた日は早速夜八時から歓迎レセプションがビクトリアホテルで行なわれた。最近フィンランドが建てた市内最高級のホテルである。私が少し遅れて行った時は既に宴たけなわで広い会場は歩き回るのも困難なほど満員。まず日本から直行された国際商事仲裁協会の服部氏、日本海運集会所の谷本氏を見つけあいさつ。毎回この会議には出席されお顔の広い服部氏から、本会議の主催組織である商事仲裁国際委員会（International Council of Commercial Arbitration）会長サンダース教授（オランダ）、副会長ホルツマン氏（アメリカ）、同クリシュナムルチ氏（インド）、名誉会長のロベール氏（フランス）などを紹介していただいた。サンダース教授は故中田淳一教授と交際があり、また現在進行中の国際比較法全書の民事訴訟法の巻の仲裁の部分の執筆者であり、筆者がこの巻について日本法の顧問となっている関係で文通をしたことがあったがお目にかかったのは初めてであった。若々しい感じで人の気をそらさない紳士である。かねての知り合いとしてはハーバード大学のヴォン・メーレン教授、ブルガリアのスターレフ教授に会えたほか、この旅行中に会ったパリICCのドラン氏、モロ弁護士、ロンドンのヴァイグラス氏、ハンブルグのネレ氏などに再会した。これらの方がさらに知り合いを紹介して下さり、これは会議前に各地を回っておいたことの効果であった。このようにしてレセプションに始まり、会議および懇親プログラムを通じてお目にかかり名刺を交換した方々は数えきれない。その際日本の仲裁実務の話になると、私にはよく分からないのでその都度服部・谷本両氏を紹介してお話しいただいた。参加者は学者より実務家が圧倒的に多く、服部・谷本両氏は実務上の交流のため大いに成果をあげられたようにお見受けした。

ところでこの会議は二年おきに各地で現地の仲裁組織との共催の形で開かれるが、四年に一回大会議が開かれ、その中間に小会議が開かれる。今回のものはこの小会議であるが、それでも約四〇〇人の参加者があり同伴者を含めると五〇〇人近くになったということである。主催組織である商事仲裁国際委員会は世界各国から選ばれたメンバーから成っており、日本からのメンバーは京都大学の道田教授であるが今回は都合で出席されなかった。

今回の統一テーマは「多数当事者商事紛争における国際仲裁」ということであった。レセプションの翌日六月三〇日午前、若干の儀式のあと予定されていた総括報告者の報告が行なわれた。この統一テーマは主催者によれば最近増加しつつある大規模な取引において関係人が多数となり、紛争の仲裁による解決に多くの困難な問題を生じさせるようになってきていることから取りあげられた。同様の問題は民事訴訟においても論ぜられているところであるが、当事者の合意に基礎を置きかつ国際間にまたがる紛争を処理しようとする国際商事仲裁においてとくに深刻であるのは当然であろう。建設契約や合弁契約等において多くの下請企業、保険会社、保証人等が巻き込まれおり、これら全関係人間に統一的な解決をもたらすことが望まれる。

最初の報告者はイタリヤのベルニーニ教授でこれらの問題提起と解決の方向を探る一般報告を行なった。まず教授は当初から一定の数の当事者が契約当事者となる場合と、もととなる契約がまずあって、そのまわりに第三者との契約のネットワークが作り上げられていくようなタイプとの二つに分ける。そして前者の場合には契約は一つなのでそこに適切な仲裁条項を盛り込むことにより一つの仲裁手続を予定すればよいとする。ただ、各契約当事者が独自の仲裁人を選ぶことを許すと仲裁人の数が多くて困ることになるので、一人の仲裁人に合意しておくか、常設仲裁機関に一任するような条項を設けるべきであるとする。この場合は民事訴訟における共同訴訟ないし必要的共同訴訟類似の問題となり、実際問題として一部の当事者が欠けていてもその者に対し呼び出しがなされているかぎり問題はない。

より困難なのは第二の場合であって、各紛争当事者間に矛盾する仲裁判断が出かねない。各国の民事訴訟法では弁論の併合によって複数の手続を一つにまとめることが裁判所の権限とされるが、合意に基礎をおく仲裁では全当事者の合意なしに併合はできない。そこで各契約にそのような趣旨の合意を盛り込めば、複数の契約から生じる紛争を一つの仲裁手続にまとめることができるという。さらに常設仲裁機関の規則にこれに関する適切なルールを織り込むことによって合意の基礎を守りつつ手続上の一定の強制力との調和を図ることができるとする。

次に立ったアメリカ仲裁協会（ＡＡＡ）のアクセン氏はアメリカ合衆国における多数当事者仲裁と題して報告し

た。アメリカ国内仲裁の分野でもこの種のケースは増加しているが、アクセン氏はベルニーニ教授の統一的仲裁の方向には懐疑的である。アメリカの裁判所は仲裁当事者が合意しなくても仲裁事件の併合を命じる権限を有しており、多くの事件でこの権限は行使されているが、たとえば少額の権利者の権利も他の当事者間の大形の紛争に付き合わされてなかなか解決が与えられないのは適当でなく、場合によりむしろ分離が考えられてよいこと、判例も事案に応じた解決をとっていることを指摘した。

このような議論は民事訴訟法の分野で行なわれている必要的共同訴訟の範囲に関する議論を思い起こさせた。ベルニーニ教授とアクセン氏の基本的立場の違いはその後の論者により楽観主義と悲観主義の対立としてしばしば言及された。

次に報告を予定されていたシリアのエル・ハキム教授は欠席。次にポーランドのヤクボフスキ教授はポーランドの経験と題して報告、本来多面的な法律関係と多面的ではないが複雑な法律関係に分けて問題を論じ、そのあとハンガリーのソース教授が合併と下請紛争について報告し、法律関係を水平型、垂直型、混合型に分類して論じた。

ここまでが主催者により準備された基本報告であるが、主催者は参加者の報告を呼びかけていたので、多くの参加者がペーパーを提出しており、これに基づいて報告が行なわれた。とくにフランス弁護士のタンドー・ド・マルサク氏によるＩＣＣの多数当事者商事紛争研究会の成果の報告、アメリカのホルツマン氏の多数当事者紛争処理のための調停の活用に関する報告が目立った。引続いて参加者から質問、コメントが述べられ一日目は閉会した。その晩は同じ場所で夕食会が行なわれた。

翌七月一日は朝から前日に引続き参加者の意見の開陳が続いた。英語、仏語が主であるがロシア語、ポーランド語も用いられた。ドイツ語も会議用語に指定されていたがドイツ語による発言がなかったことは印象的であった。同時通訳設備は完備していたが十分に有能な同時通訳が行なわれたとは言い難い。

その日の午後は総括に入り、本会議の成果が要約され参加者の承認を得た。（注・この要約については本誌本年九月三〇号を参照）

そのあと、次回会議（大会議）は一九八二年六月にハンブルグで開催されることに決定したとの報告があった。このことは内部的には既に決まっていたようで、ネレ氏から聞いていた。ネレ氏はこれからの準備が大変だと言いながら大いに張り切っておられるようであった。なお後に、サンダース会長から我々三名に一九八六年の会議を日本で開催することの可能性について非公式の打診があった。今後検討されることであろう。

以上をもって、会議の実質的部分は終了し、その夜は、ビクトリアホテルの向かいにあるオペラ座で参加者全員が一九世紀ポーランドの民族オペラ、モニュシュコ作曲「幽霊屋敷」を鑑賞した。てっきりポーランド人だと思っていた主役のテノールがいきなり日本語で歌い出したのには仰天した。私の左右に座っていたイギリス人とドイツ人の参加者にあれは日本語だと言ってもなかなか信用しなかったが、そのうち出演者リストを見て納得してくれた。アキオ・フジワラさんという方だったがなかなか立派で大喝采を浴びた。翌日は、バスを連ねてワルシャワ郊外のショパンの生家を訪問して、内部で演奏されるショパンの作品を美しい庭で聴き、その昔ショパンがよく訪れたという近くのレストランで昼食をした。ロシアものより上等とポーランド人が誇るポーランドウオッカの味もまたひとしおであった。また同席したかなり年長のポーランド人の女性弁護士は英・独・仏語に堪能で同席の者を楽しませてくれたが、彼女の手指にかなりの障害があった。隣席のポーランド人が彼女は戦時中の抵抗運動の闘士で手の傷はその時のものと説明してくれた。

翌七月三日から希望者のみが参加するポーランド南東部の古都クラコフへの一泊旅行があった。バスで七時間ほどかかり、ワルシャワの前に数百年間首都であり戦災を受けなかった美しい町に着いた。有名なアウシュヴィッツ収容所はここから近いが我々のツアーに含まれていないのは参加者の構成を考慮してのことであろうか。私はツアーから離れてもう一晩クラコフに泊ることとし、翌日単身アウシュヴィッツを訪れた。やはり写真を見るのと現物を見るのとでは大きな違いであった。それから三時間行列して切符を買い、夜行列車でチェコのプラハに出て一泊、さらに夜行で一八時間かかってやっとパリに辿り着き、駅からオルリ空港に直行して帰途についた。

忙しかった一月足らずの旅行はあっと言う間に済んだ。学問的に具体的な収穫がどれほどあったかと言われると怪しいが、いろいろなことを見聞きし、多くの人達と知り合ったことは今後の仲裁研究に役立つものと信じている。今回の旅行を援助して下さった仲裁研究会の各位、現地でお世話になった各位、また日本からの参加者としていろいろ便宜を計っていただいた服部、谷本両氏に謝意を表してこの拙い旅行記を閉じることとする。

（JACジャーナル二七七号、一九八〇年）

二　多数当事者間の国際商事仲裁

一　はじめに——問題点と基本視点

今日の大規模かつ複雑な経済生活の中においては、一つの製品やサービス、一つのプロジェクトの遂行にも多数の関与者が複雑にからみ合い、いったん紛争が発生すると、その解決は当該紛争当事者のみの間だけでは十分になしえないことが多くなってくる。比較的単純な場合をとってみても、たとえば、主契約当事者間の紛争は下請契約関係をもとり込んで解決しておかないと問題を残す。建築物の瑕疵が元請業者・下請業者・再下請業者あるいは設計者のいずれの過失により生じたものか、といった問題は本来全関係人の間で合一に決せられるべきものであるが、そのためにはどのような紛争処理手続が用意さるべきであるか。もし主契約にのみ仲裁条項があり、他の契約にはなかったとすると、仲裁人の判断とその後の裁判所の判断との違いにより個々の関係人ごとに矛盾する解決がなされるおそれがある。

このような多数当事者を巻き込んだ複雑な関係から発生する紛争——多数当事者紛争と呼ぶ——を仲裁によって統一的に解決するについては、仲裁が当事者の合意に基礎をおく制度であるために訴訟による多数当事者紛争解決を考える場合には存しない特別の困難がある。訴訟における問題は、国家がその主権の作用としての裁判権の行使において、多数当事者紛争の適切な処理というそれ自体正当な目的の実現のためにどの程度のサービスをなすべきかという政策的問題と、そのためどの程度の強制力を用いることが憲法秩序の下で許されるかという二点にあり、当事者の同意や合意に依存しなければならない点は原則として存在しない。裁判権に服するかどうかは他の要素で決まる。ところが、仲裁では当事者の仲裁合意が仲裁の拘束力の源泉であるから、合意の要素を抜きにして多数当事者紛争の仲裁による解決を考えることはできない。その点では訴訟による解決と仲裁による解決とは異質のものであるといえる。しかし、そのことはこの問題において訴訟における議論を参照することが無意味であることを意味するわけではない。

第一に、訴訟も仲裁も基本的には二当事者対立の当事者主義構造をとっており、手続構造上の問題として訴訟上のいろいろなアイデアは仲裁手続の上に利用することが可能なはずである。第二に、仲裁は合意に基礎をおくといっても、その拘束力は国家法と無関係に認められるわけではなく、その枠内において承認されているものにすぎない。(1) そのことは仲裁判断の取消しの制度（民訴八〇一条）や執行判決の制度（民訴八〇二条）の中に予定されているところである。そのことは、合意によればいかなることも許されるというわけではないことを示している。訴訟においても民事訴訟法を改正すればどのようなことも許されるというわけではない。そこには憲法上の制約がある。とすれば訴訟において何が許されるかという議論は仲裁合意によって何ができるかという問題と関連があると思われる。

以上の基本的視点に基づき、以下では訴訟における多数当事者紛争処理のための工夫とその問題を概観し、その仲裁への応用可能性という観点から考察を進めることとしたい。(2)

(1)　仲裁制度の根拠や国家との関係については議論のあるところである。喜多川篤典『国際商事仲裁の研究』三頁以下・三二頁以下（昭五三）。

(2)　一九八〇年六月にワルシャワで開催された国際仲裁シンポジウムのテーマは「多数当事者商事紛争における国際的仲裁」であり、今日における国際商事仲裁の実務においていかにこの問題が注目を浴びているかを示した。この会議については、谷口安平「ヨーロッパの仲裁とワルシャワの世界仲裁会議」ＪＣＡジャーナル一九八〇年一〇月号一〇頁、服部弘「ワルシャワ国際仲裁シンポジウム報告」同一九八〇年九月号三〇頁（昭五五）、谷本裕範「船荷証券所持人に対する傭船契約書中の仲裁約款の効力について――ワルシャワ、国際仲裁シンポジウム報告(1)――」海事法研究会誌三七号五頁、同「多数当事者仲裁の問題点、特に米国のそれについて――ワルシャワ、国際仲裁シンポジウム報告(2)――」同三八号一五頁（昭五五）。本稿は上記シンポジウムに負うところが大きいが、そこでの報告や議論を紹介・検討するものではなく、独自の立場から多数当事者紛争仲裁の問題を序論的に扱おうとするものである。以下に Bernini Report 等として引用するのはワルシャワ・シンポジウムに提出された未公刊のレポートである。

二　民事訴訟による多数当事者紛争の処理

近代から現代にかけて、民事訴訟の最大の課題の一つが多数当事者紛争の処理にあり、この課題は将来もますます重要性を増すことと思われる。民事訴訟と一口に言っても、各国の制度はそれぞれ異なっている。多数当事者紛争の処理に大いに意を用いているところもあれば、そうでないところもある。わが国の制度は必ずしも十分であるとはいえないが、ここでわが国では認められていない制度をも含めて、多数当事者紛争処理のために訴訟で用いられる諸々のテクニックを振り返って見ることにしよう。

(1)　多数当事者訴訟

紛争当事者の全員を訴訟の当事者とすることによって一挙に紛争を解決することを目論むものであるが、これにはあくまで二面的な対立を維持したままで、原告側・被告側の双方またはいずれかの側に複数の当事者がいる場合と、訴訟上の対立関係が三面以上となる多面訴訟とがある。そして、前者にはさらに、通常共同訴訟と必要的共同訴訟がある。

(a)　通常共同訴訟

訴え提起の当初から共同訴訟である場合と、途中で第三者が原告側・被告側に参加することにより共同訴訟となる場合、および、異なる当事者間あるいは一方当事者を同じくする別の訴訟が併合されて共同訴訟となる場合など、その発生の態様には様々のものがある。いずれにせよ各当事者の、または各当事者に対する請求の間に一定の同質性・共通性・関連性等があって共同訴訟にすることにより審理の能率がよくなり、かつ矛盾する判決を避けたい場合に認められる(民訴五九条参照)。もっとも、通常共同訴訟は次に述べる必要的共同訴訟と異なり、いわゆる共同訴訟人独立の原則(民訴六一条)が支配する結果、各当事者間に矛盾のない統一的な判決がなされる制度上の保証はない。しかし、実際問題としては同一の裁判官が共通の証拠によって認定・判断を行う結果、統一ある解決が期待できる。また最近は共同訴訟人独立原則に反省が加えられ、一定範囲でそのような結果を保証すべきだと説く見解(1)も出ている。なお、通常共同訴訟の共同訴訟人相互間には当然には対立する当事者関係は発生しない。

(b)　必要的共同訴訟

複数の者が原告ないし被告とならなければ訴えが不適法となる固有必要的共同訴訟と、個別に訴えてもよいが共同に訴えられた場合には訴訟資料の足並みを揃えて統一した判決をしなければならない類似必要的共同訴訟がある(民訴六二条)。どのような場合が固有ないし類似必要的共同訴訟に当たるかについては議論が著しく錯綜している(2)。固有必要的共同訴訟の成否については、訴訟物たる権利関係の性質から管理処分権の不可分性を媒介としてこれを決する伝統的な見解を離れて、統一的な解決の利益を当事者の便宜や司法の能率といったプラグマティックな考慮との関係において調整する柔軟な見解に移行しつつあり、他方類似必要的共同訴訟についてはこれを既判力の衝突を避けるための技術的な要請とみる消極的な見解から、論理的に合一確定が要求される場合にも必要的共同訴訟として扱うことにより、共同訴訟を多数当事者紛争の統一的解決のための積極的な道具としようとする方向に向かっている。(3)

(c)　多面訴訟

三者以上の当事者が多面的に互いに対立し、その間に矛盾のない判決がなされるべき場合である。独立当事者参加（民訴七一条）によってこの訴訟型態が発生すると考えられているが、当初から、この関係が成立することもあると考えられる。たとえばアメリカ法上認められる債権者確定訴訟（interpleader）によりこのような関係が生ずると思われる。

(2)　訴訟への参加

第三者が既に開始された他人間の訴訟に任意に参加し、あるいは当事者の申立てまたは裁判所の職権により参加を強制されて新たな当事者となる場合である。これにより通常共同訴訟、必要的共同訴訟ないし多面訴訟関係が成立する。これ以外に、参加はするが当事者の地位を取得することなく、従たる地位において訴訟行為をすることができるにすぎない補助参加がある。

(a)　任意的当事者参加

わが国では前述の独立当事者参加のほか、参加した結果類似必要的共同訴訟となる場合（民訴七五条）のみこれを認めるが、もっと広く参加を許容すべきだとする説が有力となりつつある。(4)

(b)　強制的当事者参加

第三者を訴訟に引き込む制度であり、わが国では行政事件で認められているが（行訴二三条）民事訴訟上では引受承継（民訴七四条）や中断した訴訟の受継申立て（民訴二一六条）がこれに類似するが、一般的に強制的当事者参加を認める規定はない（但し、民執一五七条一項、三項は強制参加を認める）。参加を求められた第三者が現実には参加しなくても当事者として欠席判決を受けるところに意味があり、たとえば、被告が求償義務者を引き込むことなどを認めるべきだとする説が唱えられている。(5) 外国法にはこのような制度を認めるものがある。(6)

(c) 補助参加

訴訟の結果に利害関係をもつ第三者が既存の当事者の一方を補助するために参加し、その結果一定の判決効を受ける(民訴六四条・七〇条)。(7) これにも任意的なものと強制的なものがありうるが、次に述べる訴訟告知の制度は一定の強制参加的機能を果たしている(なお、行訴二三条参照)。

(3) 訴訟告知

係属中の訴訟に利害関係ある第三者に訴訟への参加の機会を与えるため通知を与え、これに応じて参加してこなくても一定の判決効を及ぼす制度である。その場合に当事者としての効力を及ぼすと実質は強制的当事者参加となるが、わが国の民事訴訟法はこれを認めず、補助参加人に対する効力を及ぼすにとどめている(民訴七七条・七八条)。

(4) 事件の併合

同一の裁判官あるいは異なる裁判官のもとに別々の事件として係属している事件で関連するものを一つの手続に併合することである。異なる当事者間の事件を併合すると多数当事者訴訟となる。わが国では官署としての同一裁判所に係属する事件なら裁判所の裁量により弁論併合の手続により併合することができるが(民訴一三二条)、東京の事件と大阪の事件を併合することはできない(但し、民訴三一条による移送を経由すれば併合される可能性がある)。

(5) **共同訴訟人間訴訟**

共同訴訟においては、共同訴訟人相互間には何ら判決は行われない。しかし、共同訴訟人間にも一定の法律関係がある場合が多く（たとえば共同不法行為者、主債務者と保証人）、これについても同時に結着がつくことが望ましい場合がある。一部学説は共同訴訟人間に当然の補助参加関係を認めて、これに対処しようとしているが[8]、共同訴訟共同訴訟人同士をする判決がなされるわけではない。そこで共同訴訟人が他の共同訴訟人を被告として訴訟中に訴訟を起こすことが考えられるが、わが国ではそのような制度はない（アメリカ法のcross claim）。

(6) **判決効の単純な拡張**

上に述べた諸方策はすべて判決効を当事者や参加人や被通知者に及ぼすことになるが、このような方策を経ないで、判決の効力を第三者にも及ぼすことがある。たとえば株主総会決議の瑕疵をめぐる争いは、ある株主が会社に対して起こした訴訟によって対世的に解決される（商二四七条・二五二条・一〇九条）。多数当事者紛争処理のために手っとり早い方法に見えるが第三者への判決効の拡張をどのように正当化するかが問題である[9]。正当化のための最も問題のない方法は第三者から当事者に訴訟追行の代表権を与えることである。わが国には共同訴訟人たるべき者がその一部の者を代表者に選んで訴訟をすればその結果に拘束されるとする選定当事者の制度がある（民訴四七条）。格別の授権を必要としないで自称代表者に全員のための訴訟をすることを許すのがアメリカ法で認められるクラスアクションであるが、非当事者に対する手続保障をどう考えるかが最大の問題となっている[10]（なお、公害紛争処理法四二条の八参照）。

(7) **その他の方法**

(a) 共通の代理人

共同の利益をもつ共同訴訟人（あるいは補助参加人）が同一の訴訟代理人（弁護士）を選任すれば、あたかも選定当事者を選んだ場合と同様に統一的解決が得られよう。

(b)　同一の裁判官

別異の事件として係属していても同一の裁判官が担当すれば実際問題として統一的解決が得られ易い。しかし裁判官の独立性と関係があるので、事件の内容をみて事件の配慮をすることは問題があり一般には行われていない。

（1）　新堂「共同訴訟人の孤立化に対する反省」法学協会雑誌八八巻一一・一二号九〇五頁（昭四六）。
（2）　この問題を比較法的に分析した最近の労作として、高橋宏志「必要的共同訴訟論の試み」(1)〜(3)法学協会雑誌九二巻五号五〇〇頁、六号六二五頁、一〇号一二五九頁（昭五〇）。
（3）　中村英郎「特別共同訴訟理論の再構成」中村古稀論集『民事訴訟の法理』一八七頁（昭四〇）民事訴訟論集Ⅰ一九五頁。
（4）　山木戸克己「追加的共同訴訟」神戸法学六巻一・二号八三頁（昭三一）。
（5）　霜島甲一「当事者引込みの理論」判例タイムズ二八一号一八頁（昭四六）、井上治典「被告による第三者の追加」甲南法学一一巻二・三号二八五頁。
（6）　アメリカの impleader（これにつき、井上治典「アメリカにおける訴訟参加制度」九大法学一六号二一頁（昭四〇））、フランスの強制参加（これにつき、谷口安平他『注釈フランス新民事訴訟法典』二二五頁（昭五三）、若林安雄「フランス民事訴訟法における強制参加」、山木戸還暦論集『実体法と手続法の交錯』(上)二二二頁（昭四九））、ドイツの Beiladung は行政訴訟等のみで認められる（これにつき、バウア「第三者の訴訟関与」、中田還暦論集『民事訴訟の理論』(下)三〇三頁（昭四五））。
（7）　井上治典「補助参加の利益」民訴雑誌一六号一三七頁（昭四五）、同「補助参加人の訴訟上の地位について」(1)、(2)民商法雑誌五八巻一号二五頁、二号三五頁（昭四三）。

（8）兼子一「既判力と参加的効力」（昭一七）『民事法研究』二巻六四頁。
（9）谷口安平「会社訴訟における訴の利益」法学論集八二巻二・三・四号三〇二頁（昭四三）、同「判決効の拡張と当事者適格」前掲中田還暦論集五一頁。
（10）谷口安平「クラスアクション運用上の諸問題」ジュリスト五二五号四七頁（昭四八）。

三　民事訴訟上のテクニックと仲裁への応用

上に概観した民事訴訟における多数当事者紛争処理方法における問題点は、要するに国家の裁判権行使のあり方として、その強制力が裁判制度利用者の私的自治や私的処分権の原則（誰に対し、いつどのように訴えるかを選択する権利や訴えない自由、独自に訴訟追行する自由など）に対してどの程度の制限となってよいか、という点にある。民事訴訟の基本原則となっている処分権主義や弁論主義、その他裁判の公正を担保するための制度などが多数当事者紛争の良き解決という「公益」と衝突する。単純化すれば私的自治と国家権力の衝突という他の法分野でも常に見られる現象の一つである。仲裁と比較するとき、この種の衝突は裁判制度に特有の問題であると一応は言うことができよう。すなわち、民事裁判制度は国家がその内容を一方的に定めて裁判権に服する者にいわば押しつけるものであるから、その事柄の性質に応じた合理性と手続保障の要件が備わらなければならない。これはある範囲においては立法政策に委ねられた当不当のレベルの問題であるが、それを越えた部分では憲法上の違憲合憲のレベルの問題とならざるをえない(1)。

この点では仲裁は異なった様相を呈する。仲裁の強制力・拘束力は当事者の事前の合意にその基礎を置いている。仲裁判断の拘束力やそこに至る手続が合意により正当化される結果として、その内容が合理性を欠いていたり、一方当事者に不利であったとしても、それは当事者自治の範囲内の問題として国家の関知するところでないと一応は考えられる。しかしながら、そのような仲裁制度の存在自体が国家法の承認のもとではじめて可能となっているのであり、理論的には国家法は仲裁制度を承認しないこともできるはずである。とすれば、どのような内容の仲裁制度を承認するかは国家法が決めうることであり、さらにその国家法の内容について憲法レベルのコントロールがあるという構造となる。これをわが国の制度についてみると、仲裁は当事者の処分に任された事項についてしか認められないし、仲裁判断の執行は裁判所による審査を経たうえでのみ許される。また、仲裁判断取消しの要件として挙げられている当事者の代理権の欠缺や当事者審尋の欠缺（民訴八〇〇条一項四号五号）などは単に立法政策によるものというよりは憲法上の要請の反映であると見るべきである。もし、当事者の審尋を経ない仲裁判断も拘束力あるとする仲裁法があったとすれば、それは憲法に反すると考えるべきである。(2)

仲裁が国家法のもとで存在する制度であることから、仲裁に対する国家法の干渉にはいろいろな程度と内容がありうる。わが国の制度では裁判所は仲裁判断の取消しと執行の場面で介入できるほか訴訟において仲裁契約の抗弁に対する判断を通じて仲裁制度に対する一定のコントロールを行うことができる。しかし、裁判所はこれらを離れて一般的な仲裁への監督権ないし後見的権能を認められているわけではない。この点、英米法のもとでは伝統的に仲裁に対する裁判所の一般的な監督権能が認められ、仲裁はいわば裁判所の下部機構を担っているかの観がある。イギリスにおいて仲裁における法適用を確保するため認められたスペシャル・ケースの制度などはその最たるものであるが、(3)それ以外にも折にふれて当事者一方の申立てにより裁判所が介入して後見的役割を演ずることが認められている。

このような後見的介入を認める立場とわが国のように仲裁と裁判とを手続的にも可及的に切り離す立場とは本質的には同一延長線上にあり、程度の問題にすぎないと見るべきであるが、前述の民事訴訟上の諸テクニックの仲裁への応用可能性という観点からみるとかなりの違いを生じさせる可能性がある。すなわち、英米法的な考え方によれば、仲裁の内容は基本的には当事者間の合意で決まるとはいうものの、ある部分について合意が欠けていたり、合意の内容が国家法の観点から見て多数当事者紛争の適切な解決のために不適当と思われるときは裁判所の手によって欠けた部分が補われたり、あるいは合意の効力が制限されたりすることがありうるのに反して、わが国のように、仲裁の独自性を認める場合には、合意がそれ自体違法なものでない限り、多数当事者紛争処理のために不適切であったとしても、あくまでその拘束力を認めざるを得ず、それによる不合理はむしろ当事者の自己責任の問題として突き放すことにならざるをえないと思われる。たとえば、後に見るように、英米法のもとでは、それぞれ多数当事者紛争の一部をなすと見るべき複数の仲裁手続が別々に行われようとしているときは、裁判所は申立てにより、これらを併合して行うべきことを命じることができるし、関連事件が一方は仲裁に、他方は裁判所に係属する場合に、仲裁手続の停止を命じたりすることができる。これに対し、仲裁合意に独自の完結性を承認するならば、多数当事者紛争の処理も仲裁合意そのものの中で予見し、適切な条項を置いておかなければならない。しかし、どのような条項でもその効力を認められるかという点ではやはり前述のように国家法のコントロールに服すると考えなければならない。たとえば、他人間の仲裁手続における仲裁判断に拘束されるべきものとする合意は、多数当事者紛争処理のために効果があろうが、その効力を認めてよいかどうかは具体的当事者の利害関係に照らして慎重に決せられるべきであろう。

（1）　谷口安平「多数当事者紛争とデュー・プロセス」法学論叢七八巻五号一頁（昭四一）、シンポジウム「訴訟機能と手続保障」民訴雑誌二七号一三三頁（谷口報告一三九頁）（昭五六）。

（2）　この場合は訴訟の場合のように憲法三二条ではなく、二九条・三一条の問題となる。

（3）　但し、一九七九年仲裁法により大はばに廃止された。岩崎一生「国際商事仲裁の最近の動向―英国仲裁法の改正を中心として」国際商事法務七巻一一号（昭五四）。

四　アメリカにおける裁判所の介入とその程度

仲裁に対する裁判所の監督的介入を伝統的に認める英米法のもとで、多数当事者紛争の適切な解決のためにどのような手段がとられ、あるいはどのような限界が設定されているかを見ておくことは意義がある。けだし、先に考察したように、国家法の枠内での仲裁という観点からみれば同様のことがわが国においても少なくとも立法論としては可能であるはずだからである。

これをアメリカについてみると、次のような諸方策について制定法および一定の判例の蓄積が見られる。(1)

(1)　仲裁事件の併合

アメリカの若干の州制定法は裁判所による仲裁手続の併合を規定している。たとえばマサチューセッツ州法によれば次のとおりである。

「仲裁の一方当事者は、他方当事者が、(1)仲裁人選任方法が同一である他の仲裁手続を併合せずまたは併合を拒否し、あるいは、(2)他の仲裁手続からある仲裁手続を分離せずまたは分離を拒否し、これによって不利益を受けるときは、上級裁判所（地裁にあたる）に対し事件の併合または分離を求めることができる。」

この規定は同一の当事者間の場合にかぎられるようであるが、カリフォルニア州法はもっと広く併合を認め、かつ要件をより詳細に定めている。すなわち、次の場合に併合を命じうる。

「①　同一当事者間に別の仲裁契約ないし仲裁手続が存する場合、あるいは、一方当事者と第三者の間に別の仲裁契約ないし仲裁手続が存する場合で、

②　紛争が同一取引または一連の関連する取引から発生し、かつ、

③　共通の事実上・法律上の争点があって、複数の仲裁人ないし仲裁人パネルが互いに異なる判断を示す可能性がある場合。」

これらはいずれも最近の立法であるが、この問題はとくに制定法がなくても裁判所の固有の権限によって処理されてきている。併合はとくにそれを認めない旨の明示の合意ある場合や後述の仲裁人選任方法につき問題ある場合のほかは、迅速かつ統一的な紛争解決のため許される。具体的ケースとしては、注文者たる県立大学と設計者間の仲裁手続と県と元請業者間の仲裁手続とが併合を命ぜられたケース[(2)]、商品の引渡しがなかったことに発する一連の紛争において、売主の製造者に対する手続、製造者の売主に対する手続、買主の売主に対する手続が、争点が共通との理由により、併合を命ぜられたケース[(3)]、下水処理場建設のため下水局が複数の業者と個別に契約した場合に下水局の申立てにより全業者を一つの仲裁手続にまとめたケース[(4)]、などがある。この種のケースは建設紛争に見られるが、このような併合権限に対抗してアメリカ建築家協会は上記第一のケースの直後、契約フォームを改訂し、注文者と元請業者間の契約を引用したうえ明示の同意をしているのでなければ設計者は併合や強制参加に服さない旨の条項を追加したとのことである。併合に対する抵抗が強いこととともに、明示の合意によって併合を妨げうることを示している。結局、裁判所の介入権は、合意がない部分に介入してこれを補充する機能をもつと解しうる。

このことは併合が拒否されたケースに現われている。併合を命じることによって当事者間の契約に強制的な変更をもたらすことになる場合には併合できないとされたケースがある。元請業者と複数の下請業者の間の各契約が同一内容の仲裁条項を有しており、それによれば双方当事者が各一名の仲裁人を選び、選ばれた二人の仲裁人がさらに第三の仲裁人を選ぶことになっていたところ、裁判所は全事件の併合を命じるとともに、その場合の仲裁人は元請業者が一名、下請業者が全体で一名、この二名がさらに第三の仲裁人を選ぶよう命じたが、上訴の結果、合意の内容を変更するものとして破棄された[(5)]。この判決があったため、カリフォルニア州は仲裁法を改正し、併合された仲裁事件において仲裁人選任方法について合意ができないときは申立てにより裁判所が仲裁人を選任できることとした。本来当事者によって選ばれるべき仲裁人の選任権を裁判所に与えるところに英米法的なアプローチを見ることができる。

もっとも、これ以前に連邦裁判所が裁判による合意の変更を許したケースがある。船主、傭船者、船主—傭船者の保証人の仲裁手続の併合を共通の事実上・法律上の問題についての矛盾した判断をさける必要によって命じるにあたり、契約によれば各当事者が各一名を選び、選ばれた二名が第三の仲裁人を選ぶべきことになっていたのを、併合された各当事者が各一名、選ばれた三名が残り二名を選び、計五名のパネルが仲裁をすべきものとした。裁判所は、「新しい状況は新しい救済を要求する。もとの仲裁契約条項に従うことはもはや不可能となった。そして、五名の仲裁人を選任する方法がどのように有害であるかを見出しえない」と述べている。裁判所による仲裁への後見的介入の典型例をここに見ることができる。結局、この問題はアメリカ判例法上も必ずしも十分に解決をみていない問題のように思われる。

(2) 強制参加

仲裁手続に第三者を参加させうることを制定法で定めている場合がある。ペンシルヴェニアの医療過誤法によると、患者から医療機関ないし医者に対して起こす仲裁事件に非医療機関(たとえば製薬会社)を参加させる権限が仲裁パネルに与えられている。この場合、加療を必要とする傷害を生ぜしめた加害者を引き込むことはできないとされたケースがある。(6) このような法律がないときは、第三者の引込みは契約によってそれが予定されていると見うる場合にのみ許される。たとえば、注文者と元請業者間の契約が元請業者が行うべき下請契約の内容について詳細に記載し、その本契約から生じる紛争および関連の紛争を仲裁に付する旨を定めていた場合、注文者は下請業者が元請業者に対して起こした代金請求にかかる仲裁手続に参加せしめうるとされた。(7) また、下請契約中に、注文者・元請業者間の仲裁手続において下請業者の履行が問題となるときは、下請業者の参加を義務づける旨の条項がある場合に、元請業者の申立てにより下請業者が参加せしめられた(8)。

ここでも仲裁人選任方法の問題がある。注文者・請負業者間の契約の他に注文者・電設業者間の契約があり、それぞれ仲裁条項がある場合に、注文者・電設業者間で開始された仲裁手続に請負業者を引き込むことは請負業者か独自の仲裁人を選任する権限を害するから許されないとされた(9)。両契約が同一の仲裁人を指定している場合にも、加えて参加についての事前合意が必要であると思われるが、この場合には併合についてのように裁判所の介入が全く認められないのかどうかはっきりしない。併合と強制参加は実質的にはあまり異なるところはないと思われる。

(3)　**任意参加**

第三者が任意に参加する場合は強制参加と異なり、当事者が同意すれば差支えないはずである。当事者が反対した場合には、第三者は仲裁契約の当事者でなかったとの理由で参加が否定されたが(10)、仲裁契約の当事者でない者が事実上仲裁手続に出席・関与した場合は、仲裁判断はその者に対しても効力があるとされたケース(11)があることはこの理を示している。

(4)　**訴訟との優先関係**

訴訟には多数当事者紛争解決のための道具立てがある程度揃っているので、紛争の一部について仲裁が予定されていても、全体を訴訟に引き寄せて一つの手続で処理することが考えられる。アメリカの判例は原則として仲裁合意を尊重し訴訟を優先させることをしていない。たとえば、建築プロジェクトから一連の訴訟が発生したケースで、これらを一つの訴訟に併合することを求める申立てに対し、裁判所は契約の一つに仲裁条項があることを理由にこれを斥けた。「仲裁を求める契約上の権利は訴訟の併合のために制限されてはならない」からである。[12] しかし、仲裁契約の抗弁が訴訟開始後一〇ヵ月を経て提出された場合には、当該当事者の脱落は他の当事者の迷惑となるとして仲裁は認められなかったし、[13] 被告の一人が仲裁を主張したが、仲裁契約が州法の要件を充たしていないから仲裁契約は原告の提訴により撤回されたとみなす（コモンローでは撤回可能）として仲裁を許さず、[14]「仲裁を停止するのでなければ矛盾した結果が出る可能性を避けることができない」と述べたケース、[15] 仲裁契約が訴訟を完全に排除する趣旨ではなかったと解して既存の訴訟への参加を認めたケース、などがあって、訴訟への引寄せの意図を読みとることができる。

イギリスではなお徹底している。注文者・請負業者間の契約には仲裁条項があったが、設計者は仲裁契約の当事者ではなかった場合において、注文者が設計者を訴え、設計者は請負業者の過誤を主張したので、注文者は請負業者をも被告に追加したところ、請負業者は仲裁契約を主張して訴訟の停止を求めた。裁判所は、一つの紛争が仲裁と訴訟に分断されることは最も好ましくないとして停止を認めなかった。[16] もっともこのような解決は、仲裁契約があれば訴訟を停止「することができる」と規定する一九五〇年仲裁法四条（国内仲裁に適用）のもとでのことであって、国際仲裁に適用ある一九七五年仲裁法一条は「……停止せねばならない」と改定しているので、上記のようなケースでも停止が必要であろうと述べられている。[17]

（1）　アメリカの判例は Aksen Report による。同報告全文の翻訳、谷本裕範「多数当事者仲裁の問題点、特に米国のそれについて―ワルシャワ、国際仲裁シンポジウム報告(2)」海事法研究会誌三八号一五頁（昭五五）。
（2）　County of Sullivan *v*. Nezelek, 336 N. E. 2d 72 (N. Y. 1977).
（3）　Materials International *v*. Manning Fabrics, 369 N. Y. S. 2d 812 (App. Div. 1974).
（4）　Long Branch Sewerage Authority *v*. Molnar Electrical Contractors, 363 A. 2d 917 (N. J. 1976).
（5）　Atlas Plastering, Inc. *v*. Superior Court of Alameda, 140 Cal. Rptr. 59 (Ct. App. 1977).

(6) Gillette *v*. Redinger, 383 A. 2d 1295 (Pa. 1978).
(7) Gavlik Const. Co. *v*. H. F. Campbell Co., 526 F. 2d 777 (1975).
(8) Uniroyal, Inc. *v*. A. Epstein & Sons, Inc., 428 F. 2d 523 (1970), なお、Powers Regulator Co. *v*. U. S. Fidelity & Guaranty Co., 388 N. E. 2d 1205 (Mass. 1979).
(9) Met Food Corp. *v*. M. Eisenberg & Bros., Inc., 299 N. Y. S. 2d 696 (Sup. Ct. 1969).
(10) Caribbean Steamship Co. *v*. Sonmez Denizcilik, 598 F. 2d 1264 (1979).
(11) Gansburg *v*. Sklarz, N. Y. L. J. Jan. 31, 1980, p. 11. col. 4 ; Verdex Steel & Const. Co. *v*. Bd. of Supervisors, 509 p. 2d 240 (Ariz. 1973).
(12) Hudik-Ross *v*. 1530 Palisade Ave. Corp., 329 A. 2d 70 (N. J. 1974).
(13) Liggett & Myers *v*. Bloomfield, 380 F. Supp. 1044 (S. D. N. Y. 1974).
(14) County of Jefferson *v*. Barton-Douglas Const. Co., 282 N. W. 2d 155 (Iowa 1979).
(15) Caldwell *v*. Baumgart, 584 p. 2d 95 (Colo. 1978).
(16) Taunton-Collins *v*. Cromie (1964) 2 All. E. R. 332.
(17) Singleton Report 7,このことについて一九七八年の Lonrho Ltd. *v*. Shell Petro. Co.で裁判官が遺憾を表明した旨の新聞報道が引用されている。

五　合意および仲裁規則による解決

アメリカでは裁判所による仲裁への監督的介入があるとはいっても、同時に、裁判所による合意の無視や変更に対する躊躇も顕著に見受けられる。多数当事者紛争を見込んで適切な仲裁条項を設けておくことの意義はやはり大きい。その点では、裁判所の積極的な介入を期待できないわが国を含む大陸法系の諸国におけるとあまり本質的な違いは存しないように思われる。いずれにせよ、将来の紛争に関与が予想され、あるいは関与が望ましい者の相互間で統一的な仲裁手続を行い、矛盾のない解決を可能とするような仲裁契約のネットワークをあらかじめ作っておくことが望ましい。

しかし、将来の紛争当事者の範囲を予見することは困難な場合もあろうし、ネットワークに組み入れたい当事者がそのような仲裁条項に同意しないことも起こりうる。このような困難は、有力な常設的仲裁機関の仲裁規則の中に多数当事者紛争処理のための詳細な規定をとり入れ、各契約の仲裁条項においてはその規則によるその機関の仲裁に服する旨を合意するという方法によりある程度軽減されよう。しかし反面では、そのような強力な仲裁規則の存在がその機関への仲裁付託をためらわせ、当該仲裁機関の「人気」に影響を与えることもありうる。この点は裁判権の作用としての強制力を備えている裁判所の手続規則を作るのと大いに性質を異にする点である。また、契約中で単に「引用」することによって仲裁規則の一般的拘束力を認めることとなると、それだけ規則の「法」的性格が高められることとなり、当事者の合意のみでそのような拘束力を正当化できるか、という問題が生起せざるをえない。その結果、仲裁規則の合理性について裁判所の審査が表面化することとなろう。この点は裁判において、多数当事者紛争規律のための民事訴訟のルールが憲法的統制に服するのと似た問題である。このように考えると、仲裁機関による充実した規則化にも一定の限界があるように思われる。中間案として、仲裁機関が典型的な場合を予想したモデル仲裁条項を作成して契約当事者にその採用を奨励することや、これと規則とを組み合わせることが考えられよう。後に紹介する国際商業会議所（ＩＣＣ）の試案はこのような考え方によっているようである。以下では訴訟において用いられる各種の解決策を合意と規則によって応用しようとする場合の問題点を探り、あわせてＩＣＣ多数当事者仲裁検討委員会の提案を紹介する。

(1) 事件の合併・共同当事者・三面仲裁関係等

関連する紛争に関する別個の仲裁事件を一つの事件に併合することは、全関係人の同意があれば可能であり、すでに仲裁人が決定している場合でも併合のうえ続行される事件の仲裁人はこれを拒否できないと解してよいであろう。同一の仲裁人に係属する別個の事件を仲裁人のイニシアティブで併合することは当事者が異なる場合にはやはりその同意が必要であろう。(1) 同一当事者間の別事件の併合なら問題はない。ＩＣＣ仲裁規則（一八条）もこれは認めている。

併合されると多数当事者関係が発生することになるが、これがどのような性質をもつものかは、やはり合意によって決めうることであるが、関連する事件を統一的に矛盾なく解決するために併合するのである以上、いわゆる共同訴訟人独立の原則は認められるべきではない。併合に伴って新たな当事者間に仲裁判断が求められ、三面・多面的関係が生じることもあり得る。

次に当初から多数当事者関係が成立する場合、合意によって固有ないし類似必要的共同訴訟と同様の関係を作り出すことは可能であり、(2) むしろ反対の合意がないかぎりそのような意図を推定すべきであろう。一つの契約に多数当事者がある場合は、その契約から生ずる紛争には全契約当事者が仲裁の当事者となる旨を定めておけばよい。別々の契約が行われる場合には、双方に共同仲裁の定めを入れておく必要がある。

当事者が多数である場合には各自が仲裁人を選任するわけにはいかない。いわゆる ad hoc 仲裁の場合には、共通の仲裁人について、あらかじめ合意しておくことが必要となる。単一の契約で行われる場合は比較的容易であろうが、多数契約にまたがる場合は実際上の困難が予想される。その点、既存の仲裁機関を仲裁人とする条項や、これに仲裁人の選任を一任する条項が有利である。(3)

同意なしに他人間の仲裁事件に当事者として引き込まれることはありえない。しかし、事前の仲裁合意の一部としてこれに同意している場合は、引き込む側との間に直接の契約関係がなくても引込みを認めて差支えない。同様に、告知を受けて任意に参加しない場合には他人間の仲裁判断に拘束される旨をあらかじめ合意しておくことも許される。たとえば、ある業者団体のメンバーは他のメンバーの間の仲裁手続に参加を求められた場合には参加する義務がある旨を業者団体の規則で定めたアメリカでの例が報告されているが、[4]これは合意をもっと一般的な形で与えたものと解しうる。また、仲裁機関の規則によってこれらの問題を処理することも行われている。たとえば、ポーランド外国貿易会議所仲裁規則によれば、求償義務者の参加につき次の規定がある。[5]

仲裁の結果により一方当事者が第三者に対して求償しうべき場合には、その当事者は当該第三者に対し手続が係属中であることを告知し補助参加を促すことができる。第三者が参加するかしないかは自由であり、参加しても仲裁判断は第三者の権利義務に直接影響はないことになっている。第三者との間に仲裁契約がないことを前提とすれば、この程度にとどめておくことが賢明かも知れない。しかし、実際上の効果が期待できるからか、かなりの事件(約一〇%)でこの方法による参加が行われているとのことである。理論的には任意に参加した場合には仲裁判断に拘束されることになっても差支えないと思われるが、国連ヨーロッパ経済委員会は、大規模な国際的建設事業に関して、第三者（下請業者）が注文者・元請業者間の仲裁手続に参加したことを条件に、そこでの仲裁判断に拘束される旨を承諾する条項を下請契約中に含めることを推奨している。[6]しかし、一歩進んで、通知のみで参加なくして拘束されるこの条項は、元請業者と下請業者の間に利益共同関係ないし代表関係がないかぎり問題があろう。

(3)　共通の仲裁人

民事裁判では実用性がないと思われるこの方法は先に見たように仲裁では強力な武器となりうる。この点でも、常設仲裁機関の利用が有用である。ICCも従来、事実上この方法で多数当事者紛争に対処してきたと言われる。[7]

(4)　ICC検討委員会の提案

ICCは多数当事者紛争仲裁に関する検討を行い一定の成案に達した。[8] この案は、現在のICC仲裁規則の他に多数当事者紛争に関する付属規則を制定し、かつ一定の共通仲裁条項の採用を推奨することを内容とする。その手続構造は次のとおりである。

まず、あるプロジェクトの実行のため多数の当事者間で結ばれる各種の契約のすべてに一定の共通条項（common clause）を挿入する。たとえば、注文者—元請業者、元請業者—下請業者、注文者—設計者、等の契約である。これらいずれかの契約関係から紛争が発生するとICCの仲裁に付託され、その一方当事者が、当該プロジェクトに参画し、共通条項を含む契約の当事者である第三者——その者との間には直接の契約関係がなくてもよい——を引き込もうと欲すると、一定期間内に強制参加のための呼出しを申し立てることができる。同様にして、このような第三者の側からも参加を申し立てることができる。このような強制・任意参加はICC仲裁裁判所により許容ないし拒絶されるが、許容のためには参加を正当化する一定の牽連性を必要とする。その判断基準として、主契約の履行が第三者の関与に依存するかこれと不可分であること、法律上・事実上の争点の類似性、第三者の参加がないと証拠調べができないこと、等の要素が考慮される。一つのプロジェクトに関係する者は他にどのような者がいかなる立場において同プロジェクトに関わっているかにつき常に最新の情報を与えられ、仲裁への参加を強制される可能性について警告をうける。現実に紛争が発生した際には参加の機会を与えるため他の全関与者に通知される。強制・任意参加とも仲裁手続の初期の段階、すなわち仲裁人が具体的に決定しない段階で行われることになっており、すでに成立した二つの仲裁手続を併合することは考慮されていない。一名または三名の仲裁人が共通条項によって既に指名されていないときは、当事者・参加人の合意により、これができないときはICCが選ぶ。なお「共通条項」の具体的内容は明らかにされていない。

以上の構想が実現するかどうかは全く不明であるが、実務界にはすでにかなりの躊躇が見られるという。最も関係のある建設プロジェクトについて、関係人の利害対立が大きいために「共通条項」を全員に採用させることは著しく困難であろうことが予想されている。

（1） アメリカではこれも可能のようである。Aksen Report 15.
（2） Bernini Report 9. 当事者とならなかった者も仲裁判断に拘束されるとする。
（3） ポーランド、西ドイツ、フランスの企業の consortium による建設契約には、仲裁人につき複数当事者間で合意ができないときは、一人の中立てによりスイス商業会議所同盟（Alliance de Chambres de Commerce Suisse）が仲裁人を選任することが定められている。Jakubowski Report 5.
（4） Singleton Report 8.
（5） Jakubowski Report 17〜.
（6） Para. 47, Guide on Drawing up contract for large industrial works, UN Economic Commission for Europe, Doc. Trade/wp, 5/23 of 3 May 1973, Szasz Report 6, Jakubowski Report 22 による。
（7） Tandeau de Marsac Report 4. これに加えて関連事件の審理順序を適切に調整することも行われる。
（8） 以下の紹介は Tandeau de Marsac Report 5〜による。

六 調停の利用

事前合意の確保が困難なことに起因する問題を緩和するため、異質のアプローチとして調停制度の活用が提案されている。[1] 調停であれば手続への参加は任意であり、参加しても調停が成立しなければ何ら拘束力はない。多数当事者紛争を予想して仲裁契約のネットワークを作り上げておくことは困難であるが、紛争が発生してから調停への任意の参加を求めるということであれば拘束力がないだけにかえって成功する可能性がある。多数者の参加がえられさえすれば、調停を進める中で紛争が解決され、あるいは全面的には解決しなくても少なくとも争点が明確となり、その争点について仲裁合意が成立する可能性も高まる。

現在のところ、調停は国際的商事紛争処理方法としては必ずしも活発に利用されているわけではない。ＩＣＣの調停制度もほとんど利用されていないようである。しかし、東西貿易に関しては特に有効であるとの指摘もあり、[2] 一九八〇年七月ＵＮＣＩＴＲＡＬの調停規則も作成された。法律上は何らかの効力も期待できないポーランド外国貿易会議所の任意参加がかなりの成功を収めていることからみても、強制力のない調停という制度が、多数当事者紛争の解決に果たす役割には期待できるものがあるように思われる。

（1） Holzmann Report はもっぱら調停の効用について論じている。
（2） Holzmann, Dispute Resolution Procedure in East-West Trade, 13 International Lawyer 247 (1977).

七　結　語

多数当事者紛争をめぐる諸問題は訴訟においても誠に複雑な様相を呈している。法律自体がそれぞれの時代と法文化を背景として徐々に形成されたことから国によって異なるのみならず、今日では諸制度の間に必ずしも一貫した合理的な原理が見出し難い場合もあるし、これをめぐる解釈論も訴訟における紛争処理の理念と密接にかかわるために益〻帰一しえない状態である。おそらく、仲裁について多数当事者問題を考えれば、これと同等のエネルギーと困難を伴うこととなるであろう。そもそも、多数当事者紛争をできるだけまとめて統一的に解決すべきなのかどうか、という点については訴訟におけると同様の議論があるはずである。少額の権利者が他人間の紛争にいつまでもつき合わされねばならないか、という問題はワルシャワ会議でも指摘されていたところである。たしかに、訴訟と比べれば仲裁では問題が簡単になる面はあるが、反対に複雑・困難となる面もある。合意で処理できるという点は簡単になる面であるが、それだけは当事者任せとなって多数当事者紛争の統一的解決という点からは実効を挙げにくくなるし、仲裁規則を通じての規制には仲裁ばなれを助長しないよう政策的限界もある。訴訟の場合のように参加や共同当事者に各種のものを認めて厳密に区別するといったやり方は、簡易で柔軟な手続を旨とすべき仲裁には親しまないところがあるが、それだけに関係当事者の利害関係を明確に手続に反映させるための運用上の工夫が必要となろう。今後は各紛争のタイプごとに——たとえば建設紛争か海事紛争か、あるいは単一契約か複数契約か、など——きめ細かく問題点の類型化を行う必要がある。多数当事者紛争と仲裁の問題は豊富な判例がすでに蓄積されているアメリカを除くと殆ど未開拓の分野である。本稿は筆者自身の将来の研究のための序論であり、改めて詳細に論じる機会を持ちたいものと考えている。

（『多数当事者紛争と仲裁』（国際商事仲裁協会・委託研究叢書）、ＪＣＡジャーナル二八巻九号・一〇号、昭和五六年）

三　環太平洋地区紛争処理サンフランシスコ会議

一　本会議の性格と組織

会議は一九八六年九月一一日㈭、一二日㈮の二日間にわたって、サンフランシスコ市の中心ユニオン・スクエアーに面したウエスチン・セント・フランシス・ホテルにおいて開催された。主催団体はアメリカ仲裁協会（American Arbitration Association, AAA）、国際商業会議所（International Chamber of Commerce, ICC）の仲裁法廷（Court of Arbitration）、投資紛争処理国際センター（International Centre for Settlement of Investment Disputes, ICSID）および国際法曹協会（International Bar Association, IBA）であり、アメリカ法曹協会（American Bar Association, ABA）の国際法実務部会（Section of International Law and Practice）が協賛している。会議の実際の組織はＡＡＡのサンフランシスコ事務所が担当し、アメリカ西海岸を中心として、多くの企業、ローファーム、会計事務所等が協力したようである。この会議は三年前から毎年開かれるようになり、最初の二回はワシントンで世界銀行が、前回はパリでＩＣＣがスポンサーとなって開催され、今回は四回目ということである。

参加者は約一八〇名であり、アメリカ国外からは約五〇名が参加した。そのうち、カナダ八名、アメリカ、カナダ以外の環太平洋地域では、オーストラリアが九名で最も多く、あとは香港四、韓国三、日本三、台湾二、シンガポール、ニュージーランド各一名となっている。ヨーロッパ各国からは全部で一四名、パリとロンドンが目立っている。その他アフリカ、南米等から若干名が参加している。アメリカとヨーロッパからは国際商事仲裁の分野でよく名の知れた人々が大勢スピーカーないし司会者として参画したことは後述のとおりである。日本からは弁護士の湯浅恭三氏、梶谷玄氏および私が参加した。両弁護士は日を接してニューヨークで開かれたＩＢＡ大会への出席を兼ねておられた。私が出席したのは、春頃に主催者から日本からの報告者として参加を依頼されたためである。

二　会議プログラムの内容

プログラムは盛り沢山であった。まず、会議前日にはあるローファーム招待の昼食会と講演会があったが、私はその午後に日本から到着したので参加できなかった。その日は登録とレセプションがあり、翌一一日からの本会議に備えて参加者らは旧交を温め、新たな知己を得て楽しく語り合った。私もミシガン大学の Gray 教授、ソウル大学の Song 教授など若干の旧知を見つけた。レセプションはほどなく終わり、そのあと会場を近くのバンク・オブ・アメリカのビル内に移して主催者が本会議でのスピーカー達を招いて夕食会が開かれた。私もスピーカーの一人として招かれていたが、レセプションで話し込んでいるうちに気が付くと周りに人がおらずあわてて夕食会場にかけつけたことであった。

さて、翌一一日の朝九時から会議が始まった。まず主催者側から参加者の歓迎を兼ねたスピーチが行われた。最初はＩＣＣ仲裁法廷議長のミシェル・ゴーデ氏（Michel Gaudet）で、ＩＣＣの創立から今日に至る発展の経過を数字をいろいろあげて紹介したが、大いにＩＣＣ仲裁の宣伝につとめる内容であった。それによるとＩＣＣ仲裁は創立以来六三年の間に五、五〇〇件を扱い、今日世界中の三〇カ国で六〇〇の仲裁事件が審理されつつあって、ＩＣＣ事務局は仲裁の諸問題について最も精通した組織であることが強調された。また、ＩＣＣ仲裁をより使い易くするために一九八六年七月から手数料制度が改められた。これによると、従前被申立人にも支払が求められた五〇〇ドルは不要となり申立人のみ二、〇〇〇ドルを予納すべきこととなり、また、係争額に応じて上限のなかった手数料は上限が五万ドルに定められた。なお、ICC仲裁判断の不履行率は一〇％以下とのことである。

次に、世界銀行の国際投資紛争処理センター事務局長で世界銀行副頭取のシハタ氏（Ibrahim F. I. Shihata）が同様の趣旨で同センターの紹介を行った。現在ICSID条約には九四か国が署名し八八カ国が批准し、太平洋地域では日本を含む一三カ国がメンバーであるが、中国が欠けているのが大いに問題である。ICSIDは創立後二〇年になるが、一九八〇年までに九件が係属したにすぎず、その殆どはアフリカ諸国への投資に関するものであった。しかし一九八一年以来の五年間にすでに九件の仲裁事件と二件の調停事件がもたらされている。ICSID仲裁判断は加盟国の裁判所の審査に服さず、国家法とは全く独立した自己充足的な手段である。かくて手続上の瑕疵については独自の再審委員会が組織されることになる。最近インドネシアに関する事件が、インドネシアの申立てに基づきこの手続によって仲裁判断が取り消された例がある。ICSID仲裁の費用は一〇万ドルを上まわるのが常であり、費用節約のための事前手続が導入された（なお、後にICSID法律顧問のドローム氏による制度のより詳細な紹介がある）。

三人目の挨拶は、AAA会長のコウルソン氏（Robert Coulson）で、この会議の目的が拡大する国際取引から生ずる紛争の最も優れた解決手段を採ることにあるとして、仲裁のみならず現在カリフォルニア州で行われている裁判所の手によるものも含めて広く訴訟外の紛争処理に目を向けるべきことを強調した。実はこの観点は筆者にとって最も興味あるものであったが、後に見るようにこのような広い視野は十分実現できなかったと思われる。やはり主催団体の性格や参加者の関心からして伝統的な国際商事仲裁が中心となった会議であったことは否定できない。

最後の挨拶は、いま一つの主催団体であるIBAの紛争解決に関する委員会の委員長シェントン氏（David W.

Shenton）で、ＩＢＡの本会議への大きな関心を説明した。

以上のあと、各報告に入ったわけであるが、この数は二日間にわたって二三もあり、その内容も雑多である。以下では順を追ってその概略を紹介することとしたい。

三　各報告の内容

１　ホラリング「ＵＮＣＩＴＲＡＬによる国際商事仲裁モデル法」　ホラリング氏（Michael F. Hollering）はＡＡの実務上の最高責任者 General Counsel である。ＵＮＣＩＴＲＡＬモデル法は一九八五年六月にわが国を含む多くの国々の討議と協力の結果採択をみたもので、各国がこれを国内法化することが期待されているがホラリング氏の報告によるとカナダのブリティッシュ・コロンビア州（州都バンクーバー）が最近採用を決めたということである。このモデル法の内容については既にわが国でも紹介がよくなされているのでそちらを参照願いたい。

２　ドローム「国際的投資紛争の解決」　ドローム氏（Georges R. Delaume）は先にも触れたＩＣＳＩＤの首席法律顧問である。ＩＣＳＩＤ仲裁について概括的説明を行った。ＩＣＳＩＤ仲裁はＩＣＳＩＤ条約によって創られたもので、各国内法による仲裁と異なり各国の裁判所によるコントロールに服しない自足的システムであり、裁判所の関与は仲裁判断の承認執行の局面に限られる。投資を受ける国家と投資家との利害の調整を目的とし、国家は一旦仲裁に同意した以上この同意を撤回することはできない。またこの仲裁が同意された以上投資者の本国は紛争に関して国としての要求を持ち出すことが禁じられており、投資紛争の非政治化が図られている。
ＩＣＳＩＤ仲裁としての要件は、一方契約者が条約加盟国家ないしその一部であり、他方が他の加盟国の国民であること、紛争が投資から直接生じた法的なものであること、である。問題点として、ＩＣＳＩＤ仲裁への同意成立のための要件、国家当事者の確定、投資家当事者の確定、および「投資」概念の定義、適用法の問題が事例を挙げて論じられ、次いで、ＩＣＳＩＤ仲裁の組織面および手続面が説明された。ＩＣＳＩＤ仲裁についてはは殆ど知識がなかったので興味深かった。

3　シェントン「ＩＢＡ証拠規則」　コーヒーブレイクの後、前記ＩＢＡのシェントン氏（ロンドンのソリシター）による「ＩＢＡ仲裁証拠規則」の説明があった。これは一九八三年五月にＩＢＡ決議で採択したもので、「国際商事仲裁における証拠の提出と受容に関する補足的規則」、略して「ＩＢＡ証拠規則」と呼ばれるものである。この規則は勿論強制力のあるものではないが、今日までに作られた多くの仲裁規則が証拠の問題について十分な規定を置いていない点に鑑み、かつ、この問題については大陸法、英米法の間に大きな差異があって、国際商事仲裁に関与する当事者や法律家の間で見解の一致が得難いため、この規則の使用を勧めることで少しでも仲裁手続をスムーズにしようという目的を持つ。結局、全七条（といっても各条はかなり長文にわたる）からなる本規則は、大陸法・英米法の妥協的作品であるが、仲裁人に大陸法の裁判官と似た広い権限を与えている。たとえば、職権による証人尋問、鑑定、自己の特別知識の利用などである。

4　ボンド「アジア太平洋地域におけるＩＣＣの経験」　初日午前中の最後は、ＩＣＣ仲裁裁判所の事務局長ボンド氏（Stephen R. Bond）によるアジア太平洋地域におけるＩＣＣの活動の紹介であった。ヨーロッパ大陸中心と考えられがちなＩＣＣ仲裁がアジア太平洋地域でも発展しつつあることが強調された。若干の数字を紹介する。一九八五年でみるとＩＣＣ仲裁には五〇カ国から当事者が出ており、仲裁地は三〇か国に及ぶ。仲裁人は四九か国から出ている。六名の副議長のうち二名、三七名の仲裁裁判所のメンバーのうち八名が英米諸国出身、八名がアジア太平洋地域出身とのことである。一九八五年のどの時期にも約六〇〇〜六五〇件が係属中であったが係争額は総計九〇億ドルに達した。内訳は外国取引三三・三%、建設二八%、ライセンシング一三%、合併五%、代理七%、金融一%、その他（海事、運輸等）一三%であった。ここ数年の当事者の種別をみると六分の一は政府またはそれに準じるもの、三分の一は途上国関係、一九八五年では九〇名以上の申立人がヨーロッパ北米国外からのものであった。北米を含む環太平洋地域からの当事者数は一九八一年に六二(全体は五七五)であったのに一九八五年には一五六(全体は七六四)となり、一一%から二〇%に倍増した。もっともこのうち北米が占める割合が大きくアメリカが三倍増で一〇三、カナダが二倍強で一四、日本の当事者は一九八一―一、八二―三、八三―六、八四―四、八五―四で横ばいである。仲裁人の出身も同様でアメリカ、カナダが多く、日本は一九八〇年以来一九八四年に一名出したのみである。仲裁地も同じくこの一件のみが日本で行われたにすぎない。仲裁地は圧倒的にヨーロッパである。アジア地域での仲裁の利用についてボンド氏は、ヨーロッパにおいても第二次大戦前は殆どの国際取引紛争は調停 (conciliation) によって解決され年間一〇〇件程度の仲裁がICCに付託されただけであったが、今日では調停は年五件程度、仲裁は三〇〇件以上と様変わりしている。アジア地域の文化的要素を考慮しても、西洋で起こったこの変化はやがてアジアでも起こるだろうというのが観測である。しかし、他方で調停手続を時代に合うよう改革し、またICCの技術鑑定センター (International Centre Technical Expertise) による非法律的解決をも拡充してアジア諸国での需要に応じたいとのことであった。

5　ハイルブロン「訴訟の爆発」　ここで初日の昼食会に入り、ランチオンスピーチとしてカリフォルニア弁護士会会長のハイルブロン氏 (David M. Heilbron) の「アメリカにおけるいわゆる訴訟の爆発的増加と紛争解決」という講演があった。今日、外国の保険会社がアメリカ市場から撤退するほどの訴訟爆発があるといわれているが、一般的にはかような爆発は存しないという主張である。連邦最高裁長官バーガー氏が爆発説の張本人だが確かに連邦事件数はこの一〇年で倍増した。しかし、ウィスコンシン大学のガランター教授の調査によるとセントルイスの州裁判所の事件数は一九世紀中頃には今の倍あったということだし、今日のアメリカ人はイギリス人、オーストラリア人、ニュージーランド人ほどは訴訟を起こさない、といった調子である。現に一九八一年から全国的には訴訟件数は減少しはじめているということである。また陪審が法外な賠償額を与えるという見解に対しても、中位額(median)は殆ど上がっていないが平均額をとると著しい上昇があり、一九七〇年末頃において全体の一五％の事件で全金額の四〇％を、サンフランシスコでは二・三％で全体の半額を占めるという事態になっている。つまり少数の高額賠償があるということである。たとえば百万ドルを超える賠償の件数は一九七八年以来一〇倍になった。アメリカの訴訟は多くが不法行為訴訟であり（六〇％）、その三分の二は自動車事故事件である。かくて、損害額を法律で制限する動きがある。メリーランド州とワシントン州は非財産的損害をそれぞれ三・五万ドル、四万ドルに制限したし、レーガン政権は製造物責任の非財産的損害を一〇万ドルに制限する連邦立法を考えている。その他、弁護士の成功報酬の制限、分割払賠償の導入、連帯責任の制限等が検討されつつある。結局、事件数は増えているわけではないが不法行為法は改革されねばならない。他方、各種の紛争処理のための機構が出来つつあり成功を収めているがまだ処理件数からいえば少ない。その中で取引紛争に占める仲裁の役割は大いに高まっている。カリフォルニアでは一九七九年以来訴訟事件も一・五万ドルまでの事件は仲裁にかけられることになりこの二月から二・五万ドルに引き上げられた。後者は申立てにより裁判所による正式裁判が受けられることになっているが、九八・六％が正式裁判なしで終わっている。要するに一般の印象とは逆に訴訟の爆発はないとの話であった。

午後はアジア太平洋地域の各国における紛争処理とくに仲裁の実情の紹介にあてられ、八カ国からの報告が行われた。

6　クーパー「アメリカ・カリフォルニア」　クーパー氏（Charles A. Cooper）はＡＡＡのサンフランシスコ支部長であり、「カリフォルニアにおける仲裁と代替的紛争解決手段」と題し、有名な Scherk *v.* Albert-Culver 事件および Mitsubishi Motors *v.* Soler Chrysler-Plymouth 事件で示した連邦最高裁の仲裁に対する好意的態度のもとでカリフォルニアでも大いに仲裁に力を入れており、ＡＡＡではロスアンジェルス、サンディエゴ、サンフランシスコに地区支部があり一九八五年にはこれらで一、八一四件の商事仲裁事件を扱い、これは全ＡＡＡの二〇％にあたる。ちなみにＡＡＡは一九八五年全国で八、二六五件の商事仲裁事件を扱っている。このあとＡＡＡによる国際商事仲裁の手続が仲裁人選定から仲裁判断まで説明された。ところで、AAAは一九八五年一〇月、国際商事紛争解決のためのアジア太平洋センターを設立し、この地域のビジネス紛争解決の場としてのカリフォルニアおよびハワイを宣伝している。また、年数回の仲裁人の訓練プログラムを行うほか一九八六年にはサンフランシスコとニューヨークに商事仲裁弁論研究会（Advanced Commercial Arbitration Advocacy Institute）を設立し、三日間のトレーニングプログラムを行って弁護士に対して仲裁手続に習熟させる努力をしている。AAAは仲裁以外のいわゆる代替紛争処理にも多大の関心を持ち、あっせん（mediation）やミニ裁判（mini-trial）にも力を入れている。まず、AAAのカリフォルニアとハワイの支部では仲裁の申立てがあれば必ずあっせんの同意をとりつけるようにしている。よく訓練されたあっせん人の場合は成功率が高い。ミニトライアルは当事者から選ばれた会社役員と第三者からなるパネルの前で両当事者が意見を述べ合い質問に答えることにより各当事者に事件の全容をつかませたうえで、パネルが和解を試みるというものである。

7　チアソン「カナダ・ブリティッシュコロンビア」　次はカナダ・ブリティッシュコロンビア州から、バンクーバーの弁護士チアソン氏（Edward C. Chiasson, Q. C.）がバンクーバーとブリティッシュコロンビア国際仲裁センター（British Columbia International Commercial Arbitration Centre, BCICAC）およびこれを支える組織と施設について説明した。このセンターは一九八六年五月に開かれたばかりであるが、同年八月にカナダは一九五八年ニューヨーク条約に加入、また七月にブリティッシュコロンビア州は、UNCITRALモデル法にならって商事仲裁法（Commercial Arbitration Act, 1986）を制定しイギリスの仲裁法から訣別した。これはモデル法そのままの採用ではないが、できるだけこれに近いものにする方針がとられ、六条には、「本法に疑問あるときは裁判所または仲裁法廷はUNCITRALまたはそのワーキンググループの資料を参照すべし」との明文規定が置かれている。このように、バンクーバーの国際商事仲裁の諸条件は整ったので皆さんどうぞ利用して下さいということであった。

８　ハンター「香港」　次は香港で、ハンター判事（Justice David Hunter）が香港で一年前に香港国際仲裁センター（HKIAC）が設立されたこと、仲裁法はイギリスの一九五〇年法、一九七九年改正法に従っているが、若干の点で更に進んだものを持っていること。特に中国貿易との関係で利点があることを説明した。中国政府の機関である中国国際貿易振興会（China Council for the Promotion of International Trade）がこのセンターを支持しており、中国の仲裁人が香港パネルに組み入れられて香港の仲裁に参加することができることが合意されている。一九九七年の香港返還後においてもこの仲裁制度は維持されるであろうとの予測である。また香港はＵＮＣＩＴＲＡＬモデル法の採用を検討中とのことである。

９　谷口「日本」　次は日本で、私があらかじめ提出しておいたぺーパーに基づきわが国における仲裁の実情について概略を説明した。実は報告をたのまれた時にはこの会議の性格がよくわからず、ただ紛争処理とのみ聞いたので、ぺーパーではかなり広範囲に裁判上・裁判外の制度や機関について他の報告書のぺーパーと較べても大部なものを出していたが、ビジネス紛争の仲裁が中心であることがわかったので、時間も制限されていたことでもあるので、仲裁についてのみ口頭で説明することとした。あらかじめ日本海運集会所および国際商事仲裁協会から最新の資料をいただいていたのでできるだけ数字を用いて具体的に説明することとした。海事仲裁がビジネスマンによる仲裁としてスタンダードな紛争処理手段となっていること、一般国際商事仲裁でも東京仲裁が増えつつあること、国内商事仲裁は殆ど行われないことの理由などが主な点である。あとで外国人で原稿を読まなかったのはあなただけだったとお褒めにあずかった。

10　ニー「中国」　次は中国で、ニューヨークの弁護士のニー氏（Owen D. Nee, Jr.）が報告した。中国では一九七六年に始まる自由化改革とともに経済活動を活発化し、一九八一―八五年の五カ年計画期間に一八八、〇〇〇件の民事事件が私人間に起こった。また増大する海外取引において契約には必ず仲裁条項が入れられている。海外経済貿易仲裁委員会（Foreign Economic and Trade Arbitration Commission, FETAC）には一九八三年には二〇件の仲裁事件しかなかったが現在は六五件となり、また海事仲裁委員会（Maritime Arbitration Commission, MAC）には二九件が係属している。これらの事件の半数は中国側から申し立てられたものである。FETACもMACも中国貿易促進会議（China Council for the Promotion of International Trade, CCPIT）の一部をなし、FETACは一九五四年に創立、一九八〇年から現在の名称となった。北京と深圳経済特区にセンターがある。後者は一九八四年から開かれた。六五名の各専門分野にわたる仲裁人を用意している。八名の香港の仲裁人も利用可である。また一〇名の者は香港のセンターの仲裁に参加できる旨の合意がなされている。MACは一九五八年に創立され海事事件専門である。中国仲裁手続の最大の特色は仲裁と調停の統合である。FETACでは必ず調停和解が試みられる。仲裁規則は他の同様の仲裁機関のそれと大差ない。中国民訴法一九二条は、書面によるFETAC仲裁が合意されたときは人民法廷に訴えを提起できないと明記している。中国は一九五八年条約に加入していないが、政策として仲裁判断を履行するようにしており、二国間条約で個別に外国仲裁判断の承認を合意する例もある（アメリカ）。ある種の法律、たとえば海外取引契約法は第三国仲裁の合意を許しており、通常はストックホルム仲裁が合意されたがスイス、イギリス、アメリカも用いられる。現在新しい仲裁法が検討されており、UNCITRALモデル法採用も考慮されているが、仲裁と調停を統一したものとなるだろうとの予測である。

11　ペリー「オーストラリア」　オーストラリアに移り、シドニーの弁護士ペリー氏（Peter J. Perry）が報告した。オーストラリアの経済がアジア太平洋地域に依存していることを強調したのち、同国における商事紛争処理機構としての商事裁判所、仲裁、その他について説明された。イギリスにならって各州に商事裁判所（Commercial Court）が置かれ職権主義的な手続で迅速に事件を処理する。仲裁法は各州の権限に属し、イギリスにならった仲裁法があったが、一九七四年から合同の起草作業が行われ一九八四年にできた草案をニューサウスウェールズ、ビクトリア等殆どの州が採用した。これは裁判所の介入制限が緩和されている点を除いてUNCITRAL

モデル法と似ており、イギリスの一九七九年法を大幅に取り入れている。仲裁機関としては一九八五年にメルボルンにオーストラリア国際商事仲裁センター（ＡＣＩＣＡ）が、一九八六年にシドニーにオーストラリア商事紛争センター（ＡＣＤＣ）が創立された。シドニーの方はまだ実績がないが、メルボルンの方は一九八六年三月現在で四六件の仲裁事件を処理した。ちなみに筆者は一九八六年八月国際比較法学会出席のためメルボルンを訪れた際ＡＣＩＣＡの理事であるメルボルン大学のマルコム・スミス教授の紹介で同センターを訪れることができた。事務局長と秘書一人で小ぢんまりとした事務局であったが多数の部屋を持っており年間数百件の国内仲裁事件からの収入で維持されているとのことであった。ペリー氏の報告もメルボルンとシドニーの将来の競争関係を予測している。

12　ソン「韓国」　次に、韓国の報告がソウル大学のソン教授（Sang Hyun Song）からなされた。韓国でも民事訴訟の件数は少なく、あっせん調停的な処理がまずとられるのが普通であり、これは各種調停法等により制度化されている点わが国の状況と似ている。仲裁については韓国商事仲裁委員会（Korean Commercial Arbitration Board, KCAB）があるが、ここでもまずあっせんを試みるのが普通でこれで多くの紛争が解決している。韓国仲裁法は一九六六年に国内仲裁のために制定され一九七三年に国際仲裁を容易にするため改正された。同時に一九五八年ニューヨーク条約に加入した。一九八〇年に従前韓国商事仲裁協会（Association）と呼ばれていたものを改組してＫＣＡＢとなった。ＫＣＡＢは法律上の制度で行政庁を通じて企業をして紛争解決に協力させる権限を与えられている。その結果殆どの事件は仲裁によらず解決する。かくて、一九八二年に処理された五五二件のうち四九四件はあっせんにより、五八件が仲裁により解決された。この四九四件のうち三九八件には外国当事者が含まれていた。五八件の仲裁事件のうち外国当事者関与事件は二七件であった。ソン教授のペーパーには仲裁手続や手数料について詳細な説明がなされている。

13　チェン「台湾」　次に、台湾の弁護士チェン氏（Dr. C. V. Chen）が中華民国商事仲裁協会（ROC Commercial

Arbitration Association) の組織と活動、商事仲裁法における外国仲裁判断の執行、台湾仲裁選択の長短について説明した。

以上で第一日目の日程を終わり、夕刻からレセプションおよび夕食会が行われた。

14　リットマン「渉外争訟の諸問題」　第二日目、九月一二日は午前九時から始まり、まずAAAサンフランシスコ支部の事務局長サンドボーグ氏 (David Sandborg) と支部長の書記クーパー氏が挨拶した後、サンフランシスコの弁護士リットマン氏 (Allan N. Littman) が「渉外争訟の諸問題」と題する報告を行った。ここで渉外争訟とは訴訟と仲裁を指し、一方当事者が仲裁人選定に協力しない場合の問題、欠席外国判決ないし欠席による国際商事仲裁判断の執行の問題、準拠法条項が仲裁契約に及ぼす影響、アメリカ独禁法適用における展開、の四テーマをとりあげそれぞれ事例と判例によってアメリカ法の最近の動向を論じた。

15　モスク「ハーグからの教訓・イラン・アメリカ請求審査法廷のその後」　次にイラン・アメリカ請求審査法廷のメンバーであったロスアンジェルスの弁護士モスク氏 (Richard M. Mosk) がイラン革命に端を発した人質や財産凍結問題を解決するため両国の間で創られた仲裁法廷について報告した。この法廷は一九八一年の米イの合意に基づいて両国間および両国の市民間の各種の請求を審判するために作られた一種の仲裁法廷である。その結果、アメリカの裁判所に係属していた多数の対イラン訴訟は中止された。法廷は九名で編成され三名ずつイラン・アメリカ政府が指名し、残り三名はこれら六名が第三国から選任することとなった。スウェーデン最高裁判事二人とフランスの破毀院長が選ばれた。二五万ドル以上の請求が五二一、以下のものが二、七九五、銀行によるもの四四五、政府間の請求が七八等であり、困難な政治情勢のもとで作業は困難を極めた。法廷は独自の審理手続を考案してこれに当たり、すでに五年を経過している。その間多くの判断が出されこれらは直ちに履行されており、このやり方が実用に堪えることが実証された。この法廷は多くの弁護士・法律家を巻き込み国際商事仲裁に関する関心を一段と高める効果があった。あらゆる種類の法律問題があるのでもっと深く研究することで多くの教訓が得られるであろう。

16　**クリスチアン「紛争解決過程・代替的手段」**　続いて、バンクオブアメリカの副頭取で訴訟担当のクリスチアン氏（Winslow Christian）が紛争解決のための訴訟に代わる諸方式について報告した。いろいろな分野における仲裁の活用と訴訟提起後の処理の新しい試みが説明された。まず仲裁は建設、証券取引の分野では標準的なものになり、医療、金融にも取り入れられ、カイザー仲裁委員会やバンクオブアメリカの貸金庫契約、さらに旅行保険の分野に広がっており、より成果を挙げている。また、訴訟が起こってからもディスカバリー手続が概ね済んだところで退職裁判官を臨時裁判官としていわゆるミニトライアルを行い、陪審をつけることもできる。裁判所が混雑しているためトライアルの順番待ちで遅延するのに対する対策であるが、退職裁判官への報酬は上位の弁護士報酬と同じくらいということである。なお、一九八五年のロスアンジェルスオリンピック関係の契約ではすべて標準的ＡＡＡ仲裁条項が採用されたが、実際の紛争は殆どなかったそうである。

17　**ペッカム「早期中立評価・カリフォルニア北区の実験」**　ここで休憩ののち、カリフォルニア北区連邦地裁主席判事のペッカム氏（Hon. Robert Peckham）がカリフォルニア北区の連邦裁判所で行われている訴訟の軽量化、当事者の経費節減のための試みについて説明した。ペッカム氏は以前に来日され私もお目にかかったことがある。これは、訴訟の初期の段階で、裁判所が任命する経験ある弁護士と両当事者が非公開で二時間にわたり会合して、その弁護士の中立的立場からの評価をもらうというものであり、この会合は当事者側は弁護士のみならず当事者本人の出席が要請される。これを一年間にわたって一〇〇件で実験しようというわけである。ペッカム判事によると、当事者の出席は事件の真相を把握し当事者本人に非現実的な期待を持たせないため有益であり、密行性と第三者弁護士の主宰により後の訴訟手続への影響を心配することなく自由に意見が言えるようになったということである（これについては、Judicature, Vol. 69, No.5 Feb.-March, 1986 に詳細な紹介がある）。

18　**サンドボーグ「仲裁合意・考慮すべき事項」**　午前中の最後はＡＡＡサンフランシスコ支部事務局長サンド

ボーグ氏（David L. Sandborg）の報告で、ここで同氏は仲裁を選ぶべきか調停を選ぶべきか、ad hoc 仲裁か仲裁機関か、準拠法、仲裁地、言語等の選択、標準仲裁条項が独自の条項か、仲裁人の選択といった問題をアジア太平洋地区の諸問題に即して実務的に研究分析した。この過程で言及された当事者間の話合いによる解決のための標準化された手続が興味をひいた。これはニューヨークの Center for Public Resources（CPR）が作った「国際ビジネス紛争解決のためのCPRモデル手続」と称するもので双方が誠実に交渉する旨の合意に署名し、共同で中立の顧問を選び交渉に入るというものである。わが国の契約の誠実交渉条項が無意味だと批判されたことを考えると隔世の感あるところである。

19　**ボンドおよび　20　ホラリング「国際仲裁のやり方・機関への関与」**　ここで昼休みに入り、午後の最初は前日もICC仲裁について報告したボンド氏が、ICC仲裁が、「ICCによって行われる」（administered）とか「監督される」（supervised）とか言われることの意味とその構造およびそのためのICCの機構、すなわち事務局、仲裁裁判所、各国内委員会等について説明した。ICC仲裁を知るうえで有益であった。続いてAAAから General Counsel のホラリング氏（Michael F. Hoellering）氏がAAAにつき同様の説明をした。

21　**アクセン「国際仲裁のやり方・仲裁人の役割」**　休憩後、AAAでホラリング氏の前任者であったアクセン氏（Gerald Aksen）が仲裁人にかかわる諸問題について報告した。仲裁の成功の鍵は仲裁人であり、仲裁人の選定に十分慎重であるべきこと、その際考慮すべき事項に始まって、具体的選定から審問のやり方、判断の内容に至るまでの実務的な解説である。

22　**ニューマン「主権の免責」**　さて、終わりに近づき、ニューヨークの弁護士ニューマン氏（Lawrence W. Newman）が「国際仲裁における主権の免責」について報告した。仲裁は合意によるので一方当事者が国家である場合にも仲裁に服すること自体には問題はないわけだが、仲裁合意を国家たる一方当事者が任意に守らないためその解釈を求める場合、仲裁手続に関連して保全処分を求める場合、および仲裁判断の執行を求める場合には主権免責の主張が出てくる。これらの問題についてアメリカで連邦仲裁法および外国主権免責法(Foreign Sovereign Immunities Act)の解釈として行われる解決を概観したものである。まず、仲裁契約の履行強制はアメリカでの仲裁なら問題なく可能であるが外国の仲裁では問題があり、保全処分は仮に外国が主権免責を放棄しても海事以外では困難であること、最後に仲裁判断の執行はアメリカ国内では問題ないが外国では問題があること、が説明された。

23　**ヴァンデンベルグ「仲裁判断の執行」**　最後の報告はオランダ仲裁協会の事務局長ヴァンデンベルグ氏(Albert Jan van den Berg)による「仲裁判断の執行」であった。国際商事仲裁判断の九五％は任意に履行されているが、確実な執行が確保されてこそ高い任意履行率が確保されるとの立場から、一九五八年ニューヨーク条約の適用がない場合の執行の可能性のいろいろを検討し、次にニューヨーク条約の解釈に移り、最後にアジア太平洋地域の各国の立場と実例を検討する。ここでは日本の判例二つが紹介されたが詳細は省略する。

四　あとがき

以上をもって報告は終わり、主催者側の閉会挨拶で二日間の幕を閉じた。最後に若干の感想を述べるなら、今回の会議はあまりに盛り沢山で性格のはっきりしないものであったといえる。各報告者に割り当てられた時間は極度に制限され、あらかじめ提出してあるペーパーの一部についてしか説明ができず(従って以上では多くペーパーに依存して口頭で報告のなかった部分もその内容を紹介した)、質疑や討議の時間は殆どない状態であった。また、仲裁が圧倒的比重を占めながらその他の代替手段や訴訟もちょくちょく顔を出すという中途半端なところがあり統一性に欠けるところがあった。やはり中心は国際商事仲裁であり、太平洋地域に進出しようとするＡＡＡとＩＣＣが携えて企てたプロジェクトといえる。ともあれ私としては興味深い体験であったし、得たペーパーには貴重な情報が含まれている。よく検討して今後の研究の糧としたい。

（海事法研究会誌七七号、昭和六二年）

四　国際取引紛争処理の立遅れを克服できるか

よく言われていることだが、国内の取引では互いに相手の事情と気持ちも判り合えるために、とくに事をかまえて決裂しようとする場合でもない限り、できるかぎり相手の立場も考えてイザコザが起こらないようにするし、またできる。これが国際間の取引となると、互いに了解し合えているように思えても、思わぬ行き違いが生じ易い。少しの行き違いは、国内間では比較的楽に修復が可能であるが、国際間では小さな行き違いが、さらに行き違いをよんで手に負えない紛争に発展し易い。従来、日本の企業は、この種の紛争の処理が苦手で、ともかく譲歩して話をつけるという安易な手段に出る傾向があり、これが一部の外国業者につけ込まれる誘引にもなっていたのではないかと思われる。

さすがに、最近は日本の企業も国際法務部門を充実し、紛争予防のための法律的自衛を図るようになってきている。このような自衛手段のひとつとして、日本の裁判所の管轄を合意することもできようが、これはなかなか相手方が承知しない。そこで、日本での仲裁、それも相互主義的に、日本側から起こすときは、相手国での仲裁、相手方から起こすときは日本での国際商事仲裁協会による仲裁が合意されることが最近多くなってきているということである。従来はいずれにせよ、外国での仲裁、たとえばアメリカの仲裁協会（ＡＡＡ）や、パリに本部のある国際商業会議所（ＩＣＣ）の仲裁が合意されていたのに較べると、わが国の経済と企業の国際的な地位向上がここに反映していることはいうまでもない。現在、国際商事仲裁協会にもたらされる仲裁事件は、年一〇件に満たないようであるが、前述のような仲裁合意状況からすると、近い将来にかなり増えてくることが予想できる。

相手方としては、自国の裁判所に訴える方が有利であるから、仲裁合意があっても自国で訴訟を起こすことがままある。その場合、日本企業は仲裁合意のあることを抗弁して訴訟を中止ないし却下してもらう。相手方は改めてわが国の国際商事仲裁協会に仲裁の申立てをしなければならない。ここで、申立外国企業から見て勝敗はともかく、日本の仲裁事件がスムーズに処理されれば問題はない。もしそうでなく、日本の仲裁手続が十分な権利主張の機会を保障しないということになれば外国の裁判所は申立てに基づき中止した訴訟を再開し、あるいは改めて訴えを許すことになろう。国際仲裁協会の仲裁手続について、いったんそのような実例が出てしまえば、その影響は計り知れない。日本の仲裁の合意は、ことごとくあってなきものとなるであろう。

こうなってからでは取返しがつかない。国際商事仲裁協会の仲裁実務を国際レベルに引き上げることが今日の急務である。わが国の仲裁法の近代化はいうまでもないが、日本の仲裁が外国人に使い易いものにすることがまず肝要である。そのためには、外国語による仲裁手続、外国人の仲裁人の起用、外国人弁護士の関与の許容などのほか、事務局の強化と国際化を是非とも実現してもらいたい。私が訪問したＡＡＡやＩＣＣの事務局は専門スタッフとして国際商事法実務・仲裁実務の経験ある弁護士から選りすぐった人材を揃えている。わが国際商事仲裁協会には法曹資格者はいない。極端な言い方をすれば、わが国の国際商事仲裁は、明治初期の状態にある。現代のボアソナードが必要である。ＡＡＡやＩＣＣあるいはロンドンのＬＣＩＡで経験を積んだ秀れた人材を協会の事務局長として招きたい、というのは言い過ぎであろうか。

（債権管理二二号、平成元年）

五　第三回ユーロ・アラブ仲裁会議に出席して

一九八九年一〇月二三日から二五日にかけてヨルダンの首都アンマンで開催された第三回ユーロ・アラブ仲裁会議に出席する機会を持ったのでその概略を紹介したい。この会議はユーロ・アラブ商業会議所仲裁システム（Arbitration System of the Euro-Arab Chamber of Commerce）が現地のヨルダン商業会議所連合会（Federation of Jordanian Chambers of Commerce）の協力のもとで開催したものである。ユーロ・アラブ商業会議所は欧州各国とアラブ諸国間で作られていた国際的商業会議所組織が連合して一九八二年にできたもので、統一的な仲裁・調停規則を持ち、ユーロ・アラブ仲裁システムとして活動している。本部はパリに置かれており、その成立の経緯や仲裁・調停規則の内容・特色等については既に本誌上に詳細な紹介がなされているので参照されたい（藤岡公夫「ユーロ・アラブ仲裁　調停規則」ＪＣＡジャーナル一九八四年四月号二四頁）。

ユーロ・アラブ仲裁システムはアラブ諸国とヨーロッパ諸国の間の取引紛争の仲裁による解決について情報を交換し、アラブ諸国における仲裁への理解の増進と普及を目指し、第一回は不明であるが、第二回は一九八七年一〇月にバーレーンで開催された。この第二回会議についてはその報告と討議を収録した出版物（Euro-Arab Chambers of Commerce(Ed. Fathi Kemicha), Euro-Arab Arbitration II (1989, Graham & Trotman)）が刊行されている。

今回の第三回会議については一九八九年春に案内状を入手し参加を希望していたところ、学術振興野村基金および仲裁研究会（代表：三ケ月章）の援助を得、ブルガリア商工会議所仲裁裁判所訪問と併せて参加を実現することができた。記して感謝の意を表したい。

今回の会議はヨルダン王の弟にあたるハッサン皇太子の後援のもと、高級ホテル等が建ち並ぶ地域にある王立文化センターの会議場で行われた。参加者は配布された参加者名簿によると約二〇〇名、開会式を報じた翌日の英字新聞によると三〇〇名であった。この名簿によると国別参加者は、地元ヨルダンがやはり一番多くて三七名、次に多いのがサウジアラビアで三一名、あとアラブ諸国を参加者の多い順に挙げるとクウェート一七名、エジプト、リビア、チュニジアが各九名、バーレーン八名、アラブ首長国連邦（UAE）七名、シリア三名、イラクとカタールが各二名、アルジェリア、モーリタニア、オマーンが各一名であった。ヨーロッパからは、主催団体本部のあるフランスが二二名、イギリス一〇名、ベルギー八名、イタリア七名、スイス六名、西ドイツ三名、オランダ二名、オーストラリア一名であり、北米からはアメリカ合衆国四名とカナダ一名であった。その他はギリシャ二名、キプロス一名、および私はアジアからの唯一の参加者であった。もっとも上記は参加者の仕事上の本拠地国を示しているので、ヨーロッパ諸国からの参加者も氏名からみてアラブ人と思われる人達がかなりあるし、その逆の場合もあり、またアラブ諸国相互間でもかなり交流があるように見受けられた。たとえば、ペトラ遺跡に同行したサウジアラビアの弁護士はエジプト人でもともとカイロで弁護士になったとのことであった。そのような例は多いそうで、アラブの先進国であるエジプト人は法律家を各地に輸出している事情が窺われる。実はこの出席者名簿は参加者の国籍も示しているので挙げてみると、アラブ諸国ではやはりヨルダン人が一番多くて四七人、次がサウジアラビア人で二〇名、三番目がエジプト人で一四名、このあとチュニジア人一〇名、リビア人とクウェート人が各九名、バーレーン人が八名、シリア人六名、イラク人四名、スーダン人とUAE人が各三名などとなっている。ヨーロッパの方はフランス人が一七名で上記と差があるが他は概ね同数となっているので、アラブ圏内での法律家の移動（出稼ぎか？）がかなり激しいことを示しているように思われる。なおアラブ諸国とはイスラム教とアラビア語を共通とする国々で、イランやトルコは含まれない。ヨーロッパからは仲裁法の分野で名前を知られた人達が報告者として参加し、それ以外にも若干の旧知を見出して再会を喜んだ。とりわけ、私が一九六二年から一年間学んだカリフォルニア大学バークレーで同級生だった現カイロ仲裁センター副所長アボウル・エニン氏とは一八年振りの握手であった。参加者の多くは弁護士を中心とする法律実務家であり、他は教授、裁判官、技術者等であった。会議の公用語はアラビア語、フランス語および英語で、アラブ諸国がアラビア語を共通語とするほかフランス語圏（北アフリカ）と英語圏（湾岸諸国）に二分されていることを物語っている。かなり優秀な同時通訳がつけられていたように思う。

次に会議の内容を紹介する。一〇月二四日午前九時三〇分から約一時間は開会式が行われたが、私はブルガリアのソフィアからの乗継便の関係で会場に到着したのが一一時過ぎとなり出席できなかった。到着したのは続くコーヒー・ブレイクの最中であった。第一セッションはフランス破棄院の元院長 Pierre BELLET 氏が議長でパリ第一〇大学の Ibrahim FADLALLAH 教授（レバノン出身）が「国際商事仲裁の特質」と題する一般的導入報告を行った。Bellet 氏は私も旧知であるが、かねて裁判外の紛争解決に熱心で一九七八年から始まったフランスの調停員制度の普及に努力された方であり、ユーロ・アラブ商業会議所のフランス・アラブ仲裁委員会議長である。Fadlallah 教授の報告は国内仲裁に対比して国際仲裁の特質を説き、法の統一と適切な国際仲裁の定義づけを強調した。イスラム固有法との関係で国内公序と国際公序の二義性に言及したのが印象に残った。

午後の第二セッションは「アラブ世界における仲裁」という統一テーマで、バーレーンの法務長官、国連国際法委員会委員 Hussain AL BAHARNA 氏が議長となり、ヨルダンの弁護士 Hamzeh HADDAD 氏が「アラブ圏内の仲裁条約」、イラクのバグダッド大学 Fawzi M. SAMI 教授が「アラブの立法にみる国際商事仲裁」、モロッコの弁護士 Abdelhay SEFRIOUI 氏が「アラブ世界における仲裁実務と新しい改革の動き」とそれぞれ題した報告を行った。このセッションは我々になじみの薄いアラブ世界での仲裁法について情報を提供してくれる点で興味があった。まず Haddad 報告は、アラブ諸国間の仲裁に関する多国間条約として紛争の付仲裁に関する条約三つ、仲裁判断の承認と執行に関するもの二つを紹介し、とくに最近の「商事仲裁のためのアンマン・アラブ条約（一九八七）」につき詳細に紹介した。実のところこの条約は発効のために七か国の加盟が必要であるが現在のところ六か国しか加盟していない。しかし、この条約はすべての種類の紛争について機関仲裁制度を設立しようとするもので発効すれば非常に重要な意義を有するということである。次に Sefrioui 氏は、アラブ世界の仲裁法のあり方を三分類する。第一は植民時代の宗主国の仲裁法をそのまま維持しているところで国際仲裁について全く配慮していないところ（北アフリカの諸国）、近時のヨーロッパ（とくにフランス）の改正法の影響のもとで改革を進めているところ（ジブチ、レバノン、エジプト）、および仲裁を厳格にイスラム固有法（シャリア）のもとにおいているところ（サウジアラビア、カタール、オマーン）に分け、アラブ世界の多様性を指摘する。そのうえで多くの例をあげてアラブ世界における近時の立法や判例の動きを分析している。仲裁に対して拒絶的な敵意を示す国においても国際仲裁には必ずしもこれが貫徹していないことが指摘された。Sefrioui 報告は今日のアラブ諸国の仲裁の実態を知る上で有益であった。

二日目午前の第三セッションは「西欧立法の貢献」と題され、イギリスの著名な Michael KERR 判事が議長となり、西ドイツの Karl-Heinz BOCKSTIEGEL 教授（ケルン大学）が「二〇世紀前半のヨーロッパ諸国の立法」、カナダ人でパリで活動する Jan PAULSSON 弁護士の「英米立法の貢献」、フランスの弁護士でユーロ・アラブ商業会議所高等仲裁委員会副会長 Jëan Legras de GRANDCOURT 氏が「ヨーロッパの立法の今日の展開」とそれぞれ題する報告を行った。さらに、午後の第四セッションはチュニジアの破棄院院長 Rechid SABBACH 氏が議長となり、UNCITRAL事務局の Gerold HERRMANN 氏の「UNCITRAL模範法」、イギリスの著名なソリシターMartin HUNTER 氏の「UNCITRAL模範法の非アラブ世界での影響」（但し、Hunter 氏は欠席のため前記の Paulsson 氏が要約代読）、エジプトのカイロ大学名誉教授 Mohsen CHAFIC 氏が「UNCITRAL模範法のアラブ世界への影響——エジプトの改正法案」と題する報告があった。概ね西側の展開の紹介でありすでに我々には知られたことが多かった。なお、エジプトについてはカイロ国際仲裁地域センターの Mohamed Aboul Eneia 氏がその活動状況の紹介を行った。

二日目の早朝、ハッサン皇太子が会議参加者を朝食に招待されたが、同皇太子がアラビア語はもとより流暢な英語とフランス語でヨルダンとアラブの経済情勢等について長いスピーチをされたが中々の知識人であるとの印象を受けた。

三日目最終日の第五セッションはサウジアラビアの法務長官 Mohammad AL SAYARI 氏が議長となり、アルジェリア人でハーグの国際司法裁判所判事 Mohamed BEDJAOUI 氏とスイスの Pierre LALIVE 教授（ジュネーブ大学）が総括報告を行った。次いで閉会式があり、全日程を閉じた。

全体を通じてアラブの人たちの仲裁に寄せる期待とヨーロッパの専門家の主導権が印象に残った。アラブの参加者と話をしてもＩＣＣＡの会議を知らない人たちが多く、アラブ世界の孤立を示していたが、今後は西側とアラブ世界の関係が緊密化することが予想される。わが国もアラブ諸国とは深い関係があり、取引紛争処理のための組織的な活動が行われて然るべきであると思われる。

（ＪＣＡジャーナル三七巻二号、平成二年）

あとがき

この論文集は、全五巻で刊行予定の谷口安平先生の民事手続法論集（以下「論集」という）の第三巻であるが、この第三巻が第一弾として刊行されるので、まず、論集全体の成り立ちについて簡単に説明しておきたい。

谷口先生から「信山社から論集を出すことになったので、編集について協力して欲しい」というご依頼があったのは、今を遡ること六年ほど前のことであった（私が僭越にも「あとがき」を担当しているのは、そのためである）。

そこで、先生のご業績の相当部分を収集・通読した時点で、信山社の渡辺左近氏とも相談して、次のような基本方針を立て、先生のご了解を得た。①周知のように、先生のご業績（先生の平成一〇年三月現在の主要著作目録は、法学論叢一四二巻五・六号の巻末に収録されている）には多数の欧文の論文が含まれているが、欧文の業績は別の機会にまとめることにし、論集には邦語の業績だけを収録する。②邦語の業績のうち論文・判例評釈・書評はすべて収録する。③演習・解説もののうち、先生の学問的主張が含まれているものは論文に準じて収録するが『演習破産法』（昭和五九年、有斐閣・法学教室選書）として単行本化されたものは対象外とする。④教科書・注釈書・辞典等の分担執筆部分は原則として収録しないが、本巻第二部「四　イギリスの仲裁制度」は、注釈書の一部をなすものではあるものの、独立の論文としての体裁を備えているので例外とする。⑤基本的に、平成六年度中までに公表されたご業績を対象として論集を編む。

このような基本方針の下に、論集の編別構成を確定する作業に移った。谷口先生のご業績は民事手続法全般にわたっているために、編別構成には相当に腐心したのであるが、最終的には、第一巻「民事手続法の基礎理論」、第二巻「多数当事者訴訟・会社訴訟」、第三巻「民事紛争処理」、第四巻・第五巻「民事執行・民事保全・倒産処理(上)(下)」の五巻構成で論集を刊行する運びとなったのである。

さて、「民事紛争処理」と題する本巻には、裁判上の和解を含む、広い意味での裁判外紛争処理制度に関するご業績が収録されている。このうち、和解を扱う第一部の冒頭に収録した「一 アメリカにおける和解判決(Consent Judgment)の効力」は、先生の記念すべき処女論文である。その関係もあってか、第一部に収録された論稿については、先生の学問生活の比較的初期に発表されたものが大部分を占めているが、おそらく、先生にとって、和解は愛着のあるテーマの一つであろう、と推測される。

これに対して、国際商事仲裁を含む仲裁を扱う第二部と第三部には、先生が四〇歳代以降に執筆された論稿が収録されている。ちなみに、商事仲裁国際協議会(ICCA)の役員を務められ、国際商事仲裁の仲裁人の経験も豊富であるなど、谷口先生は、仲裁の分野でも、理論・実務の両面にわたって国境を越えた活躍をされており、仲裁法の研究と実践は先生のライフワークの一つであると言ってよいのではないかと思われる。また、第二部「五 外国の労働紛争処理制度から学ぶもの―『仲裁』」は、第一部「四 『よい和解』をめざして」と並んで、先生の多年にわたる京都府地方労働委員会公益委員・会長としてのご活動に関連して執筆されたものである。

ところで、論集の編別構成が細部まで確定してから、今日にいたるまでに、既に二年半の歳月が流れた。このように刊行が遅れたことは、ひとえに、私の怠慢のなさしめるところである。この場を借りて、谷口先生に一言お詫びを申し上げたい。

二〇〇〇年四月

山本克己

〈著者略歴〉

谷口安平（たにぐち・やすへい）

1934年　京都市生まれ
1957年　京都大学法学部卒業
1959年　京都大学法学部助教授
1971年　京都大学法学部教授
1998年　帝京大学法学部教授
現　在　東京経済大学現代法学部教授・弁護士，京都大学名誉教授

〈主要著作〉

『倒産処理法』（1976年，筑摩書房）
『演習破産法（法学教室選書）』（1984年，有斐閣）
『口述民事訴訟法』（1987年，成文堂）
『民事訴訟法を学ぶ』（1977年，有斐閣，共編著）
『会社更生法の基礎』（1978年，青林書院，共編著）
『注釈フランス新民事訴訟法典』（1978年，法曹会，共編著）
『講義民事訴訟法』（1982年，青林書院，共編著）
『講座民事訴訟②―訴訟の提起』（1984年，弘文堂，共編）
『金融担保法講座第１巻―第４巻』（1985―1986年，筑摩書房，共編）
『新・判例コンメンタール民事訴訟法１―６，別巻』（1993―1995年，三省堂，共編）
『コンメンタール商事仲裁規則』（1994年，国際商事仲裁協会，共著）

民事紛争処理―民事手続法論集第３巻

2000年（平成12年）５月５日　　初版第１刷発行

著　者　谷　口　安　平

発行者　今　井　　　貴
　　　　渡　辺　左　近

発行所　信山社出版株式会社

〒113-0033　東京都文京区本郷6-2-9-102
電　話　03（3818）1019
FAX　03（3818）0344

Printed in Japan.

印刷・製本／勝美印刷・文泉閣

ISBN 4-7972-2005-8　C3332

谷口安平著作集　民事手続法論集（全五巻）